中国人民大学科学研究基金（中央高校基本科研业务费专项资金资助）

项目成果　批准编号：10XNI010

PLATO'S THEORY OF IDEAS

柏拉图的理念论

[英] 大卫·罗斯◎著

苏峻◎译

人民出版社

译者序

柏拉图的著作自古以来便不乏读者，其中尤以其核心学说——理念论，最为学界关注。眼前这本书正是英国著名哲学家与哲学史家大卫·罗斯(David Ross)对这一主题进行系统梳理与深刻阐释的力作。全书语言凝练，见解精辟，内容全面，堪称研究柏拉图理念论的必备参考。

大卫·罗斯于 1877 年 4 月 15 日出生于苏格兰瑟索（Thurso）。他早年在苏格兰接受正规教育，先后就读于爱丁堡皇家高中和爱丁堡大学。此后，他在牛津大学获得教职，并将其整个职业生涯都奉献于此。除教学与科研外，他还长期担任牛津大学奥里尔学院院长（Provost），历时近二十年，并于 1941 年至 1944 年间出任牛津大学副校长。

大卫·罗斯在其学术生涯中出版了多部重要著作，涉及对亚里士多德、柏拉图及其他古希腊哲学家的深入研究。他对古希腊文本的注解堪称典范，其中为亚里士多德《形而上学》撰写的两大卷详尽释义，更是相关领域学者的必备参考。此外，他还撰写了伦理学领域的经典之作《正当与善》(*The Right and the Good*)，该书被公认为伦理学直觉主义的代表作。大卫·罗斯的学术贡献备受推崇，对后世哲学研究影响深远。"斯坦福哲学百科"特设条目，详述其思想与成就，足见其地位之重要。

正如作者在序言中所述，《柏拉图的理念论》一书的缘起，是 1948 年作者应邀在贝尔法斯特女王大学（Queen's University, Belfast）举办的一系列纪念讲座，旨在缅怀杰出的古代思想史学家塞缪尔·迪尔爵士（Sir Samuel Dill）。全书深入浅出，以柏拉图不同时期作品的细致剖析为依托，系统展现了柏拉图关于理念概念的逐步演变与发展。

关于柏拉图理念论的研究成果可谓汗牛充栋，其中不乏对其哲学根源的深刻探讨。以书名中直接涉及"理念论"的学术专著为例，剑桥大学出版社于 2022 年出版了瓦西利斯·波利蒂斯教授（Vasilis Politis）的《柏拉图的本质主义：理念论的再解读》（*Plato's Essentialism: Reinterpreting the Theory of Forms*）。该书从"本质主义"的视角出发，深入剖析柏拉图理念论的哲学内涵，论证了关于理念特性的诸多主张（如理念的"不可感""统一性"等）均源于其独特的本质主义立场。此书不仅代表了该领域的前沿研究，更堪称以问题为导向解读柏拉图理念论的典范之作。

另一种研究范式可追溯至百余年前，德国哲学家保罗·纳托尔普（Paul Natorp）在其著作《柏拉图的理念论：唯心主义导论》（*Platons Ideenlehre: Eine Einführung in den Idealismus*）中，以"理念论"为题展开系统解读。保罗·纳托尔普从新康德主义的视角对柏拉图理念论进行了系统解读。他认为柏拉图的"理念论"与康德哲学在某种程度上具有相似性——理念论首先是一种关于"思想如何可能"的探讨，尤其关注认知能力与"思想"的可能性；而作为这一探讨的延伸，理念论才转化为关于"存在"的理论。虽然保罗·纳托尔普的论述涉及对柏拉图各对话录的逐一分析，但其鲜明的哲学立场贯穿始终，构成了解释框架的核心。

与上述两本书不同，《柏拉图的理念论》并未以"问题"或鲜明的哲学立场为核心，而是更多地呈现了对柏拉图理念论的全面、客观且精炼的解读，堪称此类研究中的难得佳作。之所以称其为"全面"，是因为本书深入探讨了柏拉图所有涉及理念论的对话，几乎涵盖了这一主题的所有重要论述；之所以称其为"客观"，是因为尽管作者在介绍理论争论时表达了自己的观点，但始终以客观呈现不同立场与争议为前提，体现了学术讨论的公正性；至于"精炼"，则得益于本书篇幅短小、行文简洁，却蕴含了丰富的信息量，既凝练又充实。

或许，唯有将以上三种风格迥异、各具特色的学术研究视角结合起来，读者才能更全面、更深入地探讨柏拉图哲学的深邃内涵。每一种视角都从独特的切入点揭示了柏拉图思想的某一层面，无论是以问题为导向的精准解析，还是以哲学立场为框架的理论重构，亦或是以系统性为核心的全面解

而非通常意义上的运动或变化。在作者看来，柏拉图的论证意在说明"不变的理念和变化的心灵同样是完全实在的"（第110页）。此外，尽管本书对柏拉图的数学思想着墨颇多，作者并未因此夸大数学的地位，而是明确指出数学仅是哲学的导论。同时，作者对纳托尔普的解读提出了尖锐的批评，认为以赫尔曼·科亨（Hermann Cohen）和保罗·纳托尔普（Paul Natorp）为代表的马堡学派用纯概念主义的视角解读柏拉图存在偏颇。相应地，作者提出了一种"实在论"的解读（第226页）。以上提到的三个观点，论证简洁而有力，见解独到。细心的读者会发现，类似的洞见贯穿本书各个章节。这种深入且精炼的论述方式，为读者理解柏拉图哲学提供了丰富的启发与思考空间。

综上所述，《柏拉图的理念论》是大卫·罗斯在古希腊哲学领域的重要著作之一，通过对柏拉图思想的全面分析和解读，展现了柏拉图对理念的独特见解和深刻思考。大卫·罗斯的研究为理解柏拉图的哲学思想提供了重要线索，也为后世哲学研究提供了宝贵的参考资料。通过本书，读者能够更深入地了解柏拉图的哲学思想及其对西方哲学的重要影响。

最后，我衷心感谢这套丛书的主编、中国人民大学聂敏里教授对我的信任，将本书的翻译重任托付于我。同时，也要感谢人民出版社毕于慧老师出色而细致的编辑工作，为我避免了许多疏漏。最后，我要感谢孙铁根、梁辰两位好友在本书部分翻译过程中给予的宝贵帮助。我们共同"疑义相与析"，使许多难解之处得以豁然开朗。当然，由于译者水平有限，书中难免仍有错误与不足之处，恳请各位专家学者批评指正，不胜感激。

苏　峻

2024 年 11 月于蓟门桥

读，都为我们理解柏拉图哲学提供了不可或缺的路径。

本书的风格始终如一，作者通过全面而客观的分析，力求得出公正的结论。开篇，作者从柏拉图作品的分期入手，深入且精辟地评论了多种流行的分期学说。接着，作者通过对《拉凯斯》《欧绪弗洛》《大希庇亚》等早期对话录的细致剖析，追溯了"理念论"萌芽的迹象，为后续讨论奠定了扎实基础。随后，作者对《斐多》《理想国》等中期对话进行了深刻解读，并对《巴门尼德》《智者》《蒂迈欧》等晚期对话进行了细致剖析，逐步展开理念论的演变与发展。在这一过程中，作者持有一种温和的"发展论"，认为柏拉图的理念论呈现出逐步发展与完善的特征，但并未出现前后矛盾的观点。从这一角度来看，作者的立场亦可视为一种温和的"统一论"，即柏拉图理念论在不同阶段的思想之间保持着某种内在的一致性与连贯性。

在对柏拉图的对话录进行细致分析后，作者集中讨论了柏拉图学界长期存在的"未成文学说"争议，批评了极端否定该观点的立场，并结合亚里士多德的相关论述，赋予"未成文学说"应有的地位。接下来的第十至第十六章，约占全书一半篇幅，深入探讨了对理念论的进一步反思，涉及诸多核心问题，如理念世界的构成、理念与数字的关系，以及理念与可感事物之间的互动等。尤其是对理念与数字关系的讨论，堪称本书的一大亮点。作者在这些主题上的论述，突显了本书的另一显著特点——对亚里士多德哲学的精深理解与娴熟运用。特别是在探讨对理念论的批评时，作者对亚里士多德相关材料的引用与分析游刃有余，充分展现了其扎实的学术功底与敏锐的洞察力。从这一角度来看，本书不仅有助于我们深入理解柏拉图的理念论，也为探索亚里士多德及其他柏拉图继承者的哲学思想提供了宝贵的视角。

当然，这本书不仅提供了对柏拉图理念全面且客观的解析，作者在论述过程中还融入了对若干关键问题的独到见解。以下列举数例，以作说明。

首先，关于《智者》中作为"通种"之一的"运动"应如何理解，这一问题长期以来引发了学界的广泛争议。许多学者认为，柏拉图在《智者》中将"运动"纳入"存在"的范畴，从而消解了"存在"与"变化"之间的对立，也因此摒弃了理念世界与可感世界的二分。针对这一观点，作者在第六章中简要讨论并提出不同看法。他认为，这种解读是一种误解，因为作为"通种"之一的"运动"仅适用于"心灵"，换言之，这里的"运动"是指心灵的活动，

目　录

前　言

在 1948 年，贝尔法斯特女王大学（Queen's University, Belfast）邀请我为纪念著名的古代思想史学家塞缪尔·迪尔爵士（Sir Samuel Dill）举办纪念讲座。我很高兴有机会谈一谈柏拉图的理念论——我已经在这个主题上进行了一段时间的研究——讲座的实质内容体现在本书的最后一章和其他部分。

通常，我不认为有必要将柏拉图和其他希腊作家的原始希腊文段落印刷出来，而是满足于将之翻译或采用现有的优质翻译。我必须特别感谢"劳特利奇和基根保罗"（Routledge and Kegan Paul）出版社允许引用康福德（Cornford）对《巴门尼德》《泰阿泰德》《智者》和《蒂迈欧》的出色翻译。为了便于检索柏拉图的希腊语原文，我已经准确地引用了柏奈特（Burnet）文本中的"行码"（lineation）。

大卫·罗斯

现代书籍引用缩写

1. 切尔尼斯（Cherniss, H.）*A.C.P.A.*=《亚里士多德对柏拉图和学园的批评》（*Aristotle's Criticism of Plato and the Academy*），i（1944 年）。

2. 切尔尼斯（Cherniss, H.）*R.E.A.*=《早期学园之谜》（*The Riddle of the Early Academy*）（1945 年）。

3. 康福德（Cornford, F. M.）*P.T.K.*=《柏拉图的知识论》（*Plato's Theory of Knowledge*）（1935 年）。

4. 康福德（Cornford, F. M.）*P.P.*=《柏拉图和巴门尼德》（*Plato and Parmenides*）（1939 年）。

5. 狄尔斯（Diels, H.）*F.V.*=《前苏格拉底残篇》（*Fragmenta der Vorsokratiker*）（1934，1935，1937 年）。

6. 斐尔德（Field, G. C.）*P.C.*=《柏拉图和他的同代人》（*Plato and his Contemporaries*）（1930 年）。

7. 哈克福特（Hackforth, R.）*A.P.E.*=《柏拉图书信的作者身份》（*The Authorship of the Platonic Epistles*）（1913 年）。

8. 里特（Ritter, C.）*P.L.S.L.*=《柏拉图的生平、著作与学说》（*Platon, sein Leben, seine Schriften, seine Lekre*）（1923 年）。

9. 罗宾（Robin, L.）*T.P.I.N*=《亚里士多德笔下的柏拉图理念和数字理论：历史和批判性研究》（*La théorie platonicienne des idées et des nombres d'après Aristote; étude historique et critique*）（1910，1923 年）。

10. 泰勒（Taylor, A. E.）*P.S.*=《哲学研究》（*Philosophical Studies*）（1934 年）。

11. 范德维伦（Van der Wielen, W.）*I.P.*=《柏拉图的理念数》（*De Ideege-tallen van Plato*）（1941 年）。

12. 威尔珀特（Wilpert, P.）*Z.a.F.I.*=《关于理念学说的两篇亚里士多德早期著作》（*Zwei aristotelische Frühschriften über die Ideenlehre*）（1949 年）。

对柏拉图的引用采用柏奈特的文本。

对亚里士多德的引用，在没有特别说明著作名称的地方，是指《形而上学》。

第一章

对话的顺序

任何试图追溯理念论历史的人，都必然要考虑以某种特定的顺序来阅
读这些对话；而确定正确的顺序非常困难，我们在许多点上仍然必须诉诸猜
想。除了对苏格拉底的审判和监禁的提及，柏拉图的作品很少提到近期的历
史事件；而即使在有这样引用的地方，有时也很难说它们指的是两个事件中
的哪一个。此外，对话很少提及——即使以最一般的方式——柏拉图本人的
其他作品，或其他作家最近的作品。如果我们局限于这两种证据，就对对话
的写作顺序知之甚少。人们经常尝试用另一种方法来确定它们的日期；即假
设学说的发展必须遵循一定的顺序，并且对话的日期可以根据它们所包含的
学说的相对成熟度来确定。但是，这种方法在不同的人手中却导致了非常不
同的结论——虽然在原则上并非不合理，但在应用中往往过于主观。

在不同学者使用时，被证明最有成效并导致最和谐一致的结果的方法
是"文体测算法"（the stylometric method）。从第欧根尼·拉尔修（Diogenes
Laertius）①的记载开始，他提到柏拉图生前从未发表《法律》，再结合普遍接
受的观点，即《法律》是柏拉图的最晚著作（除非《厄庇诺米》被认为是他
的作品并且日期更晚）；以《法律》的文体和词汇为标准，在大量独立点上
测试其他对话与《法律》的亲缘关系（对特定词小品词或小品词组合的使用，
选择使用这个或那个同义词，避免中断等），不同的学者得出了部分一致、

---

① iii. 37 (25).

部分不一致的对话顺序。以下表格总结了五位主要研究这一主题的学者的观点。出于一些我们不用关注的理由，如下列表中其他每一份名单都省略了雷德尔（Raeder）名单中包含的一些对话。就里特（Ritter）的排序而言，我采用了他在最新著作《柏拉图哲学的本质》（*Kerngedanken der platonischen Philosophie*）中所给出的顺序。

阿尔宁（Arnim）	鲁托斯拉夫斯基（Lutoslawski）	雷德尔（Raeder）	里特（Ritter）	维拉莫维茨（Wilamowitz）
	《申辩》	《申辩》	《小希庇亚》	《伊翁》
《伊翁》		《伊翁》		《小希庇亚》
《普罗泰戈拉》		《小希庇亚》	《拉凯斯》	《普罗泰戈拉》
《拉凯斯》	《欧绪弗洛》	《拉凯斯》	《普罗泰戈拉》	《申辩》
《理想国》第一卷	《克里托》	《卡尔米德》	《卡尔米德》	《克里托》
《吕西斯》	《卡尔米德》	《克里托》	《欧绪弗洛》	《拉凯斯》
《卡尔米德》		《大希庇亚》	《申辩》	
《欧绪弗洛》	《拉凯斯》	《普罗泰戈拉》	《克里托》	《吕西斯》
《欧绪德谟》	《普罗泰戈拉》	《高尔吉亚》	《高尔吉亚》	《卡尔米德》
《高尔吉亚》		《美涅克塞努》	《大希庇亚》	《欧绪弗洛》
《美诺》	《美诺》	《欧绪弗洛》	《欧绪德谟》	《高尔吉亚》
《小希庇亚》	《欧绪德谟》	《美诺》	《克拉底鲁》	《美涅克塞努》
《克拉底鲁》	《高尔吉亚》	《欧绪德谟》	《美诺》	《美诺》
《会饮》	《理想国》第一卷	《克拉底鲁》	《美涅克塞努》	《克拉底鲁》
《大希庇亚》	《克拉底鲁》	《吕西斯》	《吕西斯》	《欧绪德谟》
《斐多》	《会饮》	《会饮》	《会饮》	《斐多》
《克里托》	《斐多》	《斐多》	《斐多》	《会饮》
《理想国》第2—10卷	《理想国》第2—10卷	《理想国》	《理想国》	《理想国》
《泰阿泰德》	《斐德罗》	《斐德罗》	《斐德罗》	《斐德罗》
《巴门尼德》	《泰阿泰德》	《泰阿泰德》	《泰阿泰德》	《巴门尼德》
《斐德罗》	《巴门尼德》	《巴门尼德》	《巴门尼德》	《泰阿泰德》
《智者》	《智者》	《智者》	《智者》	《智者》
《政治家》	《政治家》	《政治家》	《政治家》	《政治家》
《斐莱布》	《斐莱布》	《斐莱布》	《蒂迈欧》	《蒂迈欧》

阿尔宁（Arnim）	鲁托斯拉夫斯基 （Lutoslawski）	雷德尔 （Raeder）	里特 （Ritter）	维拉莫维茨 （Wilamowitz）
	《蒂迈欧》	《蒂迈欧》	《克里底亚》	《克里底亚》
	《克里底亚》	《克里底亚》	《斐莱布》	《斐莱布》
《法律》	《法律》	《法律》	《法律》	《法律》
		《厄庇诺米》		

纵观这些清单，有两件事情显而易见——就早期对话而言，五位学者之间存在很大分歧，而就从《理想国》以后的后期对话而言，他们几乎达成了完全一致的意见。如果有人引用其他晚近学者采用的顺序，同样的两个特征会立即变得引人注目。这是因为，学者们对早期对话顺序的看法大部分是基于关于柏拉图思想可能发展的主观理论，但他们对后期对话的顺序的确定主要是基于刘易斯·坎贝尔（Lewis Campbell）发起的文体测试的可靠基础。值得补充的是，晚近确定《巴门尼德》和《泰阿泰德》以降的对话的日期——首先由文体测试（stylometric tests）确立——实际上提供了更为可信的柏拉图思想的发展顺序，而不是认为它们属于柏拉图的青年时期。

必须对这些列表提出几点评论：①

1. 这五位学者一致地排除了许多在忒拉叙洛斯（Thrasyllus）的四连体（tetralogies）列表或其附录中包含的对话，而这些对话现在几乎被普遍视为伪作。直到最近，《书信集》也被视为如此，但最近的观点倾向于将其中的一些视为出自柏拉图本人之手。我们不可能确定其中任何一个的真实性，但似乎唯一在哲学上重要的《第七封信》是真作，而且它的日期可能是公元前353 年或前 352 年。

2. 《大希庇亚》的真实性已被许多学者否认。在柏拉图的著作中，只有另一对同名对话，即《阿尔基比亚德前篇》和《阿尔基比亚德后篇》，而这些对话现在几乎被普遍拒绝，认为是伪作。这产生了一个微小的——但只是微小的——假设：否定柏拉图写了两部名为《希庇亚》的对话。还有一个事实是，亚里士多德在《形而上学》1025a6 中，使用了如下短语"在《希庇亚》

---

① 我省略了那些没有阐明理念论的对话录。

3

中的论证";而这一论证出现在《小希庇亚》中。① 有人认为，如果柏拉图也写了另一篇对话，亚里士多德几乎不可能将"较小的"对话称为《希庇亚》。但是，如果柏拉图写了两篇《希庇亚》，亚里士多德就会知道他所说的《希庇亚》指的是哪一个，并且可能也指望他的听众知道。从文体和语法的角度得出的反对对话真实性的论据② 并不十分强有力。

另一方面，亚里士多德在《论题篇》146a21-3 中引用的第一个关于定义的示例，似乎清楚地指向了《大希庇亚》297e3-303a11，其中讨论了将"美"定义为"通过听觉或视觉带来愉悦的事物"，就像第二个例子指向了《智者》247d3-e4 一样。类似地，在《论题篇》102a6 和 135a13 中建议将美丽定义为"合适"（the fitting）可能是对《大希庇亚》293d6-294e10 的回忆。此外，这部对话录显示出理念论的发展迹象，除了柏拉图之外很难将其归于任何其他人。例如，苏格拉底只在此处指出了大多数理念和数字的理念的区别，前者对个别事物的每一个和所有事物都是真实的，而后者对一个群体来说是真实的，而不是对它的个体成员而言是真实的。③ 考虑到这种相对成熟的学说，冯·阿尔宁（von Arnim）纯粹出于文体的理由将此对话置于《会饮》之后——我甚至将它暂时放在《欧绪弗洛》之后。

3. 由于《申辩》④ 以公元前 399 年对苏格拉底的审判为前提，鲁托斯拉夫斯基（Lutoslawski）和雷德尔采用的顺序，清楚地假定柏拉图在该日期之前没有写过任何对话。格罗特（Grote）强烈认同这一观点，主要是因为伯罗奔尼撒战争中的军事服务和此后雅典的动荡局势，必然使柏拉图在公元前 399 年之前无法从事文学创作。但在那个时候（他已经 28 岁或 29 岁）柏拉图写几篇对话似乎绝非不可能。柏奈特（Burnet）和泰勒（Taylor）的论点——即他在其导师苏格拉底仍然在世时写对话在心理上是不可能的——这一观点远非令人信服。如果我们假设在《申辩》之前写了一些对话，我们不

---

① 365d6-369b7.

② 对于这些，请参阅塔兰特女士（Miss Tarrant）的版本，ixxv-ixxx。格鲁贝（G. M. A. Grube）教授巧妙地解决了这些以及别的对话的反驳；参看《古典学季刊》（Class. Quart.）xx (1926)，第 134—148 页以及《语文学季刊》（Class. Philol.）xxiv (1929)，第 369—375 页。

③ 300d5-302b3.

④ 就像《欧绪德谟》和《克里托》一样。

一定将它们认定在公元前 399 年之前（因为我们不知道《申辩》是否是在苏格拉底受审之后立即写的）；我们只是让这种可能性保持开放。

4. 关于《克拉底鲁》的写作日期存在严重质疑。大多数学者将其定于公元前 390 年之后不久，并将其放在与我们所引用的列表中为其指定的列表位置相同的位置。但耶格尔（Jaeger）教授指出了[1] 在《克拉底鲁》411d4-412b8 中"心智品质"（qualities of mind）名称——φρόνησις, γνώμη, νόησις, σωφροσύνη, ἐπιστήμη, σύνεσις, σοφία（实践智慧、判断、理解、节制、知识、洞察、智慧）——与在一部很晚的对话录中出现的相应词汇（《斐莱布》19d4-5 中的 νοῦς/ 努斯，ἐπιστήμη/ 知识，σύνεσις/ 洞察，τέχνη/ 技艺 ）的部分对应关系。沃博（M. Warburg）[2] 主张对话确实与《泰阿泰德》密切相关，并且写于公元前 380 年与前 370 年之间，哈格（E. Haag）[3] 和韦尔茨（E. Weerts）[4] 也表达了类似的观点。另一方面，文体细节则暗示了更早的日期。这个问题仍然是一个未解之谜。

5. 泰勒（Taylor）将所有这些对话（包括《理想国》）都归结为在公元前 388—前 387 年学园成立之前。他这样做的理由是，柏拉图在《第七封信》中[5] 描述了他第一次访问西西里岛时的心境——他说他被驱使说，在真正哲学的颂歌中，人类永远不会摆脱苦难，直到真正的哲学家获得政治职位或者政治统治者，出于某种幸运的天意，转而研习哲学。这看起来像是对《理想国》473c11-e2 的提及，其中几乎使用了相同的词来说同样的事情——作为对真正哲学的颂词的一部分。由柏拉图大约出生于公元前 428 年，他说[6] 他出航时大约 40 岁，这似乎表明《理想国》是在公元前 388 年之前写成的。

然而，柏拉图并没有直接说他第一次去西西里时已经用过这些词，更不用说他在对话中写下了这些词。他说的是，他去西西里的时候就已经构思了这些思想，[7] 这与他在《理想国》中表达这些思想的时间相符。我们必须

---

① 《普鲁士科学院》（*Sitzb. Preuss. Akad.*）xxv (1928), 402 n.2。

② 《〈克拉底鲁〉中的两个问题》（*Zwei Fragen zur 'Kratylos'*），第 31—61 页。

③ 《柏拉图的〈克拉底鲁〉》（*Platons Kratylos*），第 86—90 页。

④ 《语言学补编》（*Philol. Supplementband*）xxiii (1932)，第 1—84 页。

⑤ 326a5-b4.

⑥ 324a6.

⑦ 326b5.

考虑一般的可能性。泰勒认为柏拉图在 40 岁之前，即在最多大约 20 年的时间里完成了《理想国》，以及之前早期所有的对话；这些对话大约是 1200 页的篇幅，[①] 而在柏拉图一生剩下来的 40 年中，他写作的篇幅是不到 1050 页——尽管这并非绝对不可能——但也几乎是不可能的。这也忽略了《会饮》中提到[②]（《会饮》被认为早于《理想国》）的一件发生在公元前 385 或前 384 年的事情；此外，其他迹象表明，《会饮》写作于这些年代之后。里特（Ritter）的建议[③]也很有一定的说服力，即《理想国》第九卷中对暴君的描述很大程度上受柏拉图在狄奥尼修斯宫廷经历的影响，并且至少预设了柏拉图在公元前 389—前 388 年间对它的第一次访问。

6. 从某些观点来看，《巴门尼德》《泰阿泰德》《智者》和《政治家》形成了一个独特的群体。在确定它们的关系时，必须牢记几条证据。

（a）在《泰阿泰德》中，正如在所有早期对话中一样，苏格拉底是主要发言者。在《巴门尼德》的"第一部分"中，他扮演了重要角色，但巴门尼德是主要的发言者；在"第二部分"中，苏格拉底是默默的倾听者。在《智者》和《政治家》中，苏格拉底只在开头露面，而这些对话实际上是一个"埃利亚陌生人"（Eleatic Stranger）的独白；在《智者》中是泰阿泰德参与对话而《政治家》中的"年轻的苏格拉底"大多只是对陌生人的问题说"是"或"否"。

在《蒂迈欧》和《克里底亚》中，苏格拉底出现在开头，但《蒂迈欧》实际上是蒂迈欧的独白，而《克里底亚》则是克里底亚的独白。在《法律》中，苏格拉底根本没有出现，对话的主要部分由一个"雅典陌生人"（Athenian Stranger）主导。在所有晚期对话中，只有在《斐莱布》中苏格拉底是主要发言者；这无疑是因为在后期对话中，只有《斐莱布》主要涉及苏格拉底关心的主题，即伦理主题。总的来说，晚期的作品以缺乏生动对话和苏格拉底不再是主要发言者的特点为特征。

（b）在《泰阿泰德》的开头（143b5-c5），叙述者说他建议省略"我说"和"他同意"这些乏味的短语，而只是呈现说话者的实际话语。泰希米勒（Teichmüller）由此推断，任何出现此类短语的对话都必须早于《泰阿泰德》，

---

① 按照柏奈特的文本。

② 193a1-3.

③ 《柏拉图的生平、著作与学说》（*P.L.S.L.*）i.，第 203 页。

而任何不出现此类短语的对话都是较晚的。他这样的观点太言过其实了；许多对话——基于所有其他方面的考虑——在《泰阿泰德》之前，也事实上遵循《泰阿泰德》的建议，这一点在希腊戏剧中也有先例。但是，如果在接下来的对话中，柏拉图回到了他在《泰阿泰德》中放弃的呈现方法，这将令人惊讶，尽管在《巴门尼德》的第一部分中确实使用了这种方法，而在第二部分中则没有。①

(c)《巴门尼德》声称是发生在巴门尼德、埃利亚的芝诺和苏格拉底之间的对话。谈话内容发生时，巴门尼德大约 65 岁（127b3），芝诺快 40 岁（同上 4），苏格拉底还非常年轻（127c4）。既然苏格拉底被认为已经得出了理念论，并且对它进行了很多思考，我们不能假设分配给他的年龄小于 20 岁。由于苏格拉底生于公元前 469 年，所以柏拉图显然将巴门尼德描述为不能早于公元前 515 年，而芝诺的出生时间不能早于公元前 490 年。传统上，对巴门尼德和芝诺出生年份的判断分别是公元前 544—前 540 年和公元前 504—前 500 年。

如果巴门尼德和苏格拉底曾经见过面，很难相信他们会进行《巴门尼德》中所描绘的那种对话；我们没有理由认为巴门尼德能够进行像对话后半部分那样的辩证讨论，而且，假设苏格拉底在 20 岁时就已经掌握了在第一部分中的理念论也是令人难以置信的。但如果对话的过程是虚构的，我们就没有理由认为这个背景是历史上真实发生的。诚然，柏奈特和泰勒对传统上推断巴门尼德和芝诺出生年份的批评，认为其依据是基于任意的假设；但这是因为他们相信柏拉图对苏格拉底的"传记"准确无误。如果我们对这种观点的拒绝是正确的，那么我们有理由将这次会面视为虚构。在《泰阿泰德》（183e7）和《智者》（217c4-7）中，苏格拉底都提到自己年轻时曾与巴门尼德会面。如果我们将《巴门尼德》中的对话视为虚构是正确的，那么这些提到的见面实际上并没有发生，而是指的是在那个对话中描绘的虚构见面。

(d) 据我所知，在这四篇对话之前，关于埃利亚学派唯一明显的提及出现在《会饮》178b9 和《斐德罗》261d6 中，而且这两处提及都不太重要。但在《泰阿泰德》中有三处提及。在 152e2 中，巴门尼德被明显地提到，因

---

① 对柏拉图对话形式变体的最好研究，可参看雷德尔（Raeder），《柏拉图的哲学发展》（*Platons Phil. Entw.*），第 44—61 页。

为他是"有智慧的人"(the wise)中唯一一个不赞同"无物持存,一切事物总是在变化"的观点的人。在180d7-181b5中,柏拉图表达了他的信念,即他不仅必须与赫拉克利特交锋,而且还必须与"不可动摇的整体派"进行较量,其中包括麦里梭(Melissus)和巴门尼德。在183e5-184a1中,巴门尼德被描述为"一位庄重而令人敬畏的人物"(a reverend and awful figure),并被描述为具有"一种完全高贵的深度"。在《巴门尼德》中,正如我们所看到的,他扮演着主角。在《智者》和《政治家》中(呈现为延续了从《泰阿泰德》开始的对话),① 埃利亚学派的一位成员扮演了主要角色。

因此,这四篇对话通过各种交叉引用和对埃利亚哲学的新兴趣(a new interest)联系在一起。乍看之下,将它们视为一组似乎很自然,并假设柏拉图对埃利亚主义的兴趣,是在公元前367年左右在前往西西里的途中,与在大希腊地区的(Magna Graecia)学派成员的会面激发的。但从语言上讲,这四篇对话可分为两个强烈对比的组:《巴门尼德》和《泰阿泰德》与《理想国》的后几卷很接近,《斐德罗》《智者》和《政治家》则与《蒂迈欧》和《斐莱布》接近。关于这一点最好的解释是,由于时间的流逝,四篇对话中的最后两个与前两个分开了;并且在公元前367—前366年,柏拉图第二次访问叙拉古的狄奥尼修斯(Dionysius)宫廷时,他的兴趣受到了分散。

同时,为了让《理想国》中对理念论的自信断言转变为《巴门尼德》中的自我质疑情绪,自然而然地可以假设从完成这一目标到完成另一目标已经过去了几年。最后,上面(b)中提到的事实最好的解释是,假设《巴门尼德》的第一部分写于《泰阿泰德》之前,而第二部分则写于之后,或者假设《泰阿泰德》只是阐述了柏拉图在《巴门尼德》第二部分中实际上已经采纳的原则。

7. 关于《蒂迈欧》和《斐莱布》的相对写作日期的问题,持不同观点的学者们的意见可谓势均力敌。语言测试并没有解决这个问题,总体而言,为任何一种观点提出的别的论证都不太有力。但有一个论证明确指向其中一个方向,尽管并非决定性的。从"一"和"大与小"推导出理念数——这是我们从亚里士多德那里频繁听到的,并且显然属于柏拉图晚期的思想——与《斐莱布》中"限定"和"无限"(或"更大或更小")的联系更为紧密,而与《蒂

---

① 《泰阿泰德》210d3,《智者》216a1,《政治家》257a1。

迈欧》的关联则相对较弱。在我看来，这似乎支持将《斐莱布》视为这两个对话中较晚的作品。①

用来确定个别对话写作时间的资料甚少。《美涅克塞努》是一篇关于战死者的葬礼演说，不可能在公元前 390 年之前写成，而更可能写于公元前 386 年安塔尔西达斯和约（the Peace of Antalcides）之后；《会饮》提到一件公元前 385 或前 384 年的事件，②《泰阿泰德》提到公元前 369 年的一个事件，③《法律》提到的是大约公元前 356 年的一个事件。④ 学者们的勤奋和机智发现了许多线索，表明这个对话或那个对话的日期有一定的范围，但这些猜测都没有达到确定的程度。

任何试图确定对话顺序的人都必须牢记两点。一个是《理想国》和《法律》这两部长篇的作品肯定耗费了几年的时间，而在创作这两部作品的过程中可能也写了一些较短的对话。另一个是众所周知的事实，即柏拉图一直在努力修改他的作品，⑤ 因此暗示日期较晚的少许材料可能比它们发生的对话的主要内容要晚得多。鉴于这些困难，任何可能提出的对话顺序都必然是试探性的。有了这些附加条件，可以提供以下可能的顺序，作为早期对话的可能顺序。这些对话启发了"理念论"，以及所有后来的作品。

柏拉图的诞生，公元前 429—前 427 年

《卡尔米德》

《拉凯斯》

《欧绪弗洛》

---

① 博伊姆克（Baeumker）也将《斐莱布》置于《蒂迈欧》之后，参看《希腊哲学中的质料问题》（*Probl. d. Materie in d. gr. Philos.*）114, 197；其他持有相同观点的学者：伯里（Bury），参看他编辑的《斐莱布》，lxxx；泡斯特（L. A. Post），参看《美国语言学协会的论文集》（*Trans. Of the American Philological Assn.*），lx (1929), 12；里特（C. Ritter），参看他最新的书《柏拉图哲学的本质》，27；罗宾（Robin），《柏拉图哲学中物理学的地位》（*La Place de la Physique dans la Philos. De Platon*），10 n. 2；泰勒（Taylor），《柏拉图蒂迈欧评注》（*A Comm. On Plato's Timaeus*），9 n.；维拉莫维茨（Wilamowitz），《柏拉图》（*Platon*），i. 628.

② 193a3.

③ 142a6.

④ 638b1.

⑤ 《迪奥尼修斯·哈利卡尔纳索斯的比较研究》（*Dion. Halic. Comp.*），第 208—209 页。

《大希庇亚》

《美诺》

首次访问西西里岛，公元前389—前388年

?《克拉底鲁》

《会饮》，公元前385年或更晚

《斐多》

《理想国》

《斐德罗》

《巴门尼德》

《泰阿泰德》，公元前369年或更晚

第二次访问西西里岛，公元前367—前366年

《智者》

《政治家》

第三次访问西西里岛，公元前361—前360年

《蒂迈欧》

《克里底亚》

《斐莱布》

《第七封信》，公元前353—前352年

《法律》

柏拉图之死，公元前348—前347年

第二章
理论的开端

在早期对话中，有四篇主要是讨论某些事物的定义。《卡尔米德》问"节制是什么？"《拉凯斯》问"勇敢是什么？"《欧绪弗洛》问"虔诚是什么？"《大希庇亚》问"美是什么？"在提出这类问题的过程中，理念论已经潜伏其中；因为所追问的是一个诸如"节制"的所指，这与许多可以被正确地称为"节制"的行为中的任何一个都不同。

在这些对话中，柏拉图对他所说的关于特定美德的更一般意义的认识最少的是《卡尔米德》，尽管这不是一个令人信服的原因，但据此我们将其视为四者中最早的对话。

理念论的种子更明确地出现在《拉凯斯》中。在那篇对话中，[①] 苏格拉底列举了各种在可能表现出勇气的情况下，问道："在所有这些事物中，有什么是相同的呢？"从而假定了存在某种相同之物；并且他在 192a1-b3 中对敏捷（quickness）做出了同样的假设。在这里，我们发现有一种尚在萌芽中的观点，即每个普通名称都对应着一个单一的实体，该实体在该名字的每次出现中都被提及。[②] 但在《拉凯斯》中，并且在写完《拉凯斯》之后很久，柏拉图的兴趣并不在探究这个实体的形而上学地位。他的兴趣是苏格拉底式的——对手头的特定问题的答案感兴趣，例如"勇气是什么？"但是，苏格

---

① 191e10.

② 《理想国》596a6。

拉底和柏拉图对"勇气"的兴趣是双重的：或许，这主要是一种实践的兴趣，他们都想知道勇气是什么，因为他们关心他们的同胞是否能变得勇敢。但二者的共同特点是，与单纯的实践道德家不同，他们深信只有了解美德是什么，且仅仅通过这种了解，人们才能真正变得有德行。① 在这种实践的兴趣之外，是由两个事实引起的理智兴趣：即各种非常不同的事物都是勇气的例子，② 并且许多与这些事物有很多共同点，却不是勇气的例子。③ 正是这种兴趣的结合导致有了理念论这种形而上学学说的想法。还可以补充一点，虽然柏拉图在《拉凯斯》和其他早期对话中直接感兴趣的是伦理术语，但他已经认识到，在提到"敏捷"（quickness）的共同本质时，普遍与特殊的关系并不限于伦理术语。

　　柏拉图没有讨论诸如"勇气是什么？"之类问题的含义，但不难看出它的含义是什么。④ 首先，它暗示不仅有"勇气"这个词，不仅仅是这个词和勇气的想法，而且是一个以"勇气"为名的真实事物。其次，它暗示这是一件事而不是几件事。柏拉图意识到名字的含义可能存在歧义。但显然他认为这种情况只会偶尔发生，并没有完全理解即使是最看似直白的词（innocent words）也可能具有不同含义。再次，暗示了勇气是一个复杂的东西，可以分解为元素；因为如果不是这样，"勇气是什么？"这个问题将是愚蠢的：唯一真正的答案是勇气就是勇气。他不时对这种形式的问题给出的答案表明：他在原则上假设，正如亚里士多德继续明确地所做的那样，该定义是按属和种差的分析。但是直到《智者》，我们才发现他明确地说了这一点。

　　《欧绪弗洛》似乎很可能是第一篇出现"理念"（即 ἰδέα 和 εἶδος 这两个词）的对话，并且是在其独特的柏拉图理解的意义上；ἰδέα 和 εἶδος 这两个词都出现在这篇对话中。这些段落如下：5d1-5"在每一个行动中的虔诚不是总是一样的吗？再说一遍，不虔诚难道不是所有虔诚的反面吗？一切不虔诚的事物不都和它自己一样，作为不虔诚的东西，有一个单一的形式（ἰδέα）

---

① 《拉凯斯》190b3-c2。

② 190e7-191e8.

③ 192b9-193d10.

④ 在柏拉图哲学中，"X 是什么"的含义已经被罗宾逊（Mr. R. Robinson）在他的《柏拉图的早期辩证法》（*Plato's Early Dialectic*）第51—62页进行了出色的讨论。

吗?"在 6d9-e6 中,柏拉图写道:"你记得我没有要求你给我一两个虔诚的例子,而是解释使所有虔诚的事物都变得虔诚的形式(εἶδος)吗?你不记得你说过有一种形式(ἰδέα),它使不虔诚的行为变得不虔诚,而虔诚的行为变得虔诚吗?……那么,告诉我,这种形式(ἰδέα)的本质是什么,通过观察它并将其用作模范(pattern),我可以说你或其他人所做的任何具有这种特点的行为都是虔诚的,而任何没有这种特征的行为都是不虔诚的"。

εἶδος 和 ἰδέα 都源自 ἰδεῖν,即"看",这两个词的原意无疑是"可见的形式"(visible form)。泰勒在《苏格拉底杂谭》(*Varia Socratica*)中进行了综合研究,他考察了柏拉图之前希腊文献中的用法,并得出结论:我们在柏拉图著作和偶尔在其他地方发现的用法,其起源可以追溯到毕达哥拉斯对这些术语的使用,即在几何图案或图形的意义上。吉莱斯皮(C. M. Gillespie) [1] 仔细研究了泰勒的引文清单,得出了不同的结论,即:

> 在苏格拉底的时代……这些词在一般科学词汇中表现出两种意义趋势。第一个主要是物理上的,但没有数学的关联;包括从通俗到专门的多种含义:有形之物的形式,偶尔也用作有形对象本身,就像我们的"形式"(form)和"形状"(shape)一样,但总是区别于有形之物(σῶμα);有时指的是外在的可见的形式和形状,往往也指内在形式、结构、本性(φύσις),一个独特的物理的概念;往往也扩展至有形之物之外的对象的本质;在一篇修饰性的段落中,通过简单的过渡,可以几乎指形而上学的本质概念。第二种是"半逻辑的"(semi-logical),"归类性的"(classificatory);被用在例如"有四种形式、种类"的事物,无论是类似潮湿的事物或是疾病的事物……在这种含义的发展中,逐渐与"种"(species)这种后来的含义就非常接近了。泰勒教授似乎认为 εἶδος 是在毕达哥拉斯数学含义上来运用,类似几何学中的"模型"(pattern)或者"图形"(figure)。但是,没有任何证据表明这种高度专业化的意义是发展其他含义的决定性因素;这似乎是一种附带的发展(a collateral growth)。

14

---

[1] 《古典学季刊》(*Class. Quart.*) vi (1912),第 179—203 页。

吉莱斯皮（Gillespie）指出的这两种用法从最初的含义发展而来是自然而然的。视觉是我们的感官中最能获取信息的，因此最初指代可见形式的词汇逐渐演变为表示可见的本性，然后演变为表示一般的本性；而从表示本性的意义演变为表示"被本性特征区分出的类别"也就不足为奇了。

鲍德里（Mr. H. C. Baldry）认为[①] 柏拉图对术语 εἶδος 和 ἰδέα 的使用，以及"柏拉图形而上学的基本原则"，是通过将苏格拉底对道德价值的教导与毕达哥拉斯对数字模式的教导融合而形成的。然而，我们对毕达哥拉斯学说的历史及其发展年代了解甚少。我们不知道，在柏拉图年轻时，毕达哥拉斯学派是否将数字模式称为 εἶδος 或 ἰδέα。我们也不知道柏拉图在公元前389 年或前 388 年之前是否访问过意大利；而我们可以相当确信，最早包含理念论的对话是在这之前很久就写成的。尽管亚里士多德说柏拉图赋予理念的功能与毕达哥拉斯学派赋予数字的功能相同，[②] 并且在晚年将理念与数字等同起来，[③] 但他并没有暗示数字模式（the number-patterns）与理念论的创立有任何关系。最重要的是，早期的对话中没有任何线索可以表明这一点。情况似乎是，苏格拉底对"美德是什么""勇气是什么"等问题的探寻，导致柏拉图承认普遍存在作为一个独特的实体类别，并且他用 εἶδος 和 ἰδέα 这两个词来命名它们，而这两个词在普通希腊语中，已经有了"性质"或"特征"的含义。独创的不是文字的使用，而是他赋予文字所代表的事物的地位。

对于柏拉图对这些词的使用，我们在里特（Ritter）的《新研究》（Neue Untersuchungen）一书中读到了详尽的研究。[④] 他区分了[⑤] 以下六种含义：

（1）外在的样子；

（2）构成或状态；

（3）"决定概念的特征"；

（4）概念本身；

（5）属或种；

---

① 《古典学季刊》（Class. Quart.）xxxi (1937)，第 141—145 页。

② 《形而上学》987b9-13。

③ 1078b9-12.

④ 第 228—326 页。

⑤ 第 322 页。

（6）我们概念背后的客观事实。

为了使我们能够判断他对意义（2）、（3）、（4）和（6）所作的区分，我们可以看一些典型的例子。里特（Ritter）认为，在许多段落中，究竟谈到这些含义中的哪一个是值得怀疑的。因此，我将他毫不犹豫地赋予一种或另一种含义的段落罗列如下：

意义（2）：《美诺》72d7"你认为男人的健康是一种，女人的健康是另一种吗？或者，如果它是健康的话，它是否无论是在人身上还是在其他任何地方，到处都是相同的形式（εἶδος)?"

意义（3）：《美诺》72c6"所以，对于美德，即使它们很多，种类繁多，毫无疑问，它们都有一个相同的形式（εἶδος)，因此它们是美德，回答者应该向提问者指出'美德实际上是什么'。"

意义（4）：《斐多》104e1"所以偶性（evenness）的形式（ἰδέα）永远不会进入一组三件事之中"。

意义（6）：《斐多》102a11"因为大家一致认为每一种形式（εἶδος）都是真实的东西，并且由于共享这些形式，其他事物才被称为如此"。

不仅要看这些段落，还要看它们的上下文，读者就会相信在每种情况下，柏拉图指的是同一件事物。他没有在任何地方谈论概念或"概念的内容"，而是在每一个他认为完全客观的情况下，它本身就存在，并非因为我们对它的思考。里特（Ritter）试图区分这四种含义是19世纪概念主义的产物，它与柏拉图思想的朴素的实在论相去甚远。

我们发现，柏拉图在其原初的"可见形式"含义上使用这两个词并不少见；他在早期作家使用的各种非专业的意义上使用这两个词，并且他在这两个词中都使用了它们"理念"（Idea）和"种类"（class）的专业意义。而在从《斐多》开始的对话中，除了《巴门尼德》之外，"种类"（class）是εἶδος最常见的意思，但很少在这个意义上使用ἰδέα这个词。ἰδέα是这两个词中更生动的一个，在生动和想象力更丰富的段落中往往更受偏爱。可以补充一点，柏拉图经常使用οὐσία和φύσις（实体和自然/本性——译者注）作为指称理念的方式，他在《智者》中使用γένος一词，在《费列布》中使用ἑνάς和μονάς（这两个词都表示"一个"——译者注）。

在《大希庇亚》中，可以找到一个有趣的暗示，即引起柏拉图对定义产

16

生兴趣的原因。苏格拉底在 286c5 中说："当我批评某些事物为丑陋而赞美其他事物为美丽时，他却不客气地问我：'告诉我，你是怎么知道哪些事物是美丽或丑陋的？来，你能告诉我什么是美丽吗？'"

如果你接受这个暗示，那么导致柏拉图对定义产生兴趣的原因是坚信没有人能正确使用一个词，除非他可以为自己勾勒对其意义的一般性说明。正如他经常说的，不仅是指向实例，没有真正回答定义问题；我们也不能确定我们指的是什么，除非首先知道其定义是什么；内涵的知识必须先于外延的知识。苏格拉底对希庇亚说："教我美本身是什么？（αὐτὸ τὸ καλόν)"①。这个问题隐藏了一定的歧义，柏拉图或许没有注意到。它可以指"美这个词所代表的那个特征是什么？"或者它可能意味着"什么是除了美之外的特征或一组特征，事物必须具有的东西才能成为美的？"但"美本身"这句话指向第一个解释；支持这一点的提示可以在《卡尔米德》的一段话中找到，②其中苏格拉底在问类似的关于自制（self-control）的问题。他在那里说"我们未能发现'自制'这个名字的使用者所指的东西是什么"。因此，苏格拉底想知道不是美与其条件之间的联系，而是"美"这个词所代表的特征的本质。

《大希庇亚》的段落是"αὐτὸ τό"（其本身）这一表达方式的最早例子之一，它后来成为理念的标准表达之一；这个短语在该对话的其他地方也反复出现。③εἶδος 出现在 289d4 和 298b4 中。

在这个阶段，理念与个体事物（particular）的关系被简单地视为普遍与特殊的关系。目前为止，尚没有提到"个体事物不能成为理念真正的实例"的观点。美的理念是"使视觉和听觉的愉悦变得美丽的那个相同的东西，它同时存在于两者之中，也存在于每一个单独的事物"。④这里的重点是，个体事物并不总是或在所有的关系中是相同的普遍者的例子——在一些关系中，黄金看起来并不比无花果树更漂亮；⑤但并没有指出没有任何个体事物

---

① 286d8.

② 175b3.

③ 288a9, 289c3, 292c9；《普罗泰戈拉》的 360e8 可能更早。

④ 300a9-b1.

⑤ 291c7.

是理念的真实例子，也没有指出理念是一个标准或限制（limit），而不是一个普遍者，还没有指出个体与它是模仿的关系，而不是参与的关系（not of participation）。

《大希庇亚》中的一段话[①]似乎比在《拉凯斯》或《欧绪弗洛》中发现的任何内容都证明了理念论的进一步发展。在寻找"美是什么？"这个问题的答案时，苏格拉底暗示它是"愉悦的"，可以通过听觉和视觉来把握，并补充说"美"这个词既适用于愉悦的两种形式，也适用于它们中的每一个。希庇亚断言，任何同时适用于两个事物的术语也适用于每个事物。苏格拉底暗示存在许多例外情况，最后指出"一"一词一次仅适用于一件事，而不适用于两者，而"二"适用于两者，而不适用于每个事物，并且每个都是奇数而不是偶数，而两者一起是偶数而不是奇数。这段话在两个方面很有趣；首先是因为它预示了《巴门尼德》中提出的问题，即属于它的个体所拥有的是每个理念的全部还只是其中的一部分，其次是因为它表明早期对数字理念的兴趣，而这是柏拉图晚期著作特别关注的主题。

在《美诺》中，以 οὐσία 或 εἶδος 的名义，多次提到了理念。仍然强调了理念在个体事物中的内在性："所有美德都有一个相同的形式。"[②] 其中有一个短语可能是亚里士多德的术语 καθόλου 和我们的"普遍"这一术语的起源——"谈到美德，作为一个整体（κατὰ ὅλου），它是什么"。[③]《美诺》中缺失的东西可能比它里面有的东西更引人注目：没有试图将理念与回忆学说联系起来。不仅在提及有关回忆的段落中，[④] 没有明确或隐含地提到理念，而且使奴隶男孩发现正方形面积是给定正方形面积两倍的方法纯粹是经验性的；他承认给定正方形的对角线上的正方形是给定正方形的两倍，是基于他的视力，而不是任何清楚理解的普遍者之间的关系。他承认某些三角形的面积等于给定正方形的一半，它们组成的图形本身就是正方形，不是因为他认为这些东西一定是这样，而是因为在肉眼看来它们好像如此。为了在理念和回忆（anamnesis）之间建立关系，我们可以参考《斐多》。在《美诺》中，

18

---

① 300d5-302b3.

② 72c7; cf. 74a9.

③ 77a6.

④ 81a5-86b5.

理念论并未比在早期对话中有更进一步的发展。

《克拉底鲁》在柏拉图形而上学的发展中扮演着重要的角色，因为正是在这里，他最明确地反对完全的主观主义（subjectivism）。他坚持认为，"事物有其自身确定的存在，与我们无关，也不会被我们的想象力（fancy）所左右，而是它们本身与它们自身的存在相关联，就像它们的本性一样"。① 但尽管我们发现理念在别处被描述为它的个体的存在（οὐσία），而我们在这里找到了"οὐσία"这个词，假设这里直接提到的就是理念论可能是错误的。因为柏拉图在这里似乎指的是事物的全部实际性质，而不是人类意见可能赋予它的性质。但是，从来没有一个理念被认为是它的任何实例的全部性质；例如，一个特定的正义行为有着使其与其他正义行为有所区别的某些特质，而这些特质必定是与正义理念不同的。确实，在其他地方，也提到了理念，② 但它们没有任何新的内容，只是提出了理念学说肯定与赫拉克利特的普遍流变学说相反。正如亚里士多德所说，③ 柏拉图在涉及可感事物时接受了赫拉克利特的学说，但指出有些非可感的事物不受制于流变。

也许，在某一时刻也有一点新意；有一段文本比我们迄今发现的都更清楚地表明了理念的超越性（the transcendence of Ideas）。苏格拉底说，④"在制造梭子时，木匠看什么呢？难道他看的不是天生适合当梭子的东西吗？……假设梭子在制造中被折断了，他会再看一眼被折断的梭子吗？或者他会看他用以创造另一个梭子的形式（the Form）吗？"他接着将其描述为"正是梭子所是"或"梭子的形式"。似乎这里有对可以设想梭子形式的暗示，因此在具体化为任何特定的梭子之前必须存在。我们几乎无法假设在制作梭子时制作者所看的东西必然是从现有的梭子中抽象出来的普遍概念，因为那将使得梭子的发明变得不可能。然而，虽然柏拉图似乎认为一种梭子的形式在它被具体化为特定材料之前就已经存在，但他并没有将它归为一种纯粹的超越性的存在；因为他继续说，当木匠技艺娴熟时，他能够成功地将形式赋予

---

① 386d8-e4.

② 389d6-7, e3, 439c8.

③ 《形而上学》987a32-b1。

④ 389a6-c1.

"特定材料"；[①] 他还没有达到这样的地步，即认为一个理念永远不会被完美地例示（exemplified），而只是被模仿。也许通过反思，我们应该承认，虽然他的语言可能被解释为在形式被赋予形体之前就暗示了其存在，但这不是必要的解释。当他说木匠看形式时，他可能不会想到形式是预先存在的，正如当我们说我们瞄准某个目标时，不会认为那个目标已经存在了。

20

就我们的目的而言，《克拉底鲁》中最有趣的一段是在结尾处。[②] 根据亚里士多德的说法，[③] 柏拉图最早的哲学是与赫拉克利特主义者克拉底鲁相关，他坚持认为所有可感事物都在不断变化中；但是当他受到苏格拉底的影响时，他认为由于它们的易变性，知识的对象必定不是它们而是别的事物。这正是我们在《克拉底鲁》中发现的。

> 对事物的知识不是从名字中得到的。不；它们必须在自身中被研究和探究……告诉我，有没有绝对的美或善，或其他任何绝对的存在……然后让我们去寻找真正的美，而不是问一张脸是否美丽，或者诸如此类的东西……让我们问一下，真正的美是否并不总是美的……那么，真实事物怎么可能是不会永远处于同一状态（因为显然永远处于同一状态的事物在它们保持不变的情况下不会改变；如果它们始终相同且处于同一状态，并且永远不会背离它们原来的形式，它们怎么能改变或变化？）……它们也不能被任何人知道；因为在观察者接近的那一刻，它们就变成了别的和另一种性质，这样你就无法再知道它们的性质或状态；如果没有状态，那么知识无法知道它所知道的。克拉底鲁，我们也不能有理有据地说，如果一切都处于过渡状态并且没有任何事物存在，那么就能存在知识。因为如果知识没有从知识中消失，它就会一直存在并成为知识；但是，如果知识的本质发生了变化，它就会变成知识以外的另一种性质，不再是知识；如果过渡一直在进行，那么在发生变化的时候就没有知识，根据这种观点，没有人可以知道，也没有什么可以被知道；但是，如果总有知道的和被知道的，美的、好的和

---

① 389c3-6; cf. 390b1-2.

② 439b4-440c1.

③ 《形而上学》987a32-b7。

其他的东西也停作，那么我不认为它们会像我们刚才假设的那样处于一个不断流变当中。

这是柏拉图著作中第一次由知识的存在来论证不可变的、不可感的对象的存在。这也就是亚里士多德所说的[①]"源自科学"的论证（the argument "from the sciences"），正如我们在早期对话中发现的"多上之一"（the argument of the "one over many"）的论证一样。

比我们迄今为止发现的任何文本更为明确的关于"超越性"的论断出现在《会饮》的一段著名的段落中：[②]

> 迄今为止在爱欲方面受过引导的人……会突然感知到一种奇妙的本性之美……首先是永恒的美，不会生长和腐烂，也不会变好和变坏；其次，也不会从一个角度上看是美的，而在另一个角度上却是丑的，不会在某个时间是美的，在另一时间却是丑的，也不会相对于某物是美的，而相对于别物却是丑的（仿佛对某人是美的，而对别人却是丑的）。它的美也不会对某人而言以脸或手或任何身体的部分的形态呈现。它也不会以言语或某种知识的形态呈现，它不会存在于任何其他事物的任何地方，例如在动物中，或在地球上，或在天空中，或在任何其他事物中；但美是绝对、独立、简单和永恒的（αὐτὸ καθ᾽ αὑτὸ μεθ᾽ αὑτοῦ μονοειδὲς ἀεί ὄν），别的事物都有生有灭，只有它不能变大或变小，不经历任何变化。

这当然是对美的理念超越性的有力断言，但我们必须记住这并不是柏拉图或苏格拉底的措辞。它们出自曼蒂尼亚（Mantinea）的智慧女人狄奥蒂玛（Diotima）之口，其语调更像出自一位先知而非哲学家。如果转写成哲学语言，可以合理地假设，这段话肯定的不是美的理念的单独存在，而是它与所有具体体现（all its embodiments）有别，以及与它们的短暂和不完美形

---

① 《形而上学》990b11-14。

② 210e2-211b5.

成对比的永恒和纯粹。

除了这一段，整组早期对话都将理念视为内在于个体事物。它存在于它们之中；它是由工匠放置在"里面"的；它就在"它们之中"；这对他们来说是"共有的"；反过来，个体事物"拥有"或"分享"了它。[①]

---

① 关于这一点的证据，可参看本书第 228—230 页。（以下脚注中提到的"本书页码"，都指"原著页码"。——译者注

第三章

《斐多》

在《斐多》中，理念扮演了比之前对话都重要的角色。它们几乎在这篇对话中无处不在；但是，对它们的引入是隶属于对不朽的论证，而且很多现在说的，也无法产生新的有助于我们理解柏拉图对它们本性的论述。它们首次出现的段落，① 不仅告诉我们它们并非通过任何感觉被知晓，而且是通过纯思想（αὐτῇ καθ᾽ αὑτὴν εἰλικρινεῖ τῇ διανοίᾳ）才被认识。之后，柏拉图比迄今为止更加确定地描述了理念得以被认识的过程。在《美诺》中，我们看到回忆论并未与理念知识的学说直接相关，而在《斐多》中，两者则是直接联系在一起的。柏拉图首先指出，② 回忆"可能来自于相似或不相似的事物"，即，可能通过相似性［例如，当我们看到西米亚斯（Simmias）的图片时，我们被引导记住了西米亚斯］，③ 或通过连续性（例如当看到竖琴时，我们会想起它的主人）；④ 并且在前一种情况下，我们还要注意所感知的事物是否在任何方面不及我们所提醒的事物。⑤ 现在我们主张（他继续说道）存在相等本身，并且我们知道它是什么。我们之所以拥有这种知识，是因为我们看到

---

① 65d4-66a8.

② 74a2.

③ 73c9.

④ 73d5-10.

⑤ 74a5-7.

了相等的木头、石头等。① 这些与相等本身非常不同。事实证明，木棍或石头虽然保持不变，但有时在一个人看来是相等的，而在另一个人看来不是相等的，而"相等本身"永远不会表现为不相等，相等也不会是不相等。② 在这里，一个理念的完美特定实例（perfect particular instances of an Idea）与不完美的、可感的个体以及理念本身都不同。这是对数学实体的最早暗示，数学实体被认为是介于理念和可感实例之间的东西。③ 尽管柏拉图区分了完美的个体（perfect particular）和理念，他并不强调这一区分，在他的论证中也没起任何作用。

23

因此，对理念的认识被归入通过相似性的联结之下，并归入相似性非常不完美的子形式（sub-form）之下。对于现代思想家来说，向我们暗示相等观念的是不相等的经验；因为我们熟悉这样一个事实，即精确的测量仪器会在肉眼无法察觉的地方揭示不相等，而且我们很可能从未见过两个完全相等的物体。但尽管说可能没有两个物体在尺寸上完全相等是对的，但不能说只有不相等的经验引起了相等的想法。因为我们当然有许多经验，它们的对象之间我们无法察觉到大小的差异，这被称为表面相等的经验比被称为不相等的经验更准确。事实似乎是，表面相等的经验和表面不相等的经验同样能够引起我们对相等的思考。

无论如何，柏拉图并没有说是不相等的经验引发了相等的观念。他在整篇文本中都将这种体验称为相等的经验；但他强调它们的不完美。他发现它们不完美的一点是它们"在一个人看来似乎是相等的，而在另一个人看来是不相等的"（74b7-9）；也许他正在考虑透视的影响（the effects of perspective）。在这里，他的想法有一定的不一致性。因为鉴于他在《普罗泰戈拉》和《克拉底鲁》中强调的声明，即有形的事物有其自身的性质，并且可能与我们所认为的不同，由此可见，对某些人而言似乎不等的事物可能仍然是相等的，因此是完美的相等的典型例子。但是，柏拉图并没有注意到这种不一致，因此在整段文本中都说，似乎可感事物必然只接近于相等，而这是关于理念的最早的一段文字（除了《会饮》中的神秘段落），其中理念的这一方

① 74b4-7.

② 74b7-c6.

③ 这是亚里士多德归之于柏拉图的观点，参看《形而上学》987b14-18。

24　而得到了强调（而不是作为普遍性表现在个体中），作为理想（ideals）、标准或限制——个别事物只是达到与之近似（ἐκείνου ὀρέγεται τοῦ ὅ ἐστιν ἴσον, καὶ αὐτοῦ ἐνδεέστερά ἐστιν 75b1；参考：βούλεται 74d9; προθυμεῖται 75b7）。可感事物与理念的关系首次被认为是模仿（μίμησις）而不是分享（μέθεξις），但它包含了分享的元素，因为可感事物始终被称为相等之物（equals），而不是不相等之物（unequals）。①

　　《斐多》中有四段文本很有趣，它们都非常清楚地表明柏拉图已经得出了普遍的理念论，又展示了他的理念世界中典型成员的性质（75c10-d3，76d7-9，78d3-7，100b3-7）。在这里，他提到了"我们在其自身上都标记真实性"（αὐτὸ ὅ ἐστι）的所有事物，②并将该学说描述为"我们一直在重复"的学说；③重复出现的例子有美、善良、正义、虔诚、相等、大。在早期的对话中，偶然提到了速度的理念、梭子的理念、名字的理念；④但是，前两者仅作为附带的例证引入，第三者则仅出于对一种特殊的语言理论的兴趣。当柏拉图希望提及典型的理念时，他要么提到道德或美学价值，要么提到数学品质或者关系属性，例如"大小"或相等。价值和数学实体，这些仍然是他一生中占主导地位的兴趣。随着年龄的增长，数学实体越来越受到重视，直到最后（至少如亚里士多德所说），理念论变成了关于数字的理论。实体的观念（如"动物本身"）在《斐多》中没有被提及，并且在除了《蒂迈欧》的整个著作中都不是突出的，尽管它们是理论会涉及到的，因为该理论认为每个共名都有一个相应的理念。⑤

　　并不是通过蔑视感官而转向纯粹的沉思，而是通过使用感官并找到它
25　们向我们暗示的东西，（在柏拉图看来）我们获得了关于理念的知识；我们的感官必须暗示这样一种想法，即所有可感知的表面上的相等，既渴望相等（aspire to that which is equal），又缺乏相等；⑥他说这话时，非常真实地描

----

① 在100c3-6，d6中，个别事物仍然被描述为参与理念（partaking in Ideas）；在100d5中，理念仍然被描述为存在于它们之中。

② 75d1-2.

③ 《拉凯斯》192a1，《克拉底鲁》389b5，390a5。

④ 76d8.

⑤ 《理想国》596a6。

⑥ 75a5-b2.

述了感官与理性在引导我们获得知识方面的合作。但他主张，感官对理念的启示只能发生在我们前世已经认识理念的情况下。① 那么我们那时是如何认识它们的呢？如果那时我们也只是在感官的启示下认识它们，对前世的提及并没有解释我们如何认识它们的过程。如果在感官的启示下认识理念本身就是无法理解的，而是需要先前对理念的认识，那么先前对理念的认识需要感性的启示其可理解性并不比现在这样的情况更为明晰。因此，如果回忆要解释它被引入解释的事物，那么先前关于理念的知识一定是对它们直接的和无中介的知识，而不是根据感觉事物的启示。因此，柏拉图认为我们在前世就知道理念。可见，回忆说（anamnesis）清楚地暗示了理念的独立存在，不是不完美地体现在可感事物中，而是单独存在于它们的纯粹性中（existing apart in their purity）。柏拉图正是在《斐多》的这段话中首次表达了对理念独立存在的明确信念。这与他开始采用"相似"（resemblance）的语言（尽管他也保留了"参与"的语言）来表达可感事物与理念的关系，自然是一致的。

无论是在这个阶段还是在他思想的任何阶段，将宇宙完全二分为理念和可感事物，都是对柏拉图哲学的错误描述。一方面，我们已经有对"相等本身"（equals themselves）的偶然提及②——这是对既不是理念也不是可感事物的数学实体的提及，为其"居间者"（Intermediates）学说铺平了道路。在这个阶段，柏拉图很可能并没有意识到他自己提及的重要性。但他确实承认存在另一种类型的实体（entity），既不是理念也不是感性事物。因为有一整节，③ 他把灵魂描述为类似于理念，而不是类似于可感事物（因为灵魂的不变性），然而在任何地方都没有暗示——事实上他怎么可能会呢？——灵魂本身就是理念。

我们关注的下一个段落是著名的一段（95e7-102a2），在这段话中，柏拉图描述了苏格拉底哲学发展的历程。这段描述的前半部分不是很清楚，但所强调的观点似乎是这样的：苏格拉底年轻时曾忙于研究公元前 5 世纪中叶流行的自然的和生理的问题（the physical and physiological problems），但这

26

---

① 76d7-e7.

② 74c1.

③ 79b1-80b6.

些相互矛盾的理论，只是在他心中产生了对一个比这些理论更深入的问题的困惑。例如，一个人通过"进食和饮水"来成长，这似乎很清楚，理论家忙于描述这个过程的细节；但是在他的脑海中提出了更基础的问题：一个小的事物如何变大？或者一般来说，具有一种特性的事物如何变成具有另一种特性的事物？特别是，他对数字的问题感到困惑："即使有人将一加于一，我也不能满足，要么被加到的那个（the one to which it was added）变成了二，^①或者是被添加的（that which was added）和被加到的那个（that to which it was added）通过一个加到另一个变成了二"（96e 6-97a1）。再一次，他不明白为什么说一加一等于二，对一的分解得到了二，因为二性（two-ness）的原因应该是一个单一的原因（97a5-b3）。

　　阿那克萨戈拉的名言——心灵是一切的策划者和原因，似乎为苏格拉底的困境带来了光明。"如果心灵是策划者，"他对自己说，"心灵将以最好的方式策划一切，而任何事物存在的解释必须是它最好地存在于那种状态。"但事实上，阿那克萨戈拉的目的论与其他前苏格拉底学派的唯物主义一样没有启发作用。因为当涉及解释的细节时，他提供了如同其他人提出的唯物主义的解释——仿佛它们是事物本来面目的原因一样——将只是必要条件（sine qua non）的质料条件当作了真正的原因（98b8-99c6）。

27　　阿那克萨戈拉的失败不是因为他的目的论太多，而是因为他的目的论不够，苏格拉底对阿那克萨戈拉的失望并没有使他放弃对世界进行目的论解释的希望。但是，他看不到直接达到目的论解释的途径，因此退而求其次，采用了探究事物原因的次优模式（δεύτερος πλοῦς, 99d1）。δεύτερος πλοῦς 最初是在没有风力时使用桨的航行模式——正如柏奈特指出的那样——这句话暗示了这种方法不一定效率低下，而只是一种更慢、更费力的方法。苏格拉底的建议是，以前的探究都失败了，因为他们试图直接通过感官来解释事物的本来面目，并且遭受了那些在日食时试图直接看太阳而不是通过水中的倒影来看太阳的人的命运（99d5-e4）。但是这个比喻是不充分的；他并不完全承认他研究事物的方法不如自然学家的直接（99e6-100a3）。无论如何，他的方法——不论被称为直接的还是间接的——都是研究在逻格斯中（ἐν

---

① 维滕巴赫（Wyttenbach）复制了在 96e9 中的 ἢ τὸ προστεθέν（或者"添加"）是不必要的。

λόγοις）的真实的事物，即，在每种情况下都假设他认为最强的 λόγος，并将与之相符都认为是真，与之不符的则拒绝之（100a3-7）。

这里的 λόγοι 并不能被理解为定义。因为在他给出的例子中，并没有对定义的使用。虽然此处有对概念或普遍者（universals）的使用，但是 λόγοι 并不意味着这些；它也不意味着论证。"与之相符"（agreement）的术语，和柏拉图称之为"最强 λόγος"的事物意味着理念的存在，表明 λόγοι 的意思是陈述性的命题。苏格拉底在将他的研究方法和前辈做对比时——前者是 ἐν λόγοις，而后者是 ἐν ἔργοις（在行动中）——并不公允。因为他们所作的并不是简单地使用感官，并写下感官所报道的内容。他们也有他们的 λόγοι 或者 ὑποθέσεις（假设）——通过感官报道给他们的一般性的观点，并由此他们得出了结论，就如同苏格拉底从他的 λόγος 中得出结论。这里的真相是：他们认为，出发点的 λόγος 是通过特定的观察得到的，例如泰勒斯的 λόγος 认为万物皆是水，而苏格拉底是通过更加一般性的反思得出了他的出发点（starting-point）。因为他的"最强的 λόγος"其实"并没有任何新意"（100b1），而是一种陈旧的（well-worn）论题（ἐκεῖνα τὰ πολυθρύλητα, 100b4）：在这个和其他对话中，我们经常听到他坚持说，"有一种绝对的美、善和大，以及诸如此类的事物"。这是他研究过的那种原因（100b3-4），与大多数前苏格拉底主义者研究的质料因和动力因不同，也不同了阿那克萨戈拉宣扬但未实践的目的因。

28

正确处理 λόγος 或 ὑποθέσις 有（或者更确切地说，在某些情况下可能有）三个阶段。（1）首先是接受与它相符的内容（100a3-7）——即由此得出的结论——并拒绝与之不符的内容（对这种方法的阐述不够严谨；因为接受命题 A 就可以接受命题 B 的"一致"必须意味着逻辑上的顺序，而如果"不一致"要作为拒绝命题 C 的理由，那么它必须意味着的不仅仅是缺乏顺序，而是前后不一致。但接受必须只是暂时的）。对于（2），可能会从假设（101d5）得出相互矛盾的结论，在这种情况下，必须放弃假设本身。一些批评家怀疑这种矛盾是否可能发生，但很明显，至少柏拉图认为它可能发生。只有一种方式（a）可以真正发生，即，如果 A 是一个复杂的命题，包括两个不一致的命题。但也有一种方式（b）似乎会发生，即，如果 B 不是单独由 A 蕴含，而是由 A 和 C 蕴含，而与 B 不一致的命题 D 由 A 和 E 蕴含。在情况（a）中，显然可以得出 A 是错误的；而在情况（b）中则不能。但是，柏拉图是否设想过这两种情况都值得怀疑。他说得好像一个简单的命题可能会带来矛盾的后果。第三（3），如果假设本身不认为是不言而喻的，你必须在它所遵循的连续假设中倒退，直到找到一个足够的假设（ἱκανός），即让你和你的对手都满意。在这一切中，你必须注意不要混淆探究的不同阶段。①

29　　　　这第三个要素已经在《美诺》中被倡导和使用，② 即通过寻找一些更容易建立的命题来检验命题 A 的真实性，从这些命题中可以得出 A 的真实性。在《美诺》中，苏格拉底以数学为例，该方法实际上是发现数学定理证明的适当方法。

　　苏格拉底在《斐多》中提出假设时，并未出现第二和第三阶段。毫无疑问，它被当前的争论者塞贝斯（Cebes）所采用，③ 并没有发现它会导致不一致的后果。苏格拉底从中得出的唯一结论是灵魂不朽。④

　　柏拉图对苏格拉底心路历程的描述（尽管这很可能是他自己的心路历程）是这样的：他首先试图通过前苏格拉底的方式，即假设热、冷、空气或火等物质作为解释宇宙现象的原因。⑤ 在那里没有得到满足，他试图通过一个最终原因（善）和一个动力因（心灵）来解释事实，以寻求产生善。⑥ 在这里，他也失败了，因此他退回到形式因即理念的假设（他在早期的对话中已经因为其他原因提出过）来解释事物为何如此。

　　在这里，柏拉图在阐述理念与个体之间的关系时使用了一些重要的术语。从理念角度来看，它被称为"在场"（παρουσία），⑦ 从个体事物角度来看，它是"参与"（κοινωνία, μετάσχσις, μετάληψις）。⑧ 但苏格拉底补充说，他并

---

① 参看 101d3-e3；对《斐多》中"假设"（hypothesis）的全面且出色的讨论，参看罗宾逊（R. Robinson）撰写的《柏拉图的早期辩证法》（*Plato's Earlier Dialectic*），第 128—150 页。

② 86e1-87c3.

③ 100c1.

④ 100b7-9.

⑤ 96b2-4.

⑥ 97b8-d3.

⑦ 100d5.

⑧ 100d6, 101c5, 102b2.

不坚持这种关系的任何特定名称，而只是坚持这样一个事实，即正是由于理念，个体事物才成为它们所是的样子，"所有美的事物都因美而美"。① 苏格拉底对目前关于因果关系的描述所提出的批评是，所命名的原因与结果并不相同；说两个单位（units）相加是数字 2 的原因肯定是错误的，因为把1 分解同样可以产生 2。② 在那里，所指定的原因太狭窄了（too narrow）。在这里，苏格拉底指出，关于因果关系的目前解释有时过于宽泛。不能说A 比 B 高一头，是由于"一头"，因为 A 也可能比 C 矮一头，因此"一头"既不是 A 高的原因，也不是 A 矮的原因。③ 唯一正确的解释是，A 因"大"而比 B 高，而因"小"而比 C 矮；只有形式因与它们的结果范围相同（co-extensive）。

在指出同一个体事物可能分享对立的理念之后，苏格拉底接着指出，不仅理念本身不能由其相反性质来表征，而且在特定事物中具体化的一个理念也不能由相反的理念来表征；"我们的'大'从不承认'小'"。④ 它必须做两者之一——要么在它的对立面接近时让步（giving ground），或者在它的对立面进入时被消灭（being annihilated）。"大"不能做的是接受"小"并变得与自身不同。

从表面上看，在前面一些段落中对理念分离的强调，很难与这里使用的关于理念在个体事物中的存在的语言相协调。但是，如果我们注意柏拉图在"相似性本身"和"我们之中的相似性"之间所作的区别，这两种说法是可以调和的。⑤ 然后我们看到，他的理论不仅涉及理念和个体事物，而且还涉及个体事物的性质。严格来说，存在于个体事物中的不是理念，而是理念的不完美的副本(an imperfect copy of the Idea)。如果我们考虑到"相等本身"(the equals themselves) 这个短语，⑥ 我们就会看到柏拉图认为某些理念存在完美的例子。因此，完整的方案是：

①　100d7.

②　97a5-b3.

③　100e8-101b2.

④　102d7.

⑤　102d5-8; cf. 103b5 以及《巴门尼德》130b1-4。

⑥　74c1.

理念 例示在数字和形状中	不完美地被模仿	性质 例示在可感知的事物中
	不完美地被模仿	

　　柏拉图所说的"让步"（giving ground）或"被消灭"（being annihilated）这两种选择的含义还不是很清楚。这个短语在文中多次重复出现（103a1, d8-11, 104c1, 106a3-10），因此这两种选择应该是真正的选择，而不仅仅是表达相同事物的不同方式。泰勒认为①受热融化的雪是"被消灭"的一个例子，当一个男人有了第四个孩子时，"某某的孩子"就不再是奇数了——这是"让步"的例子，"因为'奇数'不像低温或高温那样是一个可以摧毁的事物"。这几乎不可能是真正的解释；因为一方面，柏拉图不能将一般的"冷"和一般的"奇数"描述为可"消灭"的（因为二者都是理念），另一方面，他可以说，当第四个孩子出生时，该家庭的人数就不再是奇数，就像某块雪在融化时不再寒冷一样。事实上，他明确表示，在奇数受到偶性（evenness）逼近的情况下（即添加了一个单位），这是"消灭"（106b7-c3）。这个区别也许可以这样陈述：如果名称 N 代表"以性质 Q 为特征的实体 S"，那么，不可能发生的事情是：事物应该在保持性质 Q 的同时，也获得了相反的性质 Q′。有时发生的是实体 S 具有相反的性质 Q′；在这种情况下，被称为 N 的事物（代表"由 Q 限定的 S"）被消灭了，而且不同于被称为 N 的新的事物（例如"水"与"雪"相对）出现了。但在性质 Q 是不灭性质的特殊情况下，被称为 N 的事物（代表某种实体与不可毁灭性的结合的整体）由于这一属性的特殊性质，不可能失去这一属性，而是没有被毁灭，有序地撤退（σῶς καὶ ἄτηκτος, 106a5；正如泰勒指出的那样，这个隐喻是军事性的）。这是柏拉图认为在灵魂的情况下发生的事情，因为作为生命的本质（105c9-11），它无法具有可被消灭的属性（106b1-4）。

　　苏格拉底指出，相反理念的相互排斥与对话中已经陈述的事实是完全一致的，即，事物从对立面中产生。相反的事物（ἐναντίον πρᾶγμα）可能从对立面中产生，即以一种性质为特征的事物可能会成为以相反的性质为特征；但一种性质不能变成它的相反性质（103a4-c2）。在这一段落中，我们或

---

① 泰勒：《柏拉图其人及其作品》（*Plato, the Man and his Work*），第 205—206 页。

许可以找到亚里士多德学说的起源，即变化总是由持存的质料从具有相对立的特征之一到另一个特征的变化。柏拉图对 τὰ ἐναντία（对立）和 τὰ ἐναντία πράγματα（或者 τὰ ἔχοντα τὰ ἐναντία 拥有对立的事物）的区分相当于亚里士多德用不同术语表达的内容。

苏格拉底接着阐述了理念论的一个重要发展。雪不等于冷；然而，雪不能在保持为雪的同时变热，就像寒冷不能变热一样（或者热度——柏拉图并没有清楚地区分这两者）。不仅理念永远配得上它自己的名字，而且有些事物只要存在就具有这样或那样的形式（103e2-5）。不仅"奇数"总是奇数，而且数字三、数字五等也总是奇数；也就是说，虽然有些主体（subject）可以从一种状态过渡到其对立面，但还有其他主体与一种状态或性质如此结合，以至于它们在保持自己的同时无法接受它的对立面。换句话说，存在这样的形式，它们中的任何一个都迫使它所占据的任何东西（κατάσχῃ）不仅拥有自己的形式（即所讨论的形式），还拥有某种相反的形式。[①] 一个由三的形式占据的群体必须是奇数，以及是三个事物构成的一个群体。虽然在某种意义上是三的形式行使了这种强制力（104d1-3），但也可以说是奇数的形式行使了它（同上，9-12）。这一原则是这样重申的："如果形式将两种相反形式中的一种引入它所进入的一切事物中，它永远不会接受该形式的对立面"（105a1-5）。

这一发现使柏拉图能够对一个老问题给出一个新的答案。对于"由于事物中的什么存在而使事物变热？"这个问题，他的"旧的、安全的、愚蠢的答案"（105b6-c1）是"由于热的存在"，但现在他可以同样安全且更有深度地说"是因为有火"。对于"由于身体中存在什么而导致身体生病？"这个问题，他现在将回答的不是"疾病"而是"发烧"。对于"由于数字中存在什么而使该数字成为奇数？"这个问题，他现在将说的不是"奇数"而是"一"（oneness）。

新答案固然在避免了旧答案可能是重言的风险方面有所收获，但同时也失去了旧答案的普适性。因为虽然发烧会使任何存在它的身体生病，但还

33

---

① 如同斯塔尔鲍姆（Stallbaum），将 104d3 读作 ἐναντίου ἀεί τινος ；或者如果我们跟着罗宾（Robin），将之读作 ἐναντίου τῳ ἀεί τινος ，那就是"对某物而言的对立面"的意思。

有其他会导致生病的因素。虽然任何只有一个成员的类（class）都是"奇数的"（odd），但其他类也是"奇数的"。新答案实际上并没有真正回答旧问题，即 A 具有 B 特征的必要和充分原因是什么。这只能通过命名与 B 共存并蕴含它的事物来实现（naming something coextensive with B and such as to entail it），而不能通过命名 B 的一个种类（a species of B）来实现。新答案只是对新问题的答案，即，以 B 为特征的特定 A 中存在的 B 的特殊形式是什么；将已知 A 具有的一般理念 B 引入 A 的特定理念是什么。

这段话的重要性在于，柏拉图显然是第一次注意到存在一对与属和种相关的理念。因此，这段话是后来 διαίρεσις（划分）问题和《智者》中讨论的"通种"（κοινωνία εἰδῶν）的序曲。然而，他并没有深入探讨这个问题。他只是承认了如此相关的理念"对子"（pairs），而不是任何一长串与属和种相关的理念。这对于他的直接目的来说已经足够了，那就是表明灵魂的理念引入了活力的理念（the Idea of aliveness）并排除了死亡的理念。与此同时，这一段也标志着逻辑上的重大进展。在其最早且最简单的形式中，理念论体现了这样一个发现：每一个经验判断，形式为"A 是 B"或"A 是一个 B"，都包括一个普遍者作为其谓词。在其新形式中，该理论体现了以下发现：存在非经验判断，其形式为"A 必然是 B"或"A 必然涉及 B"，其中两个术语都是普遍概念（universals）。

34　　这段文字还具有重要的历史意义，因为我们很可能在其中找到亚里士多德发现三段论的源头。[①] 在亚里士多德的理论中，唯一被认为本身有效的三段论是第一个（the first）；在这一图景中，大项（major term）、中项（middle term）、小项（minor term）分别为属性、类属（generic character）和种（species）。这恰好是我们在《斐多》中发现的情况。一类事物中火热（fieriness）的存在将热量引入其中并排除了寒冷。无非是如下的三段论："热属于火，火属于某一类事物，因此热属于那一类事物"，"冷不属于火，火属于某类事物，因此冷不属于那类的事物"——这不就是芭芭拉和塞拉伦特（Barbara and Celarent）典型的三段论吗？《斐多》与三段论理论之间的关联是真实存

---

① 肖雷（Shorey）明确指出了这一点，参看《古典语言学》（*Class. Philology*），xix (1924)，第 1—19 页。

在的，这一事实有两方面的证明：不仅柏拉图经常用 παρεῖναι（在场）来表示一个理念在其个体中的存在，亚里士多德有时用它来描述大项与中项或中项与小项的关系，[1] 而且，正如柏拉图使用 ἐπιφέρειν（带入）来描述由一般的属性（the generic character）引入的属性，[2] 亚里士多德在三段论理论中同样使用了 συνεπιφέρειν（带入）。[3]

我们必须问这样一个问题，理念论——正如它出现在直到并包括《斐多》的对话中那样——是否暗示了理念的"分离"存在。在直接关于理念性质的陈述中，很少有明确的证据支持它们的独立存在。一再强调的是，理念不同于个体事物，它们存在于个体事物中。最清楚地表明它们的超越性存在的段落是《会饮》中的著名段落；[4] 这段文本清楚地将"美的形式"归于一种与它在任何美的事物中的体现都不同的存在。但这是智慧的女人狄奥蒂玛的语言，而不是苏格拉底的话；在《斐多》提到这一点的段落中，[5] 更加超越性的元素消失了，只是简单地强调了理念自我同一性（μονοειδές）和"不变性"（unchangeability）。那里说的话可能是任何相信客观普遍者（objective universals）的人都会说的，无论他是否相信客观普遍者存在于个体事物之外。

但我们不仅要看看柏拉图对理念的陈述，还要关注他对我们对它们的理解的说法。关于我们今生对它们的理解，他所说的有两件事——只有通过对个体事物的经验，它们才会被暗示到我们的脑海中，但这种暗示以对它们的在先的知识为前提。如果我们考虑这两个说法，我们就会得出这样的结论，即回忆理论（the theory of anamnesis）在逻辑上涉及对超越的理念的信念。[6]

像里特（Ritter）所做的那样，将回忆理论视为次要的（by-play）是错误的。[7] 苏格拉底明确表示，西米亚斯（Simmias）也同意，理念的存在和

35

---

① 《后分析篇》44a4, 5, 45a10。

② 104e10, 105a3, 4, d10.

③ 《后分析篇》52b。

④ 210e2-211b5.

⑤ 78d5.

⑥ 参考本书第 25 页。

⑦ 《柏拉图的生平、著作与学说》（P. L. S. L.）i 584-6。

灵魂的先前存在是相互关联的（76d7-77a5）。因此，我们只剩下两个备选方案（假设我们可以严肃地看待苏格拉底所说的话，这些话可以代表柏拉图的观点）：要么柏拉图没有意识到回忆学说（假如它有用的话）蕴含着之前对无形的理念的直接了解；要么他看到了这种蕴含，并故意接受了它。在这两种选择之间，很难确定正确答案；但亚里士多德的一贯声明，即柏拉图相信"分离的"理念，证实了后一种观点；因为在柏拉图学派度过的十九年之后，很难想象亚里士多德会在这个重要的问题上得到错误的信息。

将我们迄今为止对柏拉图的理念学说所了解的知识汇总起来，我们可以这样说：最初，该学说仅仅是对普遍者存在的信念，正如具有性质的个体的存在所暗示的那样。表达普遍者与个体关系的流行语言是普遍性在个体中的"在场"(presence)，个体在普遍性中的"共享"(sharing)。但是在《会饮》中，更确切地说是在《斐多》中，理论中出现了另一个元素。个体事物被说成相对于理念而言是不足的（falling short of），不仅是因为它们是个别的而不是普遍的，而且是因为它们不是理念的真正例子，而只是它们的近似例子；模仿的语言开始渗入，然而，既没有取代另一个，也没有与之和解。此外，在《斐多》中，开始探索理念本身之间的一些关系。柏拉图心目中的理念主要有两种类型：（1）善（和各种美德）的理念和美的理念；（2）数学理念例如相等、奇性与偶性、二元性、三元性等。这些正是苏格拉底在《巴门尼德》中描述自己对其存在确信无疑的两类理念。[1] 当引入其他理念时（例如《克拉底鲁》的"梭子"理念），只是为了说明理念学说的普遍性，而不是因为柏拉图对这些特定理念感兴趣。但说他并不真正相信这些其他理念是不准确的。因为它们与道德的、美学的和数学的理念一样，都被暗示着——因为他承认对于被称为共同名称的每一组个体都必须有一个理念。

---

[1]　130b1-10.

第四章

《理想国》与《斐德罗》

《理想国》中的前几卷并没有对理念论有所阐发。人们对第五卷中的一段话有很多讨论（476a4-7）："正义与不正义、好与坏以及所有关键的理念也是如此：每一个本身都是一个；但是在它们中间，共享了行为（actions）和形体（bodies），并且由于它们彼此共享（τῇ τῶν πράξεων καὶ σομάτων καὶ ἀλλήλων κοινωνία），它们每一个都无处不在，并且显现为多。"柏拉图在《智者》之前，并不曾用这么多的话来说明一个理念可以分享另一个理念；因此，这句话被认为是"时代错乱"（anachronism）。并且，ἀλλήλων（彼此）已被修改为 ἄλλη ἄλλων 或 ἀλλ᾽ ἄλλων（其他的）。但是，我们已经在《斐多》发现，柏拉图说过"三"的理念将奇数的理念引入到了个别的三个事物的组中，而它之所以能做到这一点，只是因为它与那个理念本身有共同之处，因此"一个理念参与在另一个理念中"的概念，对柏拉图来说并不新鲜。

但是，紧随其后的一段文字必须被视为理念论的发展。在这段话中，柏拉图将三类对象关联起来，即存在、非存在，以及处于存在与非存在之间的事物，与三个心灵状态相联系，它们分别是：知识、无知（nescience）和意见。

这段话开始（476a9）于区分两类人。其中一类是哲学家，被定义为认识到理念和可感对象，并区分它们的人（476c9-d3）。另一类是声音和视觉的爱好者（lovers of sounds and sights），未曾认识到理念的存在（476c2-7）。第一类人的心灵状态被称为知识，而第二类人则是意见，柏拉图接着讨论了这两种心灵状态及其对象。他从一个普遍的论点开始，在该论点中，他将知识的对象描述为完全真实的，而"无知"（nescience）所对应的对象则是不真实的，并且认为意见的对象必须是"在存在与不存在之间"。视觉和声音被认为是意见的对象，因此被认为处于"半真实"（semi-reality）的状态。

38

柏拉图通过严格区分知识和意见来展示他的洞察力。"知识"既暗示了主观的确定性又暗示了无误；意见则意味着这二者的对立面。当他把实在物作为知识的对象，把介于存在与非存在之间的东西作为意见的对象时，他的论证就不那么令人信服。而他用来支持对意见对象的这种解释的进一步论证同样令人不太信服。他举的一些例子是纯粹相对事物的例子（relative items）——"一倍"（double）和一半，大与小，轻和重。一个事物 A 比 B 大，比 C 小，并不能表明 A 不是真实的；因为大与小——看似是一对相反的谓词，从而致使它们的拥有者变得不真实——实际上是不完整的谓词（incomplete predicates）；它们代表的是"大于某些事物""小于某些事物"，在完整的谓词（complete predicates）之间并没有对立（opposition）。

另外的例子却不是这样的。"美"不代表"比某物美"，"丑"也不意味着"比某物丑"。这些是真正的对立面，而不是隐藏的对比。那么柏拉图怎么能判定个体事物既美丽又丑陋，或者既正义又不正义，或者既虔诚又不虔诚呢？一个正义的行为并非不正义的。柏拉图必须是在思考他在一个又一个早期的对话中所展示的，即虽然某种类型的行为（例如，他将东西归还给主人）在正常情况下是正确的，但在同一类型的一种不同的情况下却是错误的（例如，将他的剑还给一个打算杀死另一个人或杀死他自己的人）。然而，由此并不能证明一个行为具有矛盾的属性；因为特定的行为是在特定的情况下完成的，柏拉图并没有提供任何证据表明在这种情境中它既是正确的又是错误的。所证明的只是，"所有归还一个人他的东西的行为都是正确的"这一概括是不正确的。

39

然而，柏拉图对他的论证感到满意，并得出一个重要的结论：没有任何个体事物是完全真实的，只有形式 / 理念才是真实的。[①] 在这种谴责（condemnation）之下，不仅可感的个体包括在内，因为一个正义的或者不正义的

---

① 479b9-e9.

行为至少也包括了一种精神上的、非感性的活动。在早期对话中，柏拉图的一般倾向是把个体事物当作真实的，事实上，他只是在假设它们的真实性的情况下才论证了形式的真实性。但是，从现在开始直到他在《智者》中看到更好的方法，他为了达到所谓的形式，一直致力于将所有的个体都贬低为"虚假的和危险的"。

接下来有三个相关的段落，其中对理念论进行了进一步的阐释：（1）关于太阳和善的理念的段落（504e7-509c4），（2）关于线喻的段落（509c5-511e5），（3）洞穴的比喻（514a1-518b5）。① 在研究这些段落时，我们应该非常谨慎地引入从其他（尤其是后来）得出的暗示（suggestions）。我们正在研究柏拉图思想的发展，要做的就是试图发现他在写这些段落时的想法。其他对话可能被用来帮助我们在同样与他在此处所说内容相符的对立解释之间做出选择，但不能支持一个在考虑到段落语言的情况下较不可能的解释，也不能让我们将他的后期思想发展引入《理想国》；因为据我们所知，这些思想是在他生命的后期才出现的。

A. 柏拉图在介绍第一段时指出，根据灵魂中三种元素的区分，对美德的定义（以前得出的）只是次优的，"为了尽可能清楚地了解这些品质，我们必须绕一个更长的路"。② 正义和其他美德只有在"比它们更伟大的东西"的光辉中才能被完全了解（504d4）。这个"最伟大的研究对象"是"善的理念"，一切美好和正确的事物都从中对我们有了价值（505a2-4）。最大的财富对一个人没有任何好处，除非他拥有的东西是好的，而对任何事物的知识对

40

---

① 这些段落，尤其是线喻和洞穴的比喻，一直是学者们讨论的主题，尤其是英国学者。以下可能被提及：西奇威克（H. Sidgwick），《哲学期刊》（*J. of Philol.*）ii (1869)，第96—103；杰克逊（H. Jackson），同上，x (1882)，第132—150；库克·威尔逊（J. Cook Wilson），《古典学评论》（*Class. Rev.*）xviii (1904)，第257—260；斯托克斯（J. L. Stocks），《古典学季刊》（*Class. Qu.*）xv (1921)，第73—88；弗格森（A. S. Ferguson），同上，第131—152，xvi (1922), 15-28, xxviii (1934), 190-210；派顿（H. J. Paton），《亚里士多德学会会刊》（*Ar. Soc. Proc.*）xxii (1922)，第69—104；康福德（F. M. Cornford）《心灵》（*Mind*），xii (1932)，第37—52，第173—190；墨菲（N. R. Murphy），《古典学季刊》（*Class. Qu.*）xxvi (1932)，第93—102，xxviii (1934)，第211—113；罗宾逊（R. Robinson），《柏拉图的早期辩证法》（*Plato's Earlier Dialectic*），第151—213；约瑟夫（H. W. B. Joseph），《柏拉图〈理想国〉中的知识与善》（*Knowledge and the Good in Plato's Republic*），第13—60页。

② 504b1.

他没有任何好处，除非他知道什么是好的。善相对于其他一切的优越性（su-periority）得到如下事实的进一步证明：虽然许多人会选择去做和拥有看似正义或高贵的东西，即使事实并非如此，但没有人会满足于拥有看起来好的东西。每个灵魂都追求好的事物，为了它而付出一切，尽管它不能说它是什么，但它仍然感觉到存在这样的东西。没有人会充分了解或成为正义或美的特定实例的良好守护者（good guardian），除非他知道它们在哪些方面是好的。

到目前为止，柏拉图为善所辩护的是在一方面的至高地位，即作为欲望的对象。人们可能会渴望不好的东西，但前提是他们相信它们是好的，而他们渴望的更深层次的对象是好的。

对柏拉图来说，这并没有穷尽善高于其他的理念的地位；为了表现其本质的其他方面，他采用了间接的方法。他将通过首先研究其"后代"（506e3）来尝试阐明善的理念。他将个体事物等同于所见之物，将形式等同于所知之物（507b9）。这里的视觉代表一般意义上的感觉，因为特定的声音仍然是特定的，因为它不是被看到而是被听到的。但是，柏拉图继续指出视觉与其他感官的区别——为了使视觉发生，不仅必须存在有色物体和能够看东西的眼睛，而且还必须有光照在物体上——最好的便是太阳之光。正如眼睛在阳光之下时看得最清楚一样，当心灵在善的光照下观察对象时，心灵的领悟也最清楚。正是这点"赋予知识的对象以真，赋予认识者以知的能力"（508e1-3）。

41 正如光和视觉都不是太阳一样，真理和知识都不是"善"。"善"是比它们更值得敬仰的东西。

在讲述了善的理念作为知识和可知性之源、是理念世界的解释原则后，柏拉图继续以新的视角展示它，认为它是那个世界存在的源泉。正如太阳"不仅赋予可见物体被看见的力量，而且使它们生成、生长并滋养它们"。[1]所以"你可以说，知识的对象不仅其被认知源自于善，它们的存在与本质（being and existence）也同样来自于善"。[2] 但是，虽然太阳赋予生命的力量与其照明功能大不相同，但作为其他理念存在之源的善理念与作为我们理解理念的来源的功能实际上是相同的；因为只有当善的理念实际上是其他理念

---

[1] 509b2-4.

[2] 509b6-8.

存在的根据时，我们才能正确地通过参照善的理念来解释它们的存在。

如果我们甚至想模糊地理解柏拉图的意思，我们首先必须认识到，赋予善理念的功能不是与可感世界相关，而是与理念世界相关。它对它们的作用就像太阳对可感事物的作用一样。无论如何，他所说的并不是在直接陈述宇宙的目的论观点。他所说的是，这些理念本身就存在，并且凭借它们与善理念的关系而为人所知。这种普遍者的世界（the world of universals）的意义何在？如果我们相信宇宙有一位仁慈的统治者，或者相信自然物体在努力达成善，那么对自然的部分或全部事实进行目的论解释就是合理的。但是，对理念世界的目的论解释处于不同的位置。理念不是可以改变的东西，不受制于统治者的意志（the will of a Governor）；它们是宇宙统治者必须遵守的标准。另一方面，我们也不能把这些理念想象成朝向善有一种努力或倾向（尽管《智者》中的一段话①经常被误解为将"运动"归于它们）；事物可能有一个"努力或倾向"（nisus），但普遍者却没有。因此，当柏拉图说善的理念解释了理念世界的存在和可知性时，很难理解他的意思究竟是什么。他后来所说的"非假设的第一本原"（unhypothetical first principle）——这无疑与善的理念有关——也无助于我们；唯一的区别是，"善的理念"这个短语指向一个普遍者，而另一个短语更倾向于表示一个命题（proposition），大概在其中"善的理念"是一个术语。

首先，我们可以考虑善的理念与其他伦理理念的关系。柏拉图可能想要表达的是，每一种美德的本质都存在于与善的某种关系中——正是凭借这种关系，它们才存在，并且根据这种关系，它们的性质可以被理解。在其他对话中，也可以找到对这一观点的一些暗示。在《拉凯斯》中柏拉图曾说过，关于善恶知识是几种美德的本质（199d4-e1）。在《大希庇亚》中，他曾说过我们追求 φρόνησις（明智——译者注）和所有其他优良品质，因为它们的产物和后代，即善，是值得追求的（297b2-7）。在《斐德罗》中，他将节制定义为由追求最善的欲望引导（237d6-e3）。我们必须假定，在这些方面，他相信所有美德的本质都存在于与善理念的某种确定关系中。

这是柏拉图要表达的一部分意思，这在前面提到的介绍性段落中已经

42

---

① 248a4-249d5. 参看本书第 108—111 页。

说明。① 他所考虑的不是通过参考灵魂的各个部分来定义美德的可能性，而是通过参考每个部分与人类生活中"最高的善"（the *summum bonum*）的确切关系。我们可以假设，正如他认为智慧本质上是对善的知识，② 他认为勇气、节制和正义本质上也是对善的追求——尽管有恐惧、自我放纵和贪婪的引诱。那么，美德的理念将把它们的存在和它们的可理解性归功于善的理念，对他们来说，善的理念将"在尊严和力量方面超越了存在"。③

但是，柏拉图赋予善的理念，也就是善（goodness）或卓越（excellence），比我们所考虑的伦理意义更广泛的意义。他将其描述为"赋予知识的对43 象"——给予它们所有——"以真理，赋予知道它们的人以认识的能力"。④ 在这里，他的意思变得更难理解，任何解释都必须是猜测。

对于柏拉图来说，ἀρετή 一词（卓越，有时也可译为德性）是对应形容词"好"的性质，它并不局限于人类的善；世间万物都有其特有的卓越之处。在《高尔吉亚》中，⑤ 他谈到了身体的善，以及"每一事物的善，无论是工具、身体、灵魂还是动物"。这种思想在《理想国》中尤为突出。他在那里⑥ 谈到狗和马，眼睛，耳朵和所有其他事物，身体，每个工具和动物的善。换言之，他赋予可感世界中的一切事物以一种理想的卓越性，正如人类生命的目的之于人一样。在这些段落中，没有直接提及理念。但在一处段落中，这种理想卓越的概念与理念相关。在《斐多》中，⑦ 他说感官所熟悉的"不完全相等"的事物旨在或渴望"相等本身"，即相等的理念。在这种思想脉络中——柏拉图经常将理念描述为一种模范（pattern），将个别事物描述为复制品——所有理念都被认为是卓越的类型，是伟大的一般性的卓越本身（我们也许可以说），并且只有在那个理念的光辉中才能得以理解。

许多柏拉图的解释者说，在他的体系中，神（God）和善的理念是相同的；但这种观点并不能成立。更准确的说法是：首先，虽然任何理念，包括

① 参看本书第 39—40 页。

② 505b5-10.

③ 509b6-10.

④ 508e1-3.

⑤ 479b4, 504c9, 506d5.

⑥ 335b8-11, 353b2-12, 403d2-3, 518d9-10, 601d4-6.

⑦ 75a11-18.

善的理念，对柏拉图来说总是一个普遍者、一种本性，但无论他在哪里谈及神，他的意思都是一个有本性的存在，特别是并不是"善"（goodness）而是"一个无比善的存在"（a supremely good being）。这在《斐多》中已经很清楚了，在苏格拉底对他的心路历程的描述中，理性，即神圣的理性，与在它统治的世界中所观照的"善"有很大的区别。[①] 再次，在《理想国》的早期部分，柏拉图坚持认为理想国家的公民必须被教导认为神是善的(379b1)，他明确指出，他们应当被教导的不是"善就是善的"（goodness is good），而是宇宙的统治者是至善的。

其次，在《理想国》的形而上学部分中，很少使用神的概念。直到我们看到《智者》，才发现柏拉图坚持认为完整的实在（complete reality）不仅属于不变的理念，而且也属于有生命和思考的东西（that which lives and thinks）；直到我们看到《蒂迈欧》，才发现工匠神（Demiourgos）的功能及其与理念的关系得到了清楚的阐述；直到我们看到《法律》，才发现理念已经从视野中消失，而神在柏拉图的思想中占据了中心位置。然而值得注意的是，即使在当前的这一段中，也预示了《蒂迈欧》的内容：柏拉图谈到了感官的工匠神（δημιουργός）(507c6)。[②]

在柏拉图的思想中，将善的理念与神等同的观点，在很大程度上是基于《智者》中的一段文字；在这段文字中，柏拉图经常被认为将"运动、生命、灵魂和理性"归于理念。但稍后会看到，[③] 这是对那段文本的完全误解（尽管是很自然的误解），该段文字的结论是，现实包括既不变的东西（理念），也包括变化的东西（神圣的和人类的灵魂）。

在他对善的理念的论述中，柏拉图也许比他在其他任何地方都更接近于表达一种超越的哲学（transcendental philosophy），而新柏拉图主义者主要基于这段话来解释他的学说。我们自然会产生这样的问题：柏拉图在写这段话时，是否有任何外部影响在起作用。我们知道柏拉图与麦加拉的苏格拉底—埃利亚学派的领袖尤克里底（Eucleides）有密切的关系。[④] 根据第欧

---

① 97b8-c6.

② 参考 τῷ τοῦ οὐρανοῦ δημιουργῷ (530a6)。

③ 参看本书第 108—111 页。

④ 第欧根尼·拉尔修，106，iii. 6（8）。

根尼·拉尔修的说法,[①] 他"宣称善是一,尽管有许多名称 有时是智慧,有时是神,有时是理性等等。与善相反的东西,他说它们不存在"。柏奈特(Burnet)认为,[②] 柏拉图所说的善的理念是通过尽可能以尤克里底的方式来表达,但不接受他的彻底一元论(complete monism)。柏奈特的观点无法得以验证,但并非不可能。

B. 线段比喻与关于善的理念和太阳的段落是连在一起的,它从后者中生发出来(springs out of it),并旨在进一步完善后者的论述。[③] 因此,与线段两大主要划分相对应的对象类别被称为"可见的"和"可理解的",而不是"可感知的"和"可理解的",且段落中的细节仅源于视觉感官。"无论如何,你有两种,可见的和可理解的。现在把它们当作一条线切成两个不相等的部分,然后再次以相同的比例切割每个部分。"[④]

如果我们以这种方式划分一条线:

$$A \quad\quad D \quad\quad\quad C \quad\quad\quad E \quad\quad\quad\quad\quad B$$

因此,AC:CB=AD:DC=CE:EB=1:n,

$CE = \dfrac{1}{n+1} \times CB$,以及 $CB = n \times AC$,所以 $CE = \dfrac{1}{n+1} \times AC = DC$。

有时会得出这样的推论,柏拉图特意将中间的两个分段表示为相等,因此不能说四个分段代表清晰度或真实性的增加的四种对象。但是,DC 与 CE 的相等,尽管它是根据规定的比率得出的,但这一点从未被提到过;另一方面,该段落明确指出,[⑤] 这四个小节旨在代表四个部分,即逐渐在"清

---

① ii. 106.

② 《希腊哲学》(*G. P.*) 230-3。

③ 509c5-d6.

④ 509d4-8. 对 d6 有不同的读法:ἄνισα ADM 普洛克罗斯(Proclus);ἄν' ἴσα F; ἴσα Ast; ἄν' ἴσα 斯塔尔鲍姆(Stallbaum)。我们可以肯定 ἄνισα 是对的;被符号化的事物之间在"清晰度"方面的差异只能通过在符号中引入不等式来表达。δίχα 有时在柏拉图和其他地方被使用,意思是"分成两个相等的部分",如果它在这里是这个意思,我们应该读作 ἴσα(或 ἄν' ἴσα)τμήματα 或者省略 ἄνισα τμήματα。但在柏拉图作品中(在《智者》221e2,267 a1,《政治家》261b4)以及别处,δίχα 可以简单地表示"一分为二"。

⑤ 参看本书第 47—48 页。

晰"（509d9）或"真"（510a9）上有所增加。中间小节的相等是无意的，也许柏拉图没有注意到（unnoticed）；他的确希望强调的结果是：每节的小部分（subsections）以及节本身，代表实在中不相等的对象。如果这条线的数学允许 DC 与 CE 的比率与 AC 与 CB 比率相同、AD 与 DC 的比率以及 CE 与 EB 的比率相同，他会这样做；而事实上这在数学上是不可能的，只是表明线作为一个符号不足以完全表达柏拉图想要象征的整个真理。

据说 AC 和 CB 象征着可见的 γένος（种类）和 τόπος（场所）以及可理解的（the intelligible）。据说 AD 小节象征着 εἰκόνες（影像），即"水池中的阴影、反射以及细粒、光滑和有光泽的表面，以及类似的一切"（510a1-3）。DC 小节象征着"我们周围的动物以及全部植物和人工制品"（同上 5-6）。很难说"类似的一切"意味着什么。它自然地会向读者暗示什么呢？暗示它代表了技艺产品（artistic products）是错误的。确实，根据柏拉图在其他文本中的说法，这些模仿真实的事物，就像图像模仿它们的原作一样。但是，在柏拉图没有提供更多线索的情况下，读者似乎不会自然而然地想到它们；并且读者必须进一步记住，希腊人习惯性地在技艺产品和其他制造品之间不做严格区分。对于一个普通的希腊人来说，雕像是一种人造物，因此将被包括在第二小节中。① 我们必须寻找读者更可能认为类似于阴影和反射的东西，并且优先考虑这应该是一些视觉对象（object of sight）。由于前面的词指的是阴影和反射，"类似的一切"很可能是指折射的效果和其他视觉错觉（visual illusions）。②

第二小节显然是为了代表一般的物理对象。第一小节中的事物被描述为"类似这些"，并且对它们来说就如同"副本"（copies）相对于"模范"（510a5，b4）。就"真"而言，副本相对于模范，就如同意见的对象相对于知识的对象（510a8-10）。这里对比的两个主要对立面都没有与线段的两个主要部分相关的两个对象有相同的名字。在那里，我们听到的是 τὸ γνωστόν（可知的事物）和 τὸ ὁρατόν（可见的事物，509d1-4）；在这里，我们听到的是 τὸ γνωστόν 和 τὸ δοξαστόν（意见的对象）。这乍一看很尴尬，但解释却很简单。柏拉图并不是指之前的 509d4，而是前面所说的③ 知识对象和意见

---

① καὶ τὸ σκευαστὸν ὅλον γένος, 510a6.

② 602c4-d4 提到了这些错觉。

③ 477a9-b9.

对象之间的对立。γνωστόν 被用作 νοητόν 的同义词，虽然"可形成意见的"（opinable）远不是"可视的"（visible）的同义词，但柏拉图的"视觉对象"和"意见对象"都意味着整个个体事物的世界，而不是理念的世界。因此，在 510a8-10 中，苏格拉底要求格劳孔同意"可视的—可形成意见的"小节（即图像）比不上另一个（它们的原件），正如"可视的—可形成意见的"整个体系比不上"可知的"一样。

从"可见的"部分出发，柏拉图继续探讨"可知的"部分。但他实际上指出的不是两种可知的性质差异，而是两种认识方式之间的程序差异，或者更确切地说，是两种认识方式之间的两种程序差异。其中一种差异是，在第三小节中，心灵必须将第二小节中的对象作为图像（images）来认识事物，而在了解第四小节中的事物时，它不需要这样的帮助，而只处理本小节的内容，即理念本身。另一个不同之处在于：在第三小节中，心灵在认识事物时从假设命题到结论，而在第四小节中，在认识事物时，它从假设过渡到非假设的第一本原。

在短语"使用以前被模仿的事物作为图像"中，[①] 它告诉我们第二小节的内容是第三小节的图像，就像第一小节的内容是第二小节的图像一样，我发现最清楚的证据表明，从柏拉图所说的比率得出的这条线的两个中间部分的相等是无意的；如果（与他陈述的比率相一致）柏拉图可以让 DC 与 CE 的比率和 AD 与 DC 的比率相同，CE 与 EB 的比率相同，他会这样做的；"可视的"及其子部分（its subsections）并不是（如弗格森教授/Furguson 所认为的那样）仅仅作为一个说明来展示"可理解的"的两个子部分之间的关系，而是在所象征的所有四个子部分之间存在连续性，如象征（线）的所有四个子部分之间的关系；在 εἰκασία, πίστις, διάνοια 和 νόησις 系列中（影像、信念、理智、理解），每个术语都被认为比前面的具有更高的价值。这一点显然是柏拉图的基本意思；因为在 510e1-3 和 511a6-8 中，他再次明确提到了两次。

最后，柏拉图一直认为第三种理解（the third kind of apprehension）在价值上介于第二种和第四种之间，换言之，他认为较低的两种理解不仅是对较高的两种理解的说明（illustrative），而且与它们构成一个系列。从 511d4

---

① 510b4.

中的评论可知：第三种心灵状态 διάνοια 是介于 δόξα（概括前两种的名称）和 νοῦς（第四种）之间；并且从总结段落中的评论（533d5）可以看出：它比意见更清晰，但比知识模糊。

我们不应假定柏拉图认为四种心灵状态仅在程度上有所不同。他们是在种类上有所不同（differ in kind），在洞穴比喻的段落中，种类上的差异以象征的说法提到：在从他们的第一阶段到第二阶段的过程中，囚犯突然转向（slewed right round），而在后面的阶段他们被从昏暗的火光中引导到了它的对立面（antithesis），阳光照射的天空。但是，虽然这四种状态有本质的区别，但它们都是一种状态，每种状态都比前一种更清晰，而不仅仅是第二种比第一种更清晰，第四种比第三种更清晰。从这个意义上说，线段所象征的东西是连续的，就像线本身是连续的一样，包含了各个部分但没有间隙和方向的变化。

510c1-511a1 的例子显示出柏拉图在描述第三小节时，心中所想的就是数学。他不是基于在先的基础（*a priori*），而是基于对数学方法的研究，坚持图表（diagrams）对于几何研究的必要性。他坚信，几何不在于仅通过纯逻辑从作为起点的命题中推导出结论，而在于理解我们所画的图形的含义。绘制的"正方形"不是几何学家所思考的对象，而只是它的一个图像或近似；然而，如果他没有看到一个可见的或想象到的正方形的元素组合在一起的方式，他将无法推断出真正的正方形的性质。他需要对空间图形的直觉，以及他的公理、定义和假设。亚里士多德对几何过程给出了同样的解释，他说（《形而上学》1051a22）只有通过"划分图形"（dividing figures），几何学家才能做出他的发现。而这无疑是希腊几何学家的做法。要证明的定理或要解决的问题的一般表述总是跟着一个特定的表述——"设 ABC 是一个三角形"等——而证明的方法是通过连接一个三角形的点与其对边的中点或平分其中一个角的方式来划分三角形。

因此，柏拉图预先反对了两种在现代得到青睐的理论：以密尔（Mill）为代表的经验理论，[①] 认为几何学是一门归纳科学，从对可感图形的观察中进行推理，并得出关于它们的近似真实的概括；以及理性主义或逻辑主义的

49

---

① 《逻辑的体系》（*System of Logic*），第二卷第六章第一节。

理论，认为几何学是仅通过纯粹推理，从与完美几何图形相关的公设、定义和假设出发，而无需空间直觉（spatial intuition）。这三个观点中哪一个是正确的是一个非常重要的问题，但这需要单独的论文来讨论，并且属于认识论而不是形而上学。但有一点似乎很清楚：正是通过遵循柏拉图和亚里士多德描述的方法，几何学才真正取得了进步。

毫无疑问，柏拉图也犯了错，因为当他将几何学描述为必须绘制或模拟个体事物（modelling his particulars）时，他忽略了一个事实，即任何具有生动视觉想象力的人都可以使用想象中的图形（imaginary figures）。但是，对此的认识并不使他的总体论点无效，即几何学家是通过使用个体来获得知识的。因为一个想象中的图形与绘制的和观察到的图形同样都是个体事物。

他假设算术方法在这方面与几何学（510c2）的方法是相同的。毫无疑问，在早期阶段，人们正是通过使用具体的编号组——线上的球组（groups of balls on wire）、纸上的点组等——来学习算术的真理。但一旦经过了非常早期的阶段，算术和代数就不再有这种必要性。它们使用符号，实际上是数字的名称，以及诸如 a、b、x、y 之类的符号。但是，这些与算术学家正在考虑的数字的关系，与几何学家的特定图形和他正在研究的完美图形的关系是完全不同的。它们不是用来帮助我们将注意力集中在它们所近似的无形事物上的个别可感事物；它们是任意符号，每个符号代表许多真正的数学实体中的任何一个——"2"代表任何有两个成员的组，依此类推。柏拉图在这里可能受了太多希腊习惯的影响，即用一组以某种方式排列的点来表示每个数字，就像我们仍然在骰子和多米诺骨牌上所做的那样。他可能认为，算术学家在处理数字时，总是面对着这些数字的具体表征，不论是看见的还是想象的。但很明显，在处理大数时（large numbers），这是不可能的；仅凭人工符号就足以引导我们关注并集中于真正的对象。

我已经假设，并且完全有权这样做，即柏拉图的意思是第三小节的这一特征，以及它的假设性质，既适用于几何学又适用于算术。但值得注意的是，在谈到假设特征时，他提到并列举了两种科学的实例（510c3-5），在谈到符号（symbols）的使用时，他只给出了几何学的例子（510d7-e 1）。如果他试图在算术中找到例子，他可能会注意到这两种科学在这方面的本质区别。

本小节的第二个特点是，在这一小节中，心灵是从未经检验的假设中"前行的"（proceeds）。尝试对柏拉图假设数学由以开始的假设的性质形成一个明确的概念是很重要的。首先，这些假设并非以常规意义上的假设为基础。它们不是仅仅为了看看可以从中得出什么后果的假设。它们被毫无疑问地接受为真，且对任何人来说都是显而易见的（510c6-d1）。另外，关于这样假设的内容，我们必须依靠柏拉图给出的实例。他说，数学预设了"奇偶、形状和三种角（three kinds of angles）"。自然而然地可以假设，这些假设是关于这些事物的存在的假设（the existence of these things），而不是对它们的定义的假设（assumptions of their definitions）；[①] 这种观点从以下事实中得到了一些证实：亚里士多德可能遵循柏拉图的传统，明确使用了 ὑποθέσεις 这个词（《前分析篇》72a18-24），表示对科学来说是基本的"存在的假设"（the assumptions of existence），以区别于同样基本的"定义"（ὁρισμοί）。

那么，我们应该如何解释这些例子呢？我们应该自然地将第一个解释为"假设存在奇数和偶数"，也许加上"并且没有其他种类的数字"。我们应该自然地将第二个解释为三角形及其种类存在的假设；四边形及其种类的存在；圆形及其扇形和弓形的存在。我们应该自然地将第三个解释为是关于直角、锐角和钝角存在的假设。

实践中的数学家（the practising mathematician）对其学科对象的态度，只要他不对其基础进行哲学思考，就是一种假设。在他看来，每个整数都必须是奇数或偶数，存在三角形和圆形这样的图形，存在直角、锐角和钝角，这都是不言而喻的；他感兴趣的不是数或空间的终极本质，而是追踪从这些假设中得出的结论。柏拉图在这方面对数学过程的描述当然是正确的；接下来我们将需要考虑他所认为这一程序需要并从哲学中获得的补充。

杰克逊（Jackson）[②] 提出了柏拉图提到的数学的两个显著特征之间的逻辑联系。"较低级的方法（the inferior method）从 λόγοι 开始；λόγοι（1）是假设的，因为它们没有被证明是对理念正确的和完美的说明；并且（2）也因此之故，仍然依赖于个体事物或'多'（many）——它们最初是从中派

51

52

---

① 类似地，在《斐多》中的假设是 εἶναί τι καλὸν αὐτὸ καθ᾽ αὑτό（100b5），而且在《巴门尼德》中，假设也是存在性的（the hypothesis are existential）；参考本书第 92—93 页。

② 《哲学期刊》（J. of Philol.）x (1882), 145。

生出来的"。这个观点很有趣，但不能说它是基于柏拉图实际说过的任何内容。他的措辞更多地暗示第一个特征依赖于第二个特征，他说①"用之前被模仿的东西作图像，灵魂被迫从假设开始探索"，其中"用……作"可能意味着"因为它使用了"。他的意思可能是，数学家与使用可见图表的关系如此之大，以至于妨碍了他以"纯正的方式"（in purity）理解他研究的真实对象。

柏拉图认为处理第三小节的心灵状态包括比研究几何学和算术更多的东西——"几何、算术等学科的学生"②"几何和同类技艺的程序"③。他的这些表达指的是应用数学的分支，例如天文学和声学（harmonics）。没有证据表明他考虑过这些之外的任何事物；这也是自然的，因为在他那个时代，纯粹和应用数学是唯一以系统方式进行研究的学科。但原则上，他的描述（就假设的使用而言）适用于所有在研究特定对象时不提出关于该对象在实在中的地位及其与其他对象关系的终极问题的科学。与第三小节相反，他将第四小节描述为不使用感性图像的研究，不是通过从假设过渡到结论，而是通过从假设回归到单一的非假设的第一本原。④

当然，哲学的确是在没有可感形象的情况下进行的。但是，几何学也可以在没有感性图像的情况下进行（因为能够代之以想象的图像），而算术习惯性地在没有它所研究的普遍事物的感性图像的情况下开展，它唯一的意象是语言和其他任意的符号（arbitrary symbols）。哲学也必须使用语言，就像算术一样；此外，尽管哲学有时可以在不想象它所研究的普遍者的例子的情况下进行，但我们一再发现，它必须通过想象这些例子，并考虑它所断言的普遍者之间的关系如何存在，来检验其结果在这些普遍者的例子中发挥的作用。因此，可以质疑柏拉图在这方面所作的哲学与科学之间的区分，是否真的能够被严格地维持为一种明确的界限。我们可以说的是，哲学从不使用可感知的图像，而且它不像几何那么依赖于想象的例子。

柏拉图在科学和哲学之间所作的第二个区别可以不那么保留地接受。

---

① 510b4.

② 510c2.

③ 511b1.

④ 511b6-c2.

无论如何，我们可以说在两种思维方式之间存在着截然的区别，一种是不经探究就接受表面上显而易见的假设，另一种是检验或旨在检验所有的假设，直到它完成三件事之一——发现它们是从无法质疑的第一本原中得出的，发现它们与这些本原冲突，或者发现在它们与明确的第一本原之间既没有逻辑的顺序也没有矛盾。

柏拉图在这里对科学和辩证法（或哲学）的分工使我们想起了《斐多》中概述的处置假设的阶段，即，（1）接受看似有充分根据的假设，并从它们下降到结论，（2）拒绝那些得出矛盾结论的假设，（3）从假设上升到假设，直到到达"充分的事情"（something sufficient）。不可避免地可以看出第一个阶段与《理想国》中归于科学的方法的亲缘关系，以及第三个阶段与归于辩证法的方法的亲缘关系。事实上，柏拉图在《理想国》中更明确地表达了《斐多》中表达的最后警告（final warning），① 即，必须不惜一切代价不要混淆各个阶段。他现在明确地将第一阶段与第三阶段划清界线，并将它们分别归于科学和哲学。

毫无疑问，第三阶段——通过观察假设是否遵循不容置疑的本原来检验假设——对于科学的假设是必要的。科学的历史充满了长时间被接受为不言自明的假设的例子，后来发现既不是不证自明的，也不能从任何不证自明的事实中推导出来。之后，科学本身在很大程度上承担了对自身前提的修正；许多数学家的注意力主要集中在对数学本身假设的检验上，并且已经实现了对其假设的非常重要的纯化（purification）。尽管从假设中推断和检验假设这两个过程是完全不同的，但没有理由不应该由同一个人来完成它们——没有理由，除非许多人在其中一个方面有很高的天赋，而对于两个过程中的另一个过程，则天赋甚少。

然而，柏拉图在描述哲学工作的过程中有两方面的阐述超越了前文所指出的。

1. 首先，他显然考虑从一个单一的第一本原推导出所有的科学假设（或者更确切地说是那些经过检验的假设）。"线喻"的段落中没有提到善的理念，但我们几乎不能怀疑所谓的"宇宙的第一本原"（the first principle of the

---

① 101e1-3.

universe)^① 是对它的暗示。因为整个段落的引入是为了完成对善的理念的论述；善的理念已经被描述为解释的最终本原；^② 从洞穴中释放出来的囚犯最后看到了太阳，而太阳代表了善的理念；柏拉图在 532a5-b2 中说："一个人在讨论中达到了可理解世界的顶峰，他渴望通过不受任何感官帮助的理性对话，在任何情况下都通往本质的真实（the essential reality），并坚持不懈，直到他以纯粹的智慧掌握了善本身的本质"。

康福德（Cornford）提出^③ 的观点认为柏拉图心中有两个"非假设性的第一本原"："善"的理念，道德理念由此产生；"一"的理念，数字理念由此产生，然后通过它们，空间图形的理念被推导出来。亚里士多德告诉我们关于理念数理论（the theory of Idea-numbers）的内容表明，柏拉图最终确实尝试了对数学理念的这种推导。但在《理想国》中并没有支持这种观点的证据。《理想国》中并没有提到"一"（unity）的理念，也没有暗示存在两个最终的解释本原。

将整个科学体系从一个本原中推导出来的理想是激动人心的；但可以从两个角度对这个理想进行批评。一方面，有人可能会争辩说，从一个本原推导出理念体系的整个结构完全超出了人类的思维能力。例如，提出将数字划分为奇数和偶数的想法，可以赋予什么具体意义呢？是因为它们应该如此划分是"好"的吗？另一方面，可以说没有必要进行这样的推论——将数划分为奇数和偶数是从我们赋予数、奇数和偶数三个词的含义而来的。为柏拉图辩护的最好的说法是，他只是夸大了得出合理的本原的方式，即我们接受作为公理的假设应该减少到最小的可能数量。

2. 柏拉图对哲学与科学的关系作出了更强有力的陈述。在 533c7 中，他说辩证法是通过"消除"（ἀναιροῦσα）它们的假设的方式来进行的。这一表达是如此强烈，乍一看如此令人惊讶，以至于有人提出了其他读法。一种读法是 τὰς ὑποθέσεις ἀναίρουσα ἐπ᾽ αὐτὴν τὴν ἀρχήν（根据这个本原消除了这些假设——译者注），这种读法并不好；如果你从一个更高的本原推导出假设，你就不会把它们提升到那个本原。ἀνάγουσα（引入）出现在斯托巴乌

————————
① 511b7.

② 508e1-509a5.

③ 《心灵》（Mind），xli (1932)，第 176—185 页。

斯（Stobaeus）更正的手稿中，意思虽然还不错，但离 ἀναίρουσα 太远了；ἀνάγουσα 不太可能在手稿的传承过程中被磨损成了 ἀναιροῦσα。ἀναφέρουσα, ἀνιοῦσα, ἀνάπτουσα 也都面临相同的反对意见。似乎 ἀνείρουσα 更接近手稿的读法，似乎也比较合理。但是，似乎我们更应该接受 ἀναιροῦσα 的读法，并为之找到理由。

泰勒认为这个词的意思是"否认其真"（denying the truth of）；他针对柏拉图的三个数学假设的例子[①] 提出了一个有趣的建议。[②] 第一个例子是"奇数和偶数"。泰勒认为，柏拉图的想法是扩大整个数的概念，以包括无理数，它们既不是奇数也不是偶数。但是，在《理想国》可能的写作时间之前，没有证据表明柏拉图对无理数特别感兴趣（这似乎始于《泰阿泰德》），也没有任何证据表明在《厄庇诺米》之前[③]（如果是柏拉图写的，将是他的最后一篇作品），他会称之为无理数。[④]

第二个例子是"图形"（the figures）。泰勒认为这指的是与柏拉图同时代的数学家所做的一些假设，该假设导致的结果与只有五个正多面体可以内切于圆的事实相矛盾。但是，柏拉图赋予他那个时代的数学家的"图形"假设不太可能是与立体几何相关的，因为在第七卷中，[⑤] 他说这是一门有待创建的科学，而不是已经存在的科学。

第三个例子是"三种角"。泰勒认为，这是假设存在由直线形成的角度、由曲线形成的角度、由直线和曲线形成的角度，这种假设导致了关于圆和它的切线所形成的角度的困难。但柏拉图不太可能将后两种角度的假设描述为几何学的基本假设之一，因为只有在相当高级的几何学中，这样的角度才会被计算在内。

我们对柏拉图时代几何学的基本假设知之甚少，但欧几里得（Euclid）一开始的定义却为它们提供了一些启示。因为欧几里得的《几何原本》（Eu-

---

① 510c3-5.

② 《心灵》（*Mind*），xliii (1934)，第 81—84 页。

③ 990d1-e1.

④ 参考范德维伦（Van der Wielen），《柏拉图的理念数》（*De Ideegetallen van Plato*），第 13—17 页。

⑤ 528a9-c8.

clid's *Elements*）是基于柏拉图时代已经存在的《几何原本》而写成的。① 欧几里得在第一卷的开头提供了如下几何图形的定义（也预设了它们的存在）：直角、钝角和锐角、圆、半圆、三角形、四边形和多边形、等边、等腰和不等边三角形、直角、钝角和锐角三角形、正方形、矩形、菱形、斜菱形和梯形；他并没有回答泰勒提出的观点。可以合理地假设，欧几里得所列出的假设就是柏拉图所考虑的那种假设。我们必须在别处寻找对 ἀναιροῦσα 的解释。

它应该根据它前面的短语来解释，在 533b6-c3 中，柏拉图说："只要科学使用了假设并且将其保持不变（leave them unmoved），科学就只是在做梦，不能对它们给出解释"，即，推导出它们。这表明要消除（cancelling）这些假设，不是在将它们视为不真的意义上拒绝它们，而是在停止将它们视为可靠的演绎基础的意义上——直到它们自己被推导出来。如此解释，ἀναιροῦσα 只是以一种加强的方式说出了他在"线喻"中已经说过的话。在这个意义上，消除假设的一个例子可以在他后来从"一、大与小"推导奇数和偶数中找到。②

《理想国》中没有提到《斐多》中对假设的第二阶段的处理，但柏拉图不太可能忘记这一点；进一步的——尽管可能是次要的——对 ἀναιροῦσα 的含义的阐明可能通过如下方式被找到：如果我们假设（虽然他认为所有假设都需要从一个不言自明的第一本原中演绎出来）他认为其中一些假设实际上应该被拒斥为不真实的，因为它们导致了自相矛盾的结论。他拒绝将"点"视为"几何教条"（geometrical dogma），这表明他准备拒绝同时代数学知识的某些假设。③ 最后，对假设处理的第三阶段可能会产生两个对 ἀναιροῦσα 的进一步证明，适用于某些（尽管不是全部）科学的假设。因为在试图通过寻找它们背后更确定的本原来证明它们的正当性时，辩证法可能会发现其中一些与更确定的本原不相容，而另一些则不能从任何这样的本原中推导出来。在任何一种情况下，假设都可以说被消除了（cancelled）。

但是，如果我们认为柏拉图在这里对假设的处理是在执行《斐多》中

---

① 参看希思（Heath），《希腊数学史》（*History of Greek Mathematics*），i. 第 319—321 页。

② 参看本书第 176—205 页。

③ 《形而上学》992a19-22。

规定的原则，那么我们必须承认，柏拉图在某一点上超越了《斐多》。在《斐多》中，一旦达到 τι ἱκανόν①（一个充分的本原），探究就结束了；讨论中所有各方准备同意的任何本原都可以被认为是充分的。在《斐多》中，这样一个本原在理念论中被发现了，仅仅是因为所有的争论者都接受了它。但是，现在柏拉图不再满足于普遍的同意（general agreement）；只有绝对自明的（self-luminous）本原才能满足他现在的需求。

在涉及辩证法的后半部分中，需要额外关注的是：从非假设的第一本原（511b7-c2）的向下进展。向上的进展不是一个证明的过程，而是寻找一个不需要（也不容许）证明的本原，这个过程最终以对这一本原的直接洞察告终（the direct vision）。向下的过程是这个本原的后果以适当的顺序展示出来的过程，一直到那些通过检验的假设和那些取代已被丢弃的假设的新假设。它不会仅仅是向上过程的重复，因为向上的过程是试探性的（tentative）——（很可能）有许多错误的开始——而在向下的过程开始之前，所有这些错误都将被清除，这个过程将通过一系列命题，按照它们的依存顺序（in their due order of dependence），以几何顺序证明（*ordine geometrico demostrata*）。它与前一阶段的关系，就像数学定理证明的阐述与最初寻找其证明的过程之间的关系；不过，无论是寻找还是阐述，都将在理念的层次上达到比科学探索和阐述更高的水平。②

现在有一个进一步的问题等待我们解答。据说"线"的四段代表可见的两段和可理解的两段。我们自然会认为，它们不是用来象征不同的心灵活动或状态，而是象征不同的对象；至于对可见的划分，这是正确的。但是关于后两种划分，柏拉图虽然出色地指出了科学和哲学之间的区别，但他很少或根本没有提到它们的对象之间的区别。现在有一个学说——我们知道他在他生命中的某个时期所持的教义——正好符合这段文本的需要。在《形而上学》987b14-8 中，亚里士多德告诉我们柏拉图区分了理念和 τὰ μαθηματικά（数学对象），它们也被称为 τὰ μεταξύ（居间者），因为它们介于理念和可感事物之间；它们像理念一样不变，但又像归属于同一理念的个别事物一样具

58

59

---

① 101e1.

② 对于《理想国》中对"假设"的全面而清晰的讨论，参见罗宾逊（R. Robinson），《柏拉图早期的辩证法》（*Plato's Earlier Dialectic*），第 151—191 页。

的多样性（plural）。稍加思考就会发现，当数学家谈到在同一底边上的两个三角形或两个相交的圆时，他所说的并不是三角形的理念或圆的理念，因为只有一个三角形的理念（即三角形）和一个圆的理念（即圆）。另一方面，他并非在谈论感官所感知的三角形或圆，因为这些可感图形仅大致具备几何学家证明归属于其对象的属性——这些实体是精确地具有这些属性，而不是近似地。他实际上是在说以三条直线或一条圆形线为界的空间划分。柏拉图似乎已经说服自己，同样地，当算术家说 2 加 2 等于 4 时，他说的不是二性（twoness），也不是两个可感的事物，而是介于二者之间的数字。

τὰ μαθηματικά 和"理念"是后面两个小节所象征的对象的观点非常吸引人；① 但很难接受这样的观点。一方面，发现 μαθηματικά 是一项伟大的创新。这意味着用宇宙的"三重分类"取代迄今为止在对话中占主导地位的"二元划分"，即理念和可感事物。现在任何熟悉柏拉图著作的人都知道，如果他不明确的话，将相当于什么都没说。他想表达的观点会表达得非常清楚，而且通常会重复几遍以便读者彻底熟悉。在线喻中，并没有尝试指出理念和 τὰ μαθηματικά 之间的区别；没有暗示它们之间的关键区别，即每个理念对应着多个 μαθηματικά。实际上，διάνοια 的对象以一种特定的方式被言说，以暗示它们是理念。它们以单数而不是复数形式出现，并带有限定词 αὐτό——这是理念的标记——τοῦ τετραγώνου αὐτοῦ ἕνεκα τοὺς λόγους ποιούμενοι καὶ διαμέτρον αὐτῆς（510d7；为了正方形本身的缘故而进行推理，并且为其对角线进行推导）。此外，他说它们是（511d1）νοῦν οὐκ ἴσχειν περὶ αὐτὰ δοκοῦσί σοι, καίτοι νοητῶν ὄντων μετὰ ἀρχῆς（你不会认为他们理解了它们，虽然这些和本原联系起来时，是可理解的）——νοητός 这个词确实是模棱两可的。这两个小节一起构成了 τὸ νοητόν，但只有两者中较高的才是 νοῦς 的对象；较低的是 διάνοια 的对象。但是在引用的段落中，逻辑要求 νοητός 具有更具体的含义："科学家们并没有他们研究对象的 νοῦς，尽管从与第一本原的关联看来，这些都是 νοητά。"在这里，据说 διάνοια 的对象在被以不同的方式对待时，会成为 νοῦς 的对象。此外，整条线基于"可见的—

---

① 这可以追溯到普洛克罗斯（Proclus）对欧几里得的评注中，4. 14-5 [参看弗里德莱因（Friedlein）编辑的版本]。

可理解的"二分法，并且在"太阳—善的理念"段落中，"可理解的"已被等同于理念（507b9-10）。由此可见，这条线的上两部分中的每一个都代表理念世界的一部分，而下两部分中的每一个都代表对可感世界的进一步细分（subdivision）。

我们必须查看在柏拉图著作的其他地方是否有他相信"居间者"（intermediates）的证据。

（a）要注意的第一个段落是《斐多》74c1，我们在其中发现了一个问题："在你看来，相等本身是否是不相等的，或者相等就是不相等？"在这里，"相等本身"无疑与相等的理念有所不同。但是，柏拉图并没有运用它们之间的这种区别；因为在74c4中的"这些相等"不是指"这些相等本身"，而是可感的相等物（或者更确切地说，是近似相等的可感物），而强调与相等的理念区别的正是这些事物。这段话并不一定意味着相信完全相等的存在（the existence of perfect equals）；柏拉图的意思可能只是：没有一对已知完全相等的事物是不相等的。如果他在写《斐多》时已经开始相信"居间者"，那么在这段话中，他几乎不可能忽略强调它们的存在。

（b）在《理想国》526a1中，柏拉图谈到数学家时说："如果问他们这些数字是什么——他们声称其中的每个单位都完全相等且不包含任何部分——他们的答案会是什么？我应该说，他们所指的数字只能通过思想来构思"。在这里，柏拉图将数学家描述为认识到存在于复数中的单位，这些单位虽然彼此相同，但却不同于可感事物（因为它们是完全相等的）。现在，以复数形式存在的单位（units）当然必须不同于"统一"的理念（the Idea of unity），因此理念、数学对象和可感事物之间的区别隐含在这段话中；但却没有被明确地表达出来。

（c）在《蒂迈欧》50c4中，"进出空间的东西"有时被认为是完美的几何形状；但这却被事实否定了：因为它们被描述为"对永恒存在的事物的模仿"（理念），因此暗示它们本身不是永恒的，就像居间者一样（根据亚里士多德对柏拉图学说的解释）。在《蒂迈欧》的论证阶段，也没有任何材料表明它们就是形状。它们是任何类型的特征，出现在"生成的容器"中，又从"生成的容器"中消失；事实上，它们是可感的性质。

（d）在《蒂迈欧》53a7-b5中，我们读到，造物者（Demiourgos）是"通

61

过形状和数量"将原始的火、气、水和土塑造成真正的火、气、水和土，这些在他开始"塑造"（fashioning）之前就已经存在。但这种说法过于笼统，不足以明确承认在性质上介于理念和可感事物之间的形状和数字。

（e）有时人们认为，在《斐莱布》23c4-d8 中，对存在的事物的四分法中出现的限制因素（the element of limit），便是居间者。毫无疑问，"限制"代表数字和度量的确定性（definiteness），但不能合理地认为柏拉图在那段文字中将居间者与理念区分开来了。

（f）《斐莱布》56d4-e3 更切中要害。柏拉图说："算术难道不是有两种，一种是流行的，另一种是哲学的吗？……一些算术家计算不相同的单位（unequal unites），例如，两支军队，两头牛，两件非常小的东西或两件非常大的东西。反对他们的一方不会同意；他们坚持认为，一万个单位中的每一个单位都必须与其他单位没有任何差别"；随后，他在实用测量学与"哲学"几何学之间做了类似的区分。该段落与段落（b）表达了完全相同的观点。

（g）在《第七封信》342a7-c4 中，柏拉图以圆为例，就"每一个存在的事物"区分了三种认识它的方法。这三者是：（1）"圆"的名称，（2）它的定义，（3）被画出来又擦掉的圆，或在车床上旋转出来又被破坏的圆。还有（4）关于事物的知识，以及（5）事物本身。他没有提到"居间者"理论中承认的个别完美的圆。《第七封信》可能是在《理想国》写作后大约 25 年写成的，如果柏拉图在写《理想国》时持有的某种理论在更晚的篇章中被忽略，那将是非常令人惊讶的，尤其是在那个时候提到这一理论是如此合适的情况下。

在这些段落中，最接近明确承认"居间者"的是第二段和第六段。但是，当将它们与线喻本身中的证据相对比时，不能证明该教义就在那个段落中；而《第七封书》中的文本则表明，柏拉图直到生命的最后阶段才明确阐述了这一理论，尽管他在很长一段时间里一直在考虑明确阐述它。

值得更彻底研究如下论点：线段的逻辑要求柏拉图已经在脑海中明确区分"理念"和"居间者"。有时研究者会强调，他从划分对象开始，然后才为相应的心理状态提供不同的名称。的确，早在它为相应的心理状态——εἰκασία（猜测）和 πίστις（信念）提供名称之前，就区分了图像（images）与其原型（originals）。但一开始，划分虽然名义上是对象的区别，但实际上是建立在心灵能力之间的区别之上的。两个主要部分被描述为代表了不是理念和可感的物理个体，而是理智的对象和视觉的对象（509d1-4）。诚然，当柏拉图进一步细分"较低的部分"（lower section）时，他通过参考其自身的性质来描述其"子部分"（subsection）的内容，如图像和动植物等。但是通过将主要部分称为"可见的"和"可理解的"，他在原则上已经说了区分两类对象的一种正当办法是将它们区分为"心理状态 a"的对象和"心理状态 b"的对象。而这种方法——不是根据对象自身的性质来区分对象的方法——是他在划分可理解事物时实际遵循的方法。他问道：我们如何划分"可理解的"呢？（510b2）；他并没有回答说"一些可理解的东西是永恒的但却是多数的（plural），而另一些是永恒的和独特的"，如果他心中有数学学说，他很容易做到这一点。他说"关于其中一种是借助图像和假设来研究的，另一种是不借助图像和假设来研究的"；他再次提到他最初将可见事物与可理解事物对立起来的原则，即根据作为的心理活动的对象来划分对象的原理。διάνοια 的对象与 νόησις 的对象之间任何其他区别都没有被提及。

　　这指向的是一种关于理念的划分，一种柏拉图仅以研究方法来思考的划分。但是，如果一种研究方法适用于一组理念，而另一种适用于另一组理念，那一定是因为这两组理念之间存在某种客观差异（objective difference）。如果柏拉图问自己这个问题，他会如何陈述这一点呢？描述两种心理状态的两个特征中的每一个都在一定程度上解答了这个问题。对图像使用的提及表明，διάνοια 的对象是数学理念，对于它的理解，需要对空间图形或（根据柏拉图）数字结构的感性或想象性直觉，而不是道德和美学的理念——因为没有相应的必要性；并且可以指出，这些是早期对话中为读者所熟悉的两种主要类型的理念，并且在《巴门尼德》（130b1-10）中再次得到了强调。另一方面，"从假设向下"进行的程序与"从假设向上"进行的程序之间的对立，指向了将理念划分为高高在上的理念和那些在理念等级中处于低端的理念。关于这一点，似乎是这样的：如果你从层次结构中较低的理念开始，从不言自明的东西中推导出它们的可能性似乎如此遥远，以至于你几乎不可避免地放弃了尝试，只是将理念的存在视为理所当然，然后继续得出你能得出的结果；[1] 而另一方面，如果你从等级结构中的较高位置开始，那么将你开

---

[1] 511a5: ὡς οὐ δυναμένην τῶν ὑποθέσεων ἀνωτέρω ἐκβαίνειν（因为它不能超过它的假设）。

始的"高高在上的理念"与更高层次的其他理念联系起来，最终与善的理念联系起来的可能性就会自然发生；你会向上移动而不是向下。

此外，柏拉图似乎可能认为这两种划分理念世界的方式实际上产生了相同的划分，即数学理念在等级体系中较低，而伦理理念则较高。因为伦理理念与善的理念的关联，比数学理念与善的理念的关联更密切、更明显。

柏拉图两次（510b5, 511a4）谈到数学"被迫"使用其方法，即使用图像和假设。他暗示所研究的理念的本质决定了所使用的方法。然而，毫无疑问，这正是他的观点——隐含在描写太阳和善的理念段落中——最终整个理念世界都能够被善的理念所照亮，并被辩证法所研究。这在 καίτοι νοητῶν ὄντων μετὰ ἀρχῆς（有了本原相伴，它们就是可理解的）这句话中得到了进一步的暗示(511d2)。因此，他认为理念的这两个部分在最初是足够不同的，以表明需要采用不同的研究方法，但最终足够相似和相互连接，以便通过单一的辩证法方法进行研究。

然而，柏拉图一定是想在 διάνοια 的对象和 νοῦς 的对象之间，以及这些活动本身之间做出一些区分。可以得出的结论无疑是：他认为理念分为两个部分，一个较低层次的部分包括涉及数或空间的理念，一个较高层次的部分则不涉及这些。当哲学完成其工作时，通过源自非假设性的第一本原的推导，迄今 διανοητά 的理念已经成为 νοητά 的理念；然而，它们仍然是与那些从 νοῦς 开始的对象不同的理念。

我的结论是，διάνοια 的对象不是"居间者"，而只是数学理念，而 νοῦς 的对象则是其他理念。柏拉图将理念分为这两类，因为他通过经验发现，几何学具有这一特殊性，即它只有通过使用"建构"（constructions）才能取得进展。如果我们想看看他在这里分配给 νοῦς 的方法的一个样本——与 διάνοια 形成对比——即在不使用任何图像的情况下从理念到理念的过渡，我们可以看看《智者》中对"最重要的种类"（greatest classes）的讨论。

διάνοια 部分的主要旨趣可能在于它标志着早期对话的发展，在这些对话中，理性和感知被简单地对立为可错的和不可错的。柏拉图已经看到，至少在几何学上，二者都是不可或缺的。

如果像我相信的那样，那些在《理想国》中发现"居间者"学说的人是错的，那么当切尔尼斯(Cheriniss)教授否认①柏拉图曾经完全相信过"居间者"学说时，他在相反的方向上走得太远了。他的证据如下：

1. 在《形而上学》991b27-30 中，亚里士多德说："他们必须设立第二种数字——算术处理的数字——以及被一些思想家称为居间者的对象；这些是如何存在的，或者它们是从什么本原而来的呢?"在 1090b32-5 中，他再次抱怨"居间者"的信奉者没有解释它们的起源。然而，柏拉图很可能相信居间者，但没有解释它们的起源。他所关心的是数的理念，而可能将其他问题留给了数学家解答。

2. 在 991a2-5（在 1079a32-6 中重复）中，亚里士多德说："如果理念和分享它们的个体具有相同的形式，那么它们之间就会有一些共同点；因为为什么 2 在可朽的 2 和那些是永恒的但是'多'的 2 中是相同的，而 2 本身和在个体的 2 中却是不同的? 这表明某位未具名的柏拉图主义者将可感知的 2 与数学的 2 同一化，但这并不能用来支持柏拉图未曾区分它们的观点，因为亚里士多德在其他地方明确表示，柏拉图确实区分了它们。"

3. 在 990a29-32 中，亚里士多德说："即使柏拉图认为有形之物(bodies)和它们的原因都是数字，但'可理解的数字'(intelligible numbers)是原因，而其他的数字是'可感知的'。"但对柏拉图来说，主要的区别在于理念和可感事物之间的区别，无论是他还是亚里士多德在报道他时，在提到理念和可感数字时，他都不必总是提到居间者。

4.《厄庇诺米》的作者——无论他是柏拉图还是其他人——在 990c5-8 中，说道："需要一些课程。其中最重要和第一位的也是处理数字本身而不是'有形的'(corporealized)数字，处理整个奇数和偶数的生成，以及它赋予自然的所有特征。"关于前面引用内容所讲的也适用于这里。

5. 亚历山大在《形而上学》78. 16-17 中引用了一段学术上证明理念存在的论据，显然是从亚里士多德早期的著作《论理念》(De Ideis)中摘录的："数字是实在事物的数字(number is the number of something real)，但这个世界上的事物不是真实的(not real)；所以它必须是理念的数；因此理念存在"。在 79.13-15 中，他引用了另一个关于理念存在的论据："如果几何学不

_____

① 《早期学园之谜》(*The Riddle of the Early Academy*)，第 75—78 页。

是关于这个个体的相等和这个个体的可共度，而是关于'简单的相等'和仅仅'简单的可共度'，那么就必须存在一个相等本身和一个可共度本身，而这些就是理念。"但是，这些很可能不是柏拉图使用的论证，而是色诺克拉底（Xenocrates）使用的论证，后者将数学实体（mathematical entities）与理念等同起来。

这些用来表明柏拉图从未将"居间者"与理念区分开来的论证，不能在重要性上超过如下两个事实：（1）如我们所见，这种区分在很多对话中都不明确，有待进一步阐明；（2）亚里士多德在《形而上学》M 卷和 N 卷中讨论的学术观点的整个基础有如下区别：承认这两种数的观点（他明确指出是柏拉图的观点）和拒绝承认理念数的观点（可以归属于斯彪西波的观点），以及将数学与理念数等同起来的观点（可以归属于色诺克拉底的观点）。[1] 亚里士多德是否有可能在没有充分理由的情况下承诺一种区分，而如果这种区分是错误的，三大学派的任何成员都可以如此轻易地加以反驳？

在线喻段落的结尾处，[2] 柏拉图为四种对象的心理状态提供了名称，分别是：εἰκασία、πίστις、διάνοια、νόησις。这里 εἰκασία 的意思是"把握图像"（εἰκόνες），即对阴影和反射的掌握。然而，在柏拉图使用的术语 εἰκασία 和 πίστις 之间，有一个区别；这一区别类似于这些词在最相关的普通含义上的区别。普通含义上的 εἰκασία（= 猜测）是对其对象的一种有意识的不安全态度（insecure），而 πίστις 是不管其基础是好是坏都不会犹豫（free from hesitaiton）的态度。在这里，柏拉图使用的 εἰκασία 和 πίστις 之间的区别不在于对安全感的较小或较大感受，而在于对现实的把握的实际安全感的大小；因为一种是对不那么清晰的把握，以及对不那么真实的对象的把握——仅仅是另一个对象的图像（images）。

νόησις 和 διάνοια 之间的区别并不像在亚里士多德主张的，是直接和间接理解之间的区别。对于柏拉图来说，哲学的工作并不亚于科学工作，也是一种推理，是从更普遍的命题中演绎出不那么普遍的东西。只有它包含一个直接领悟的"时刻"（moment）——领悟非假设性的第一本原，这一本原不

---

① 参看本书第 151—153 页。

② 511d6-e5.

能从任何其他本原中推导出来，因为它比所有其他本原都更高。

回顾整段文本，我们必须承认，无论是传统的解释，还是弗格森（Ferguson）教授的解释，都有一定的道理。旧解释似乎是正确的，这种解释主张柏拉图将 εἰκασία 和 πίστις 之间的区别，不仅仅是用来展示在较低的层次上 διάνοια 和 νόησις 之间的区别。如果这就是柏拉图的全部意思，他最好不要用一条连续的线，而是用两条线，每条线按它们彼此之间的比例进行划分。此外，πίστις 的对象被称为 διάνοια 对象的图像，就像 εἰκασία 的对象是 πίστις 的图像一样（510b4, e1-3, 511a6-8）。因此，柏拉图认为四种心理状态形成一个系列，随着逐个过渡而变得清晰，这一观点是有道理的。另一方面，弗格森教授正确地指出了这段话与关于善的理念和太阳段落的密切联系，并且还提示读者注意以下事实：因为引入这段话是为了阐明善的理念，柏拉图感兴趣的主要对象是 νόησις 而不是任何其他心理状态，并且引入了 πίστις 与 εἰκασία 的区别主要是说明 νόησις 和 διάνοια 之间的区别。由此可见，我们不必认为柏拉图认为 εἰκασία 是我们理解世界的一个重要阶段。看影子和倒影只是普通人生活中的一个相当偶然的插曲，普通人的习惯性的心灵状态是 πίστις；试图为 εἰκασία 找到比柏拉图明确指定的范围更广的范围是错误的。另一方面，πίστις、διάνοια、νόησις 对他来说是三种不同人的特征状态——普通人、数学家、哲学家；由此，最终他对宇宙中（灵魂除外）内容的分类自然地形成了三种主要类型，对应于三种心灵的状态：可感的个体事物、数学对象、理念。

如果我们注意分配给处理的"不同类型"的篇幅，就可以确认对这段文本的一般解释。第一个主要部分及其子部分在 12 行之后就被忽略了（509d9-510b1）。第二个主要部分及其子部分则占据 56 行（510b2-511d5）。很明显，柏拉图感兴趣的主要对象是第二部分，第一部分主要是用来通过比较在较低层次上的两种心理状态，来阐明 νόησις 和 διάνοια 之间的区别（前两者之间的关系与后两者之间的关系是类似的）。同样，在第二个主要部分的处理中，整个重点都放在了 διάνοια 和 νόησις 方法之间的差异上，而完全并没有提及它们的对象之间的差异。我们难道不应该由此得出结论，这段的主要目的是阐明与科学的对比之下哲学的本质吗？这样做是为第七卷做好铺垫；在第七卷中有详细的对数学和之后的哲学的研究；此外，虽然该段落以提及对象的

68

69

差异开始，但其真正目的在于结尾，即对心理状态的划分（511d6-5）。这在回顾性的段落（533e7-534a8）中得到了证实，在这里，他仔细说明了四种心理状态之间的比例，但却免除了对它们的对象的"比例和划分"的讨论。就对象而言，只有 δοξαστόν 和 νοητόν 这两个主要部分之间的广泛区别（the broad distinction）被认为足够重要以值得重复。

我们现在来考察第三个相关的文本，即关于洞穴的那一段。在这一段中，描绘了人类"在教育及其相反面"（514a2）的六个连续阶段。（a）一群人被囚禁在一个地下洞穴中，他们的头被固定，只能看到洞穴的后壁。在他们身后，横穿整个洞穴的是一堵墙，后面的人们背着各种器皿和雕像，高过墙头。再次在这些物体的背后是一团火。囚犯们只能看到他们自己的影子，彼此之间的影子，以及在墙后面携带的物品的影子，并且必须把这些看作是唯一的实在（514a2-515c3）。（b）他们被释放，并被强迫将头转向火和经过的物体，但由于眩目，他们什么都看不清（515c4-e5）。（c）他们被拖到空旷的地方，但不能面对阳光，也看不到他们周围的任何自然物体。因此，他们首先观察这些物体的阴影和反射（515e6-516a7）；然后（d）观察物体本身（516a8），（e）观察星星和月亮（516a8-b3），以及（f）观察太阳，并推断认为"正是太阳产生了季节和年份，控制可见范围内的一切事物，并且在某种程度上是囚犯过去看到的所有事物的原因"（516b4-c2）。

70　　　柏拉图在两段文本中为读者解释了洞穴的意义。第一段是在517a8-c5 中：

> 亲爱的格劳孔，现在我们必须把这个比喻整个儿地应用到前面讲过的事情上去（προσαπτέον ἄπασαν τοῖς ἔμπροσθεν λεγομένοις），把地穴囚室比喻可见世界，把火光比喻太阳的能力。如果你把从地穴到上面世界并在上面看见东西的上升过程和灵魂上升到可知世界的上升过程联想起来，你就领会对了我的这一解释了，既然你急于要听我的解释。至于这一解释本身是不是对，这是只有神知道的。但是无论如何，我觉得，在可知世界中最后看见的，而且是要花很大的努力才能最后看见的东西乃是善的理念。我们一旦看见了它，就必定能得出下述结论：它的确就是一切事物中一切正确者和美者的原因，就是可见世界中创

造光和光源者，在可理知世界中它本身就是真理和理性的决定性源泉；任何人凡能在私人生活或公共生活中行事合乎理性的，必定是看见了善的理念的。①

这里出现了两个初步问题。(a) τοῖς ἔμπροσθεν λεγομένοις 是什么意思？(b) προσαπτέον 是什么意思？(a) τοῖς ἔμπροσθεν λεγομένοις 通常被认为指的是线喻的段落。但是，弗格森（Ferguson）教授指出，"太阳的能力"（517b3）并未在线喻中提及（尽管在提及它引起的阴影和反射时当然已经暗示了）。前两句（在翻译中的）（517a8-b4）告诉我们，在太阳和善的理念的段落中，洞穴和火代表"可见世界"和太阳。这段文本剩余部分更难解释。它开始于"如果你把从地穴到上面世界并在上面看见东西的上升过程和灵魂上升到可知世界的上升过程联想起来"。在日喻的段落中，没有提到从"可感"到"可理解"的上升，因此很难在这里找到对日喻的引用。评论者通常认为这段指涉线喻，因为已经描述了向上的运动。但与这里的情况是不符的。那里描述的唯一向上的旅程不是上升，而是上升到可理解的世界，从假设到非假设的第一本原（511d1）；没有提到从"可见对象"上升到"可知对象"。那么，在我们目前的语境中，这些词似乎既不是指日喻段落也不是指线喻段落——它们只是对洞穴通道本身的解释，告诉我们从洞穴上升到地面象征着从"可感"世界到"可理解"世界的上升。然而，这种观点并不能完全令人满意。这意味着只有第二句（517b1-4）涵盖了从"洞穴的 πρόσαψις"到"之前所说的"，接下来的内容不是根据之前所说的对洞穴的解释，而只是对洞穴本身的象征意义的解释。这并不令人满意，因为虽然柏拉图要求我们将洞穴作为整体（ἄπασαν，517b1）与"之前所说的"联系起来，但他实际上只会将洞穴中的生活联系起来，而不是与在"地面的"生活联系起来（因为在第二句话中没有提到后者）。我们必须假设第三句（b4-6）继续了对 πρόσαψις 的讨论。它通过说"上升到地面代表上升到可理解的区域"来做到这一点，但是在说这个时，柏拉图通过记忆，带入了对上升的提及，而在关于日喻的段落或者线喻的段落中没有真正提到上升——虽然柏拉图在这两

71

---

① 此处使用了商务印书馆出版的张竹明译本。——译者注

段中都隐含了这样的意思，以及在他将 νόησις 描述为线段的"最高"子部分时也暗示了这一点（511d8）。

柏拉图在 517b8-c4 中继续说的话，证实了总结性的整个段落是指日喻段落而不是线喻段落：在这两句话中，他回溯到了（refers back to）善的理念，提到了它是一切正确和美丽的原因，提到了它在可见世界中产生了光和光的来源（太阳），也提到了它在可理解的世界中产生真理和智慧——所有这些重要的都是在日喻段落中而不是在线喻段落中被提及，同时也没有提到线喻段落的任何独特特征。

尽管在这段总结中没有明确提到线喻，但柏拉图在将洞穴与可见世界、地面与可理解世界等同时，间接地将洞穴与线段的下部主要部分等同，将上面的地面与较高的部分等同，因为较低和较高的部分明确地被认为代表了"可见的"和"可理解的"（509d8）。

（b）因为相信将洞穴与线段直接比较是柏拉图在这段总结中的意图，大多数学者认为 προσαπτέον 的意思是"应该被应用"（should be applied），即"使叠加"（superimposed），其含义是使得洞穴比喻中的各个阶段与线段中的各个阶段一一对应。προσαπτέον 显然从未在这个意义上出现在希腊数学作家的作品中，[①] 弗格森（Ferguson）教授有理由说它不应该在这里被如此翻译。他恳求更广泛的解释，并且更偏好"附加"（attach）而不是"应用"（apply）；他引用《蛙》（1216, 1231, 1234）中的段落；在这些段落中，它被用作"继续或完善"（tacking on or rounding out）的含义。利德尔（Liddell）和斯科特（Scott）或阿斯特（Ast）引用的任何文本都不足以与当前的段落相提并论，从而阐明其在这里的确切含义。一些诸如"附加到"（linked on to）之类的翻译可能最接近它真实的含义。

柏拉图此处说得太多，使他的读者感到困惑。用太阳作为善的理念的象征，以及用"可见物"作为"可理解的"象征，已经足够清楚而令人满意了。在洞穴通道中，进一步的象征意义使事情变得复杂。太阳本身由洞穴中的火来象征，而被照亮的洞穴则象征着阳光照射的可感世界。

---

① 柏拉图会使用 παρατείνειν 来表达这一含义（《美诺》87a5）；欧几里得会使用 παραβαλλειν（6.27）。

弗格森教授不会同意这种解释。他说①："从表面上看，这是两个光的系统之间的对比；然而，目前的解释忽略了这一比较中最强调的一点。实际上，附着点（attachment）是洞穴外的可见区域。"他认为洞穴与线段的关系是这样的：洞穴中的生活代表了一种远离普通感性生活（由线段的第一主要部分象征）的生活，就像后者远离理智生活一样（由线段的第二个主要部分表示）。柏拉图告诉我们，这个洞穴是为了说明我们"在受教育和缺乏教育方面的状态"（514a2），而弗格森教授将"缺乏教育"解释为不是未经教育的生活，而是一种更深的层次，在其中我们被人为的诡辩所欺骗。

这一观点让弗格森教授陷入了很大的困境。他把 τὴν μὲν δι᾽ ὄψεως φαινομένην ἕδραν τῇ τοῦ δεσμωτηρίου οἰκήσει ἀφομοιοῦντα② 解释为③"由太阳照耀的可见区域与火光和牢狱一样糟糕的地方进行了比较和对比"；如此解释 ἀφομοιοῦντα 是不可能的。柏拉图所说的是，我们必须以洞穴内的"有火光的生活"（firelit life）作为整个感性生活的代表，而这正是线喻的第一主要部分所代表的。

弗格森教授说④：此外，按照当前的观点，柏拉图应该只具体说明较低的线（他在第六卷中如此概括地处理）以及如此特殊的洞穴，而对将洞穴外的上层"世界"应用于"线的上部分"（the upper line）则仍保持沉默。但这正是柏拉图所说的，在同一句话中，他督促我们将"可见区域"比作洞穴。"在上面看见东西的上升过程和灵魂上升到可知世界。"⑤

再次，在将洞穴生活解释为我们被人造诡辩所迷惑时，弗格森教授似乎过分强调了这样一个事实：囚犯会看到人造物体（man-made objects）的阴影和反射，⑥并忘记了他们也看他们自己和彼此的影子，⑦而他们是神创造的存在（God-made beings）。

柏拉图解释洞穴的第二段是在 532a1-d1 中：

---

① 《古典学季刊》（*Class. Quart.*）xv (1921)，第 139—140 页。

② 517b1-3.

③ 《古典学季刊》（*Class. Quart.*）xv (1921)，第 140 页。

④ 《古典学季刊》（*Class. Quart.*）xv (1921)，第 140 页。

⑤ 517b4-6.

⑥ 514c1.

⑦ 515a6.

至此，我们来到了主题，这一主题有待在哲学讨论中展开。它虽然属于可知世界，但是我们可以在前面说过的那个视觉能力变化过程中看到它的摹本：从看见阴影到企图看见真的动物，然后能看得见星星，最后看得见太阳本身。与此类似，当一个人企图靠辩证法通过推理而不管感官的知觉，以求达到每一事物的本质，并且一直坚持到靠思想本身理解到善者的本质时，他就达到了可理知事物的顶峰了，正如我们比喻中的那个人达到可见世界的顶峰一样。这个过程我们称之为辩证法……一个人从桎梏中解放出来，从阴影转向投射阴影的影像再转向火光，然后从洞穴里上升到阳光下，这时他还不能直接看动物、植物和阳光，只能看见水中的神创幻影和真实事物的阴影（不是那个不及太阳真实的火光所投射的影像的阴影）。我们考察的这些科学技术的全部这一学习研究过程能够引导灵魂的最善部分上升到看见实在的最善部分，正如在我们的那个比喻中人身上最明亮的东西被转向而看见可见物质世界中最明亮的东西那样。①

这里提到的"看动物""看星辰"和"看太阳本身"显然是指洞穴的段落，我们被清楚地告知，"后洞穴生活"（post-cave life）的最后一步是为了象征辩证的过程（即与线喻的最后一个小节象征的东西相同）。从阴影转向投射它们的图像（即515a1的雕像等）和火光，上升到阳光，以及在阳光照射的世界中观察事物的反射和阴影，据说这是象征着数学技艺的探究（即与线喻的第三小节象征的东西相同）。

因此，柏拉图对洞穴的第一个解释②和他的第二个解释③之间存在轻微的不匹配。

第一段文本

可见的，由洞穴世界象征。

可理解的，由外部世界象征。

因此，推测得出，

---

① 参考了张竹明译本，略有改动。——译者注

② 517a8-b6.

③ 532a1-d1.

εἰκόνες（εἰκασία 的对象），由洞穴中的阴影和倒影象征。

物理事物（πίστις 的对象），由洞穴中的立体对象象征。

数学理念（διάνοια 的对象），由外部的世界中的（动物、星辰、月亮、太阳）图像象征。

更高的理念（νόησις 的对象），由外部的世界中的动物、星辰、月亮、太阳象征。

75

第二段文本

διάνοια，由在洞穴中观看 σκευαστά(εἴδωλα)（人工制品，影像）来表示，以及观看动物、星辰、月亮和太阳的图像来象征。

νόησις，由观看动物、星辰、月亮和太阳来象征。

因此，大概 εἰκασία 和 πίστις 是由观察 σκευαστά 的阴影（shadows）来象征。

对洞穴的解释似乎向上移了一个阶段。洞穴内的第二阶段不再代表普通人对感性事物的观察，而是科学生活的开始，其后期由在地面的生活的第一阶段象征。

那么，在柏拉图的最终解释中，洞穴比喻的象征没有区别 εἰκασία 和 πίστις。两者都由囚犯生命中最早的阶段象征。这或许是对任何试图过于认真地对待这种区别的一种警告——以为柏拉图认为 εἰκασία 是我们精神生活的一个重要的实质性阶段。引入 εἰκασία 和 πίστις 之间的差异是为了说明理智生活（the life of intelligence）中的两个阶段之间的差异，一旦它完成了其作用，便被默默地视为无关紧要而放弃。

柏拉图的最终解释否定了弗格森（Ferguson）教授的观点，弗格森认为洞穴外的生活象征着普通的感官生活，而洞穴内的生活则象征着更深层次的存在，在其中人们被人为的错误所欺骗。因为柏拉图在这里明确告诉我们，洞穴内生活的后期，以及洞穴外生活的前期，代表着对科学的追求，而洞外生活的后期，代表着对哲学的追求；所以洞穴符号所剩下的代表普通感性或前科学生活的只是洞穴生活的早期阶段，洞穴符号并没有代表了更深层次的错误。

与此同时，我们不能把柏拉图解释得过于简单，或者把他束缚在一个固定的思想体系中。整个洞喻的基调（tone）与线喻不同。线段所代表的区

76

别是认识论的区别，根本不涉及伦理的考虑。尽管线喻的目的是预示第七卷中关于科学和哲学作为理智追求的描述，但洞喻的目的是揭示它们的伦理意义，不仅引导人们从感官生活转向理智生活，而且还从默许半真半假和人类习俗过渡到直接理解道德真理的生活（517d4-e2, 520c1-d4）。

可以肯定，让许多读者感到惊讶的是：νόησις 和 διάνοια 之间的区别在线喻中被简单地视为哲学和数学之间的区别。究其原因，柏拉图心中已经有了护卫者"高等教育"（the higher education）的两个阶段的构想，即数学研究和辩证法研究，[①] 并且他正在为此做准备。但很明显，在其他研究中，对假设的批判态度和非批判态度之间，以及仅研究普遍性的思维方式与借助近似例子研究普遍性的思维方式之间也存在区别。线喻中的这一缺陷在一定程度上在洞喻中得到了弥补。因为在这里我们发现他说：[②]

再说，如果有人从神圣的观察再回到人事；他在还看不见东西还没有变得足够地习惯于黑暗环境时，就被迫在法庭上或其他什么地方同人家争论关于正义的影子或产生影子的偶像，辩论从未见过正义本身的人头脑里关于正义的观念。[③]

之后，他说：[④]

因此你们每个人在轮值时必须下去和其他人同住，习惯于观看模糊影像。须知，一经习惯，你就会比他们看得清楚不知多少倍的，就能辨别各种不同的影子，并且知道影子所反映的东西的，因为你已经看见过美者、正义者和善者的真实。[⑤]

77　　我们已经看到了对三角形（triangle）和三角性（triangularity）的四种可

---

① 分别在 521c1-531c8 和 531c9-535a2 中得以讨论。

② 517d4-e2.

③ 张竹明译本。——译者注

④ 520c1-6.

⑤ 张竹明译本。——译者注

能的态度：

1. 观看可感知的近似三角形的图像（阴影或反射）；

2. 观看可感知的近似三角形；

3. 借助可感知的近似三角形研究三角形；

4. 按照更高的理念和最终的善理念来研究三角形。

对正义行为和正义的相应态度是什么？我们可以推测它们将是：

1. 思考正义的 εἴδωλα 的影子，即假冒正义的行为或制度；

2. 思考正义的 εἴδωλα，即近似正义的具体的正义的行为；

3. 思考正义的理念，但是没有看到它在逻辑上依赖于善的理念；

4. 思考正义理念在整个理念体系中的位置及其与善理念的联系。

许多线喻的解释者认为，εἰκασία 的范围必须超出柏拉图给出的例子，即观看阴影和反射。可能在线喻段落中赋予 εἰκασία 更广泛的意义是一个错误，这是因为忽略了 εἰκασία 和 πίστις 之间的区别不是为了其本身而引入的，而是为了阐明 διάνοια 和 νόησις 之间的区别；当我们注意到这一点时，我们就不再需要假设 εἰκασία 代表可以恰当地被视为所有心智发展的第一阶段的某种深远状态。但是，我们现在可以考虑一段可能表明扩展了 εἰκασία 概念的段落。在柏拉图的心中，阴影和反射是自然事物的图像，而自然事物又是理念的图像，在《理想国》595a1-608b2 对绘画和诗歌的讨论中，绘画和诗歌同样被描述为自然事物的副本（copies），而自然事物则是理念的副本。甚至在一段文本中（596b12-e11），柏拉图提出了更接近的平行对应关系：画家（暗示着诗人）被说成在原则上与将镜子旋转，制造出"太阳、星星、地球、自己和所有其他动植物和无生命的物体"的人所做的事情相同。因此，技艺的创作被置于与 εἰκασία 对象的阴影和反射相同的实在水平上（level of reality）。诚然，柏拉图在此上下文中没有使用 εἰκασία 一词，但我们几乎不能怀疑他的意思是告诉我们，对技艺产品的思考是 εἰκασία 的一种形式；这标志着这个词的含义有了相当大的扩展。此外，此处还强调了 εἰκασία 的一个特征，这在线喻中没有被强调，即，处于这种状态的人不仅在把握图像，而且不断地假设图像是事物原本的面貌（598c1-4）。此外，技艺所吸引的官能与使我们陷入感性幻想的官能是一样的，例如在远处看一个大的有形之物看起来很小，或者一条直线在水中看起来是弯曲的，或者一个凸面体看起来

78

是凹的（602c7-d4）。柏拉图认为技艺的目的是产生幻觉，这一点无疑是错误的。查尔斯·兰姆（Charles Lamb）更接近真相，他将观众在一场戏剧中的状况描述为不是幻觉，而是愿意"暂停怀疑"（suspension of disbelief）。

柏拉图的技艺理论不属于我们的主题；但这段话的另一个特点需要我们加以评论。柏拉图在其中将床的理念描述为神创造的（597b6）。这种被认为存在于理念与神之间的关系令人惊讶，实际上也无法与理念一贯被赋予的永恒性和独立性相调和。事实上，在他思想的这个阶段（与我们在《蒂迈欧》和《法律》中发现的不同）柏拉图似乎没有考虑到神与理念之间的关系。在597b6中，理念的存在被归功于神，但在509b6-10中，理念的存在被归功于与神无关的善的理念；那一段比现在这一段更真实地代表了《理想国》的形而上学。此外，当柏拉图（在《蒂迈欧》中）将"神作为宇宙的创造者"赋予严肃的意义时，理念并不从属于神，而是被描述为形成了一个独立于神而存在的秩序，神也必须尊重这一秩序。

我们有理由不太认真对待柏拉图将神描述为创造理念的描绘，这表现在他在597c1处说神"无论是出于选择还是由于某种必然"，只创造了一个床的理念。接着说神不可能创造出两个或更多的理念，因为如果有两个，就必须有一个共同的形式，而那个共同的形式才是真正的理念。换言之，唯一性与理念的本质有关。提到神的意愿显然并非认真的，如果这一点不被当真，那么大概整个对神的提及都不应被当真。神仅仅是被引入来为理想中的床提供某种造物者，以对应于木匠和画家，他们分别是物理床和其相似物的制造者。

《理想国》中的另一段话也需要加以评论。这便是著名的596a5-7："我们是否应该像往常一样继续，假设每组我们用相同名称称呼的事物都存在一个单一的本质或形式?"柏拉图随后假设了床的理念和桌子的理念的存在。一些解释者对此提出了疑问，因为亚里士多德声明柏拉图只承认自然事物的理念，① 并且因为柏拉图很少提及除了价值理念和数学理念之外的理念。事实是，这些是他最感兴趣的理念，他本能地最确信这些理念的存在，正如《巴门尼德》的一段著名段落所阐明的。② 但是，其他地方有足够的证据表明，

---

① 《形而上学》1070a18。

② 130b1-10.

他确实相信每一个共同的名字都对应着一个理念，[1] 而且他没有理由比较频繁地坚持这一点，除非他持有这样的观点。之后，我们将考察亚里士多德的陈述引起的问题。[2]

回顾整个《理想国》，我们可以看到在这部作品中，柏拉图在理念论的阐述上取得了显著的进展。此前，他只坚持理念世界的永恒、不变与个体事物世界的有限、变化之间存在着完全对立。现在，他依然坚持这种对立，但他承认每个世界中都存在程度差异。在个体事物的世界中，他区分了哪些是理念的直接复制品，以及哪些是这些复制品的复制品。在理念的世界中，他区分了哪些可以姑且说是"受限于可感世界的"（earth-bound）理念——那些通过可感的例子进行研究的理念——和那些我们不需要这种帮助就可以研究的理念。此外，在最后一种当中，他认识到从最窄的理念到最高和最广泛的理念的等级，即善的理念。因此，我们在他身上发现了一种可以被称为"标度主义"（scalarism）的倾向，一种对宇宙复杂性的认识，以及对存在于最高和最低之间的中间者的认识——这种倾向在《斐莱布》的一段文本中也有所体现。[3]

这种倾向也存在于他在《斐德罗》中对 συναγωγή（统合）和 διαίρεσις（划分）的结合方法的赞扬中，以及在《智者》和《政治家》中对这种方法的阐述中。这种倾向与"埃利亚主义"（Eleaticism）完全相反，后者将"实在的"与"完全不实在的"事物进行了截然的区分，并且在两者中都不承认任何等级的差异（gradation）。那么，我们该如何调和这一事实与柏拉图对"埃利亚主义"日益增长的兴趣——这在《巴门尼德》和《智者》中如此明显？是不是可能柏拉图对"埃利亚主义"的兴趣越浓，他越认识到巴门尼德的伟大[4]——作为理智对抗感官的主角，他也越是看到他的思想系统的贫瘠和他未能解释感官知觉的事实呢？正如他在《智者》中所说的，[5]"我觉得巴

80

---

[1] 可以在策勒（Zeller）的《古希腊哲学史》（*Phil. d. Gr.*）ii. 14. 701 n. 中看到详细的证据。《厄庇诺米》7. 342d3-e2 可以作为附加证据，证明柏拉图在他生命接近尽头时，仍持有这一观点。

[2] 参看本书第 171—175 页。

[3] 16c5-17a5. 另参看本书第 130—132 页。

[4] 《泰阿泰德》183e5-184a1。

[5] 242c4-6.

门尼德和其他所有试图确定有多少真实存在的事物以及它们的性质的人，都以相当随意的方式向我们讲述了这些内容。"

《斐德罗》的主要内容与理念论相去甚远，但其中包含一个著名的段落，在这个段落中，《理想国》的"可理解的领域"（intelligible region）①——出现在与神话相适应的语言当中——被描述为"超天空的区域"（ὑπερουράνιος τόπος），理念被描述为"无色、无形、不可感、真正的实在，只有灵魂舵手的理性才能看到"。在那个区域里，灵魂在适当的时候看到正义本身、节制本身、知识本身，不是生成的知识，也不是因为它与不同的所谓实在有关，而是真正的知识与真实的实在相关；②ὑπερουράνιος 并不是字面的意思（字面的意思是"超天空的"），然而，这段话确实代表了理念与可感事物的极端分离。但是，在这方面，以及在 ἀνάμνησις（回忆）学说中，《斐德罗》回顾了《斐多》，但在另一个方面，前者展望了未来。因为在其中，辩证法，即哲学的方法，不是（如在《理想国》中）被描述为从假设到非假设的第一本原，然后再向下的过渡，而是描述为 συναγωγή（统合）或概括（εἰς μίαν τε ἰδέαν συνορῶντα ἄγειν τὰ πολλαχῇ διεσπαρμένα；将分散在各处的事物视作"统合之物"，将它们归入一类），其次是 διαίρεσις，"按种类划分，在自然指示的关节处，而不是像坏厨师那样解剖肉的任何部分"③——这一方法在《智者》和《政治家》中得到了详细阐释。因此，我们可以理解，尽管不能接受，导致施莱尔马赫（Schleiermacher）将《斐德罗》视为最早的对话的推理，因为（在他看来）它简要地包含了柏拉图的全部哲学。更准确地说，它站在柏拉图思想的一个过渡点上；在这个过渡点上，他正在从对理念存在的断言转向研究它们所形成的等级结构。

在柏拉图对辩证法的新的描述中存在某种悖论。辩证法是一种由"统合"（collection）和"划分"（division）组成的方法。这似乎意味着：我们从了解某些理念开始，该方法的第一步是掌握一个包含这些理念的更广泛的理念，第二步是将这个更广泛的理念划分为其具体的种类，这样我们似乎最终回到了最初的地方，即具体的理念。该方法的第二步似乎是第一步不必要的

---

① 508c1.

② 247c3-e2.

③ 266b3-c1, 265d3-e3；cf. 273d7-e4, 277b5-8.

重复。我们首先看到 A 是 B、C 和 D 所属的属 (genus)，然后 B、C、D 是 A 被所划分成的种 (species)。柏拉图不可能有意表达这么愚蠢的观点；为了理解这段话，我们需要注意他关注的是"对'关节处'的划分" (dividing "at the joints") 的强调。在"统合"的过程中，我们所做的是承认在日常语言中所承认的某些普遍性之间的相似性。但是，这些普遍性可能不会形成一个真正的系统；它们可能相互重叠，它们可能是松散的；我们在"划分"过程中所做的是认识到"归于该属"真实准确的界限。换言之，如果我们要理解这段话，就必须假设柏拉图已经心里明白他在《政治家》中对属于一个"属"的随意"部分"和属于该"属"的真正的"种"之间的区别。①

在《斐德罗》中，并没有暗示整个理念世界形成了一个巨大的等级体系，最终达到一个"最高属" (one *summum genus*)；柏拉图的观点是，对单个通用理念的真正理解，不仅需要我们看到它以某种方式包含了许多具体的理念，而且还需要准确地看到其中的关节 (articulations)。

---

① 262a5-263b11.

第五章

《巴门尼德》和《泰阿泰德》

现在，我们要处理的是一组体现了埃利亚主义（Eleaticism）的对话，这在此前是缺乏的。[①] 但是，柏拉图并非埃利亚主义的信奉者。他完全同意埃利亚主义坚持理性可靠而感官不可靠的观点；但他发现只有一个实在存在且是一个不变的实在的学说并不令人满意。在《巴门尼德》第二部分的研究中，对这一学说的暗示被认为主要作为哲学思考的训练，但是也有对柏拉图接受这一学说的暗示。此外，在《智者》中，他声称主张一种观点，这一观点同时赋予不变的事物以实在性——即理念的世界——又赋予可变的事物以实在性。

在柏拉图虚构的发生巴门尼德、芝诺和苏格拉底之间的对话中，芝诺大声朗读了他自己的一篇论述的一部分，该论述发展了从各种假设中得出的结论。第一个假设是"事物是多"，并且由此得出的结论是它们必须是既相似又不相似，这被芝诺认为是不可能的。他的对话的目的其实是辩护巴门尼德的主张，[②] 即事物不是多，而是不可区分的统一体（an undifferentiated unity）——这是通过相反的观点而得出的结论。[③]

苏格拉底考察了芝诺迫使理论对手得出的结论，即，如果存在"多"的话，"多"将既"相似"又"不相似"，苏格拉底说道："何尝不是呢？如果有'相

---

① 关于这一组对话之间的关系，参看本书第6—9页。

② 《巴门尼德》127d6-e4。

③ 128a4-b6.

似'的理念，也有'不相似'的理念，那么，就没有理由认为有些事物不可以同时分享二者——虽然'相似'不能变成'不相似'，反之亦然"。① 换言之，苏格拉底提出的"分有理念"的学说回应了芝诺对多元论的拒斥。他坚持认为，如果这些理念本身具有相反的属性，那将是令人惊讶的。苏格拉底承认，芝诺为多元论观点的辩护得力，即，单个事物将具有相反的属性，但他并没有证明理念本身将具有相反的属性——这对苏格拉底才是致命的。

也许有人会说，柏拉图在这里所说的令人惊讶的，正是他在《智者》中试图展示的东西，例如，他在《智者》中论证说，"存在"既是相同的又是不同的——既与自身相同，又与其他事物不同。即便在《巴门尼德篇》中，他的语言也显露出对这个问题的某种吸引力。②

巴门尼德问这种理念学说是否是苏格拉底自己的，苏格拉底回答说这是他自己的。巴门尼德继续批评它。他的第一个问题是，在苏格拉底看来，哪些事物有与它们相对应的理念。③ 苏格拉底坚信的第一组理念包括相似（likeness）、统一（unity）、多元（plurality）等理念。第二组是价值理念——正义、美、善等。当巴门尼德问他是否相信存在人、火、水等（即自然种类）的理念时，苏格拉底承认自己存在疑虑。当巴门尼德问他是否相信头发、泥土或污物，或"任何其他琐碎和没有尊严的物体"的理念时，苏格拉底回答说这似乎很荒谬，但他曾怀疑他是否也应该相信这些理念。巴门尼德回答说，苏格拉底不愿承认这些理念，是由于其年纪尚轻，哲学尚未充分影响到他，以及对一般舆论的顺从。

这一段准确总结了柏拉图在早期对话中表达的思想趋势。苏格拉底说他确信存在的两类理念是数学理念中的"统一"和"多元"（他还将其与其他非常抽象的理念相提并论，如相似性的理念）以及价值理念。后者在最早的对话中（以及在《会饮》和《斐德罗》中）占主导地位，柏拉图在这些对话中最忠实地追随苏格拉底的脚步；前者在《斐多》和《理想国》中占有重要地位。苏格拉底对生物物种和四元素的理念的存在表示怀疑，更质疑头发、泥土和污物等事物的理念，他无疑认为这些理念是自然过程的副产品，

---

① 128e5-130a2.

② ἀγαίμην ἂν θαυμαστῶς（我将非常惊奇）129e3，ἀγασθείην（我将愉悦）129e5。

③ 130b1-e4.

而不是自然既定计划的一部分；这回答了这样一个事实：虽然他在《理想国》中说过，① 对应于每个"共通"的名字都有一个理念，但他从未特别断言过存在诸如此类的理念。巴门尼德在段落末尾的评论的效果是表达柏拉图的信念，即应该摒弃这些怀疑，并坚持《理想国》中陈述的原则。

　　四元素和生物物种的理念在《蒂迈欧》中占主导地位，但并没有价值理念，那不是因为柏拉图不再相信它们，而是因为他的主题不是像早期对话中大多数那样是人类生活，而是宇宙论。柏拉图给出的最普遍的理念类别清单是在他的一本最后著作当中，② 他在其中认识到形状和表面的理念，善的、美的和正义的理念，所有人造的和自然的物体的理念，火和水等的理念，以及每一种动物，每一种性质，所有行动和被动性（passivities）的理念。他最终得出的关于理念世界成员范围的结论究竟是什么，这是一个问题，稍后我们将在考虑亚里士多德对这一主题的论述时加以讨论。③

　　虽然巴门尼德在此处以及在这篇对话后来的部分中④ 都鼓励苏格拉底继续相信，每一个共通的名字都对应一个理念，但他对柏拉图关于理念与个别事物关系的观点提出了许多批评意见。这很可能反映了柏拉图脑海中出现的第二组疑问。巴门尼德首先将集中讨论了⑤μεταλαμβάνειν（参与/分享）这个词，苏格拉底用它来表达个体事物与相应理念的关系。个体事物是分享了整个理念还是理念的部分？苏格拉底起初并不认为整个理念存在于每个个体事物中是困难的。但巴门尼德认为，如果整个理念存在于不同的个体事物中，它就会与自身分离；此外，虽然我们谈论"在几个人身上展开一块帆布"，但盖在每个人身上的只是帆布的一部分，同样地，存在于每个个体事物中的，也仅是理念的一部分。但是，我们不能真的说（他坚持认为）每个大的事物是"大的"，是因为它包含的"大"的一部分，而这一部分却小于"大本身"。荒谬性在"小"的理念中达到顶峰。如果每一件"小"的事物都只有"小"的一部分，那么"小本身"就会比那部分大；如果一个小东西获

_____

①　596a6.

② 　《第七封信》（Ep. vii）342d3-8。

③ 　参看本书第165—175页。

④ 　135b5-c3.

⑤ 　130e4-131e7.

得了它最初缺乏的那部分小，它会变得更小，而不是因为增加而变得更大。

　　与之前关于理念世界的成员的段落一样，这段话显然表达了一种对理念论的反思态度，这比我们在早期对话中发现的任何内容都更具反思性。它并没有表达对理论本身的怀疑，但它确实表达了对柏拉图早期对该理论的表述（formulation of the theory）的怀疑。难道它不应该表达一种新的意思，即用"大本身"这样的短语来谈论一个理念是错误的，因为它将"大的理念"视为另一个"大的事物"——比具体的"大的事物"更完美的事物？只有当我们这样思考理念时，才会出现"个体事物拥有它的全部还是一部分？"这个问题提出的困难。解决的方法是认识到理念并不是另一件事物，而是一种属性；整体和部分的区别并不适用于它们。在这里，柏拉图并没有明确地得出这样的结论，但这正是这一段文字所指示的，也是我们在他后来对理念的引用中需要关注的地方，以查看他是否在任何地方接受了这一暗示，并在理念和完美的个体事物之间进行了明确的区分。在一个领域，答案可以在他对理念和数学实体之间的区别中找到，这些数学实体（完美的个体事物）是介于理念和可感知的个别事物之间的。①

　　巴门尼德现在②过渡到一个新的论点。正是通过注意到许多大的事物，苏格拉底才形成了这样一种观念，即它们都有一个共同的"大本身"。但是，"大本身"（B）和许多大的事物（A1、A2 等）一定不能有另一个"大"（C）的形式，因为若不然，将进一步存在一个对所有这些都是共同的事物（D），从而以此类推，变得无穷无尽。巴门尼德在这里提出的论点反对"个体事物分享理念"的观点，他在 132d5-133a3 中重复了反对"它们是对理念的模仿"的观点。在另外两个地方，柏拉图使用了一些类似的论点，但目的却完全不同。在《理想国》597c1-d3 中，他认为只能有一个床的理念，因为如果有两个，必然会有第三个——这将是真正的床的理念。在《蒂迈欧》31a2-b3 中，他认为如果有两个宇宙的理念，它们将只是真正宇宙理念的一部分，依据这一理念"可见的宇宙"被创造出来。阿佩尔特（Apelt）③ 和康福德（Cornford）④

87

————————

① 《形而上学》987b14-18 。

② 131e8.

③ 《希腊哲学史论文集》（*Beiträge Zur Geschichte Der Griechischen Philosophie*），第 53 页。

④ 《柏拉图和巴门尼德》（*Plato and Parmenides*），第 90 页。

建议这些论点有效地回答了柏拉图笔下巴门尼德的论证；但事实并非如此。证明如果有两个床的理念，就必须有第三个，这并没有反驳这样的主张：即如果按照柏拉图的设想，存在一个床的理念与个体相关，那么就必须存在第二个床的理念。

在这四处引用的任何一处，柏拉图都没有使用"人的理念"的例子。但显然他或他的学派的某个成员必须使用过这个例子。因为亚里士多德在学园的"更精确的论证"中提到了这个论证，称之为"第三人论证"。① 亚历山大在他对《形而上学》的评论中描述了另外两种形式的"第三人论证"，他认为其中的一个出自"智者"，另一个（根据法尼亚斯 /Phanias 的观点）出自"智者波利克西努斯"（Polyxenus the sophists）。我们不知道这两种论证形式中的任何一种是否早于《巴门尼德》中的论证，不过这也无关紧要。它们与柏拉图的论述方式完全不同，特别是它们不会导致无限后退；据我们所知，柏拉图是"无限后退"论证的发明者。

88　柏拉图在任何地方都没有回应巴门尼德的论证，但他继续坚持理念论，因此显然他认为该论证对其理论不是致命的。这实际上对理念论并没有致命影响，而是对柏拉图表述这一理论的语言造成了致命影响。论证所针对的"分享"和"模仿"等表达方式，不足以表达个体事物与理念关系的隐喻，因为这两种表述方式都将理念视为"一个事物"（a thing），而不是"事物的特性"（characteristic）。柏拉图使用短语"某某本身"（αὐτὸ τό）也遭致了同样的反驳；因为它把"某物"（X）的理念视为诸多事物之一，并暗示了它与其他"某物"共有的"某某性"（X-ness）。这一错误以最粗糙的形式出现在《普罗泰戈拉》330c2-e2 中：正义被说成是"正义的"，而虔诚则是"虔诚的"。

苏格拉底没有"吸取教训"（draw the moral），而是提出另一个建议，② 即每个理念都是一个思想（a thought），只存在于灵魂中，因此能保持它的单一性（singleness）并避开了对它的反驳。但巴门尼德回答说，思想总

---

① 《形而上学》990b17（= 1079a13）。他还在 1039a2 和《辩谬篇》178b36-179a10 中使用了这个短语；并在《形而上学》991a2-5 和 1032a2-4 中使用该论证，但没有使用该短语。他在 1059b8 中使用了这个短语，但含义完全不同。

② 132b3.

是对某物的思想，这个某物存在并被认为是多物共有的东西，正是这个客观的本质，而不是对它的思考，才是理念；这样我们就剩下客观的理念了。在反对对理念的概念主义解释的这一论点上，他又补充了一点：[①]"如果当说'所有事物都共享理念'时，您的意思是它们共享思想，那么您必须意味着所有事物都是由思想组成的，它们要么自己思考，要么是不思考的思想。"因此，概念主义者对普遍性的解释被非常简单地驳斥了，柏拉图再也没有回到它。在柏拉图的思想中，没有任何东西可以证明古代和现代学者有时表达的如下观点是正确的：理念只是思想，在神圣者或在人类的思想中。

接着，他过渡到了[②]更为典型地体现了他对理念论态度的解释。他认为，具体事物的"参与"（participation）应该被理解为理念是自然中的"模范"（patterns），个体事物是它们的复制品。巴门尼德反对这种观点，提出了一个致命的反对意见，即如果一个个体是一个理念的复制品，它必须是由于它们共享一个共同的性质，这将是真正的理念，所以会有理念之上的理念的无穷后退；我们又一次遇到了恶性的无限倒退。

有人试图证明巴门尼德的论证是站不住脚的，[③]理由是：复制品与原件的关系不仅仅是一种相似性，因为如果 A 与 B 相似，B 也与 A 相似，但如果 A 是 B 的复制品，B 并不是 A 的复制品。但是这种辩护本身失败了。承认这种关系不仅仅是一种相似性；它仍然涉及相似性，并涉及两个事物之间的某种形式，一些它们共有的特征。康福德（Cornford）认为，柏拉图一定认为这种批评是站不住脚的，因为在《蒂迈欧》中，他仍然将这种关系描述为一种复制关系。但事实上，柏拉图在这里或其他地方都没有回应这一批评。我们可以推断他接受了这个批评，就像苏格拉底在对话中所做的那样，并意识到"复制关系"只是描述这种关系的一种比喻方式。当然，一件好事不像"善"，因此也不是"善"的复制品——这是显而易见的事实。

因此，柏拉图习惯性地谈论理念的两种方式——将理念描述为"某某自

89

---

① 132c9-11.

② 132c12.

③ 例如，泰勒（Taylor）《柏拉图其人及其作品》（*Plato, the Man and his Work*），第 358 页，以及康福德（Cornford）《柏拉图和巴门尼德》（*Plato and Parmenides*），第 93—95 页。

身"以及将个体事物描述为与它相似——已被有效地驳斥了。但是，虽然巴门尼德完全拒绝这些描述，但他并没有拒绝将关系另描述为"分享"（sharing）。① 他说的是，我们必须找到另一种关于"分享"的解释。对这两种批评的真正答案是坚持特殊与普遍的关系是一种独特的关系，"相似"和"分享"这样的说法都是对它的不充分的比喻（inadequate metaphors）。

巴门尼德现在转向② 对苏格拉底理论的一个更大的反对意见。他认为如果存在理念，理念对我们来说也必须是不可知的。他得出这个结果的论据如下："任何本质上是相对性的理念必须相对于另一个理念，而不是相对于这个世界上的任何事物，任何个体的相对性事物必须相对于另一个个别的事物；例如如果我们中的任何人是主人，那么他是我们中的另一个人的主人，另一方面，主宰本身相对于奴役本身。因此，真正知识与真正的实在有关，任何真正知识的特定种类都与真正存在的事物有关。而另一方面，我们的知识与我们世界中的真理有关，而我们拥有的任何特定知识都与我们世界中的某些特定事物有关。因此，由于我们不具备真正的知识，我们不知道也无法知道'美本身、善本身和其他理念'。"

但是，巴门尼德补充说，③ 还有一个更奇怪的结果。没有人能比神更恰当地获得知识。但正如我们的知识与我们世界中的事物有关，真正的知识也仅与理念世界中的事物有关。因此，神的知识不会是关于我们世界上任何事物的知识，神也不会掌握我们世界上任何事物。苏格拉底承认，这是他的理论的一个非常奇怪的后果。他进一步承认了巴门尼德整个论点的力量（force）。④

这个论证不能简单地被视为辩证性的（dialectical）而被驳回，但它相当令人难以相信。它基于一种混淆——明显地出现在以下表述当中："大概理念就像它们本身一样，被知识的理念（the Form of Knowledge）本身所知道"⑤ 以及"如果有像'知识本身'这样的理念，它比我们世界上的知识要

---

① 133a5.

② 133a11.

③ 134c4.

④ 134e7-8, 135b3-4.

⑤ 134b6-7.

完美得多。"①——在"知识的理念"（即它的本质）和"完美的知识"之间。苏格拉底没有指出这种谬误，这可能意味着柏拉图没有察觉到它。然而，巴门尼德并没有声称他的反驳是完美的。他只是说很难回应他的反驳，②这表明柏拉图希望通过重塑他的理论来保留其基本核心思想。巴门尼德对这个理论的最后一句话③并不是对它的胜利宣言："如果一个人鉴于所有这些困难和其他类似的困难，拒绝承认事物的理念存在或在任何情况下都拒绝区分出一个确定的理念，他只要他不允许每一件事物都有一个始终相同的特性，他就没有什么东西可以固定他的思想；这样做，他将彻底摧毁所有话语的意义"。苏格拉底不一定是错的。他的推理冲动是崇高而神圣的；④他的错误在于，他没有先接受经常被鄙视的辩论实践的训练就"听从了"他自己的推理冲动，就像芝诺所展示的那样。巴门尼德赞扬了苏格拉底提出的一个附带条件，即，假设的方法不应该应用于"可见的"例子，而应该应用于理念本身；巴门尼德本人补充说，人们不仅应该探索特定假设的后果，还应该探索相反假设的后果。⑤

91

我们可能会问，《巴门尼德》的"第一部分"的总体结果是什么？柏奈特（Burnet）⑥和泰勒（Taylor）⑦认为，巴门尼德的论点不是针对理念的实在性，而是针对可感事物的实在性。唯一可以支持这一观点的实质性论据是，让巴门尼德（这个一元论者和理智论者）成为攻击可感事物的真实性代言人，而不是成为攻击可理智性的理念的真实性的代言人似乎更自然。然而，事实是，自始至终受到批评的对象正是理念的教义，而非其他事物。事实上，从巴门尼德的批评的角度来看，并没有什么特别的一元论。他最后虽然承认：没有像理念这样的东西，思想就无法继续；这一点却并不与巴门尼德自己彻底的一元论一致。事实上，巴门尼德不是以他的一元论者的身份出现的。他被选为柏拉图对他自己的理念论反思的代言人，因为它们与苏

---

① 134c6-8.

② 134e9-135b2; cf. 133b4-c1.

③ 135b5-c3.

④ 135d2.

⑤ 135d8-136a2.

⑥ 《希腊哲学》（*Greek Philosophy*）i.，第 254 页。

⑦ 《哲学研究》（*Philosophical Studies*），第 41—42 页。

格拉底的思维方式相去甚远，无法通过苏格拉底之口说出；并且，因为巴门尼德代表了年长的反思智慧，与年轻的热情形成对比。在柏拉图对他的描述中，有两个特征突出。一个是他的宽宏大量——他愿意以开放的心态考虑年轻人的新颖理论，并承认，当摆脱了某些缺陷时，它代表了真理。另一个是他的坚持——符合理智主义者的风格——强调思维的严密性。关于理念论，他说它在根本上是真实的，但它被宣称时缺乏对精确思维的尊重，而这种尊重只有辩证法的训练才能给予。对话"第二部分"的目的是提供这种训练的一个例子。可以补充的是：在《智者》和《政治家》中，埃利亚的陌生人也被类似地对待——不是一元论者，而是精确推理的代表，他被赋予了"非一元论"的论点，即变化必须在实在中找到一席之地，它并不亚于"不变"。

92

巴门尼德对辩证法的初步阐述清楚地表明，[①] 只有两个假设需要检验——"一存在"和"一不存在"。它还清楚地表明，基于这些假设中的每一个，需要考虑两个问题，即，关于"一"可以说什么，关于"其他"可以说什么。因此，我们被引导着期待四个论证；但我们实际上发现了八个（不是九个，因为第 155e4-157b5 中，虽然它被描述为第三个，但显然只是第二个的延伸）。这是如何出现的？以及如何从相同的假设开始并提出相同的问题——（1）和（2）、（3）和（4）、（5）和（6）、（7）和（8）——在每种情况下都得到完全相反的结果？答案是：当同样的假设被提出两次，同样的问题被问两次时，假设的不同含义从一开始就被考虑在内了。在（1）中只考虑了"一"的"一性"（oneness），它被认为是一个单位，此外无他，由此推论出，我们对它无话可说。在（2）中，它的存在以及它的"一性"被考虑在内，并且从这个初始的"二元性"可以推断出可以断言它的各种属性。如果将（3）与（4）进行比较，将（5）与（6）进行比较，以及（7）与（8）进行比较，则可以从一开始就检测到赋予假设相似的多样性，并解释了结论的相反性。

在考虑这些假设时，我们可以注意各种假设（protases）由以出现的形式。在柏奈特（Burnet）的文本中，它们具有如下形式：

---

① 136e8-137b4.

1. 137c4-142a8 εἰ ἕν ἐστιν 137c4（如果一存在）

2. 142b1-157b5 ἓν εἰ ἔστιν 142b3, 5, c8, 155e4（如果一存在）

　　　　　εἰ ἓν ἔστιν 142c3（如果一存在）

3. 157b6-159b1 ἓν εἰ ἔστιν 157b6, 7（如果一存在）

4. 159b2-160b4 ἓν εἰ ἔστιν 159b3, 5（如果一存在）

5. 160b5-163b6 εἰ μὴ ἔστι τὸ ἕν 160b5（如果一不存在）

　　　　　εἰ ἓν μὴ ἔστιν 160b7, c1（如果一不存在）

　　　　　ἓν εἰ μὴ ἔστι 160c6, d3, 6（如果一不存在）

6. 163b7-164b4 ἓν εἰ μὴ ἔστι 163c1（如果一不存在）

7. 164b5-165e1 ἓν εἰ μὴ ἔστι 164b5（如果一不存在）

　　　　　ἓν εἰ μὴ ἔστιν, τἆλλα δὲ τοῦ ἑνός 165c5（如果一不存在，但是不是一的事物却存在）

8. 165e2-166c2 ἓν εἰ μὴ ἔστι, τἆλλα δὲ τοῦ ἑνός 165e2（如果一不存在，但是不是一的事物却存在）

标题（2）和（5）之下的各种变体表明，词序的差异并没有意义，特别是通过设定第一个假设是"宇宙是一"，第二个假设是"一存在"，来区分（1）中的假设和（2）中的假设是没有道理的。此外，我们必须记住，所有的假设只有两个：其中的一个与另一个相矛盾。在（5）下的 εἰ μὴ ἔστι τὸ ἕν 的表达形式，和在（7）和（8）下的 ἓν εἰ μὴ ἔστιν, τἆλλα δὲ τοῦ ἑνός 的表达形式，表明了在这些假设中，假设是"存在性的"（existential），即"一不存在"。从这两个事实可以得出，在（1）到（4）中，假设是"一存在"，即存在一个包罗万象的统一体，并且在（5）到（8）中做出了相反的假设。我们文本中的重音符号并不具有任何权威，因为它们的历史比柏拉图晚几个世纪；但可能需要注意的是，在（1）中，我们应该读作 ἔστιν，以符合我们的结论，即所有（或更确切地说是两者）假设都是"存在性的"（existential）。

论证的结论可归纳如下：

1. 如果"一"存在，它不容许许多对立的谓词中的任何一员，它不存在，不能被命名、谈论、知道、感知或判断。

2. 如果"一"存在，它容许同一对相反谓词的两个成员，它存在，可以被命名和谈论、知道、感知和判断。

3. 如果"一"存在，则"其他"彼此相似并且不同，彼此相同和不同，并且容许多对相反谓词的两个成员。

4. 如果"一"存在，"其他"既不相似也不是不同，既不相同也不是不同，并且不容许同一对相反谓词的任何成员。

94

5. 如果"一"不存在，它容许多对相反谓词的每个成员。

6. 如果"一"不存在，它不容许同一对相反谓词的任何成员。

7. 如果"一"不存在，"其他"就容许多对相反谓词的每个成员。

8. 如果"一"不存在，"其他"不容许同一对相反谓词的任何成员。

因此，虽然在前四个论证中提出了相同的假设，但通过深入研究该假设的不同含义，（1）和（4）得出了不加区别的否定（indiscriminate negation），（2）和（3）则得出了不加区别的肯定。尽管在最后四个论点中提出了相反的假设，但通过深入研究该假设的不同含义，（5）和（7）得出了不加区别的肯定，而（6）和（8）得出了不加区别的否定。整套论证的结果可总结为：[1]"看起来无论如若'一'存在或者如若'一'不存在，它和'其他'（the others），相对于它们自己以及彼此相对，既完全是一切又不是一切，既表现为一切又不表现为一切"。[2]

学者们提出了很多对这些论证的解读，普罗克洛斯（Proclus）的评论表明，即使在古代也有几种解释。尝试全部评述这些解读会很乏味；我将满足于只考虑最近的四种解读，其中三个是哈迪（Mr. Hardie）在他的《柏拉图研究》（*Study in Plato*）中讨论的，[3]但我会以不同的顺序来处理它们。

1. 我从泰勒在《心灵》（*Mind*）发表的文章[4]中提出的"唯心主义解读"（the idealist interpretation）开始。根据他的解读（我将使用哈迪先生的措辞[5]），八个论点中的第一个是"一个抽象的和'只是争论性的'（eristic）对'一'的反驳"。极端的一元论（extreme monism）通过将其与否认述谓可能性的观点联系起来而被归结为荒谬，这种观点源于未能认识到理念之间的相互关

---

① 166c2-5.

② 此处参考了陈康先生《柏拉图巴门尼德斯篇》中的翻译，略有改动。——译者注

③ 参看第十章。

④ v (1896), 297-326, 483-507, vi (1897), 9-39.

⑤ 《柏拉图研究》，第 103 页。

联（intercommunicaiton）。但是，第二个和类似的假设[①] 将这种错误观点与如下观点形成对比：将统一（unity）的真实和具体概念视为一个显著区分的整体（a significantly differentiated whole）。

这个观点无需详细讨论，因为后来它的提出者放弃了这个观点；指出一两个对它的严重反对意见可能就足够了。(a) 哈迪先生非常有力地提出了一个观点，即我们最不应该期望柏拉图让巴门尼德口中说出的内容之一，就是对抽象一元论的驳斥。(b) 第二个和类似论证导致的将相反属性不加选择地归于一和多，实际上并不比第一个和类似论证导致的不加选择的否定更令人满意。(c) 没有真正的迹象表明柏拉图的意思是第二个论证比第一个论证更能打动我们。他确实拒绝了第一个论证所得出的结论，以及由此得出的抽象的一元假设："现在这可能是'一'的情况吗？我不这么认为"。[②] 但是，没有任何证据表明第二个论证的结论比第一个论证的结论更能被柏拉图接受，或者第三个论证的结论比第四个论证的结论更容易接受。所有八个论证的推理都是同一水平的，非常巧妙，在某些地方令人信服，在其他地方充满了对我们来说似乎很明显的谬论，其中一些谬论对柏拉图来说也很明显。(d) 在最后的结论中，[③] 他将所有论证都视为形成一个导致完全矛盾结论的单一论证。

2. 其次，有一种"只是争论性的"(eirstic) 解释（第一种的变体），哈迪[④] 将其描述为假设论证"只不过是一种逻辑练习"，目的是借助某些具有埃利亚学派特征的逻辑谬误，说明埃利亚学派的假设本身可以被驳斥。两个假设[⑤] 都是"归谬论证"（reductiones ad absurdum）。这是泰勒在《柏拉图其人及其作品》中，以及在他对巴门尼德译本的导言中所采用的观点。对这种解释最严肃的反驳如下：(a) 如果柏拉图主要目的是通过"模仿其方法"来反驳埃利亚主义的论证，并将之通过巴门尼德之口说出，这确实是非常奇怪的。(b) 这种解释犯了和第一个一样的错误。这种解释认为，第二个论证

---

① 亦即第三、第五和第七个假设。

② 142a6-8.

③ 166c2-5.

④ 参看《柏拉图研究》，第 102—103 页。

⑤ 亦即第一、第二个假设。

和其他导致"肯定"结论的论证，比第一个论证和其他"否定"论证更为严肃。目前的解释只强调前四个论证，这表明相信"一"的矛盾后果，而忽略后四个论证，后者表明否认其存在的矛盾后果。但很明显，柏拉图在所有八个论证之间都是不偏不倚的（impartial）。(c) 泰勒后来观点的另一个特点是他将巴门尼德的第二部分解释为"一个非常令人愉快的哲学玩笑（jest）"。①大多数读者会倾向于说，"我们并没有被逗乐。"我们可能会从争论中得到乐趣，但享受的不是幽默，而是精湛的技艺，这二者相去甚远。

3. 第三，有一种"超越主义者"（transendentalist）的解释，（我再次使用哈迪的措辞②）：

即使在第一个假设中也找到了"肯定的"形而上学暗示。它采用假设来指代"超越存在的'一'"（One beyong being），它只能被否定地描述，一个"超越"其他形式的统一（unity）的终极原则，如《理想国》中的"善的理念"。第二个假设涉及一个"一"，它是有区别的但又是派生的，并将"统一"和"存在"视为一个可理解的世界的相互联系的方面。但"存在"（the existent）的范围不是终极的或不言自明的；它指向了"超越存在"。

有一个支持这种解释的观点，即第一个论证强调了"一"的"统一性"（unity）而不是它的"存在"（existence），这是我们之前可能期望柏拉图借巴门尼德之口说出的论点。但是，在考虑对话的"第一部分"时，我们被引导到这样一种观点，即巴门尼德在那里并不是以"一元论者"的身份出现，而仅仅是作为一位伟大而受人尊敬的哲学家。与之一致，他也应该在"第二部分"中呈现这样的形象。此外，巴门尼德本人在第一个论证的结尾将其结论描述为完全不可接受的。③

针对这种解释，必须考虑如下反对意见：(a) 它似乎犯了与先前解释所犯相同的错误，即，挑出一组论证（那些导致否定结果的论点）——或至少是其中的第一个论证——认为是陈述了比另一个更深刻的真相。但是，柏拉图显然没有做出这样的区分。不仅是针对第一个"假设"，柏拉图最后肯定地说"这是不行的"，而且在对话的最后一句话中，他还明确地将所有"假设"

① 《柏拉图其人及其作品》，第 370 页。
② 参看《柏拉图研究》，第 103 页。
③ 142a6-8.

置于相同的有效性水平上。

（b）泰勒毫不费力地证明① 普罗提诺对"假设"的解释（可从中推导出超越主义者的解释）在许多细节上是完全没有根据的；问题仍然是普罗提诺是否正确地认为柏拉图打算将一个"最完全真实"的东西设立为一个"完全不可知"的"一"，并且可以从它推导出一个作为知识对象的"一"。也许在他的所有著作中，最接近于这种观点的一段出现在《理想国》中，② 其中提到"善的理念"比知识更崇高。但是，在我看来，柏拉图的意思并不是说它是不可知的，而是它是知识的前提，它在某种程度上可以被知道；在《理想国》中，它是在某种程度上可以被知道的。③ 可以补充的是，巴门尼德在第一个"假设"中所说的那个"一"是完全抽象的统一体，善和所有其他价值属性都不适用于它，它们从未被认为可以用来谓述"一"。

（c）在第四个论证中，柏拉图关于"其他"（others）的结论与他在第一个论证中关于"一"的结论相对应。我们真的可以认为他正在展开或暗示一种关于"其他"的神秘理论，就像普罗提诺在第一个论证中假设他正在展开关于不可言说和不可知的"一"的神秘理论吗？我们还能认为他在第六和第八个论证中展开了一种神秘学说吗？（就像第一个和第四个一样），这两个论证得出的结论都是无差别的否定——在第六个论证中，对于如果没有"一"这个假设，关于"一"的神秘学说，在第八个论证中关于"其他"的假设也是如此？很明显，在第四、第六和第八个论证中，柏拉图并不是在表达一种不可言说的哲学（a philosophy of the ineffable），而是冷静地推演对某些假设应用某种类型的推理所得到的结果。如果是这样，那么在第一个论证中他几乎不太可能做其他事情。

（d）在《智者》中④——这部作品可能的创作时间与《巴门尼德》相近——我们发现对极端一元论的批评，柏拉图在其中简要地再现了"第二个假设"的论点；他指出，断言只有一件事存在，就是断言"实在"（reality）和"一"

98

---

① 《巴门尼德》的英译本，第145—159页。

② 508e1-509a5.

③ ἡ τοῦ ἀγαθοῦ ἰδέα μέγιστον μάθημα（"善"的理念是最大的知识或"善"的理念是最重要的学习内容），505a2。

④ 244b6-245e5.

(oneness) 都存在，因此不只有一件事存在；换句话说，这种极端的一元论是自相矛盾。我认为，没有人怀疑《智者》中的论证表达了柏拉图自己的观点；这很难与《巴门尼德》中的理论相协调，后者认为极端一元论代表了关于世界的最深层次的真理。

4. 我们可以考虑下一个自哈迪写了如上观点以来提出的解释。这是康福德（Cornford）提出的。罗宾逊（Mr. Robinson）[①] 总结了他的主要解释："《巴门尼德》的第二部分不是'讽刺'（parody）或'诡辩'（sophistry），而是严肃而非常微妙的分析。几乎所有假设命题的所有结论都是真实而重要的。柏拉图在这里分析的是巴门尼德的逻辑，他证明这是不正确的。例如，第五个假设是对埃利亚教条的绝妙反驳，即关于'非存在'（what is not），我们无话可说"。

这种观点也招致了如下反对意见。（a）很难假设柏拉图通过巴门尼德之口表达的是反对埃利亚的论战（anti-Eleatic polemic）。（b）有困难的是：最后四个论点，从假设埃利亚教条的对立面开始，由相同的逻辑导致与前四个相同的矛盾结论，这些结论也是从埃利亚教条开始的。（c）有人反对说，由于论证中有许多明显的谬误，康福德不得不通过将次要目标归于柏拉图来勉强维持他的主要观点，即为他的读者提供发现谬误的实践。罗宾逊有效地表明，[②] 这个次要对象会严重地干扰主要对象。随着读者发现这些谬误，他对反对埃利亚论证的印象就会降低；如果他未能发现它们，那么教育他发现谬误的尝试就会失败。

所有这些试图将教义灌输（the inculcation of doctrine）作为假设论证的主要或唯一对象的尝试都失败了；考虑到柏拉图在导致相反结论的论点之间不偏不倚的立场，它们似乎注定会失败。唯一的有效方法是假设这不是主要目的。解释的真正线索是巴门尼德五次重复[③]对论点的描述，即提供 γυμνασία（训练），"在论证中训练"。他在任何地方都没有暗示他们会直接启发苏格拉底了解巴门尼德在理念论或任何其他哲学问题中指出的困难。我

---

① 《柏拉图的〈巴门尼德〉》，《古典语文学》（*Class. Philol.*）xxxvii(1942)，第 181 页。

② 《柏拉图的〈巴门尼德〉》，《古典语文学》（*Class. Philol.*）xxxvii(1942)，第 181—186 页。

③ 135c8, d4, 7, 136a2, c5.

们可能会注意到，柏拉图在《巴门尼德》之后不久写成的《政治家》中[1] 明确表示，对政治家定义的讨论与其说是阐明那个特定问题，不如说是让参与其中的人变成更好的辩证法专家（dialecticians）。

除了支持这一观点的其他考虑因素之外，我们还可以添加一条证据，虽然该证据远非决定性的，但具有一定的分量。似乎亚里士多德从未提及的一个重要对话便是《巴门尼德》。如果这是对柏拉图观点的严肃阐述，特别是如果第一个"假设"是他对终极实在的最深刻观点的表达，那么亚里士多德从未提及它会很奇怪；如果它本质上是一种逻辑训练（logical gymnastic），那么他的沉默就更容易理解了。

这种解释是乔治·格罗特（George Grote）在很久以前提出的，[2] 罗宾逊先生对此进行了有力的辩护。这种观点避免了我们所看到的对我们所考虑的其他四种解释的异议；它确实符合巴门尼德关于这些论点的说法，当他将它们的目的描述为本质上是"训练的"（gymnastic），不是灌输哲学教义，而是提供一个训练示例，这使苏格拉底更适合最终掌握哲学真理。它使对话变得统一；因为虽然第一部分使苏格拉底无法看到自己观点中的弱点，但第二部分给了他一个智力锻炼的例子，这将使他更敏感于（more alive to）这些缺陷。

与柏拉图五次重复将"第二部分"描述为"训练"（gymnastic）相比，他将其描述为"艰苦的比赛"（strenuous game）有更少的启发性。[3] 因为肯定是艰苦的；其中论证的独创性和多样性非常引人注目。但这是一场比赛，一场辩论者会不择手段地得分的比赛。他将在有助于他的时候使用合理且有时深刻的论证；但是在适当的时候，他也会毫不羞愧地使用诡辩；只有这样，他才能完成从表面上相同的前提中得出相反结论，以及从表面上相反的前提中得出相同结论的杰出表演（tour de force）。

将"第二部分"视为主要是一种思维训练，并不排除柏拉图在此过程中可能会遇到一些积极正面的观点，这些想法会在他后来的思想中"结出

100

---

① 《政治家》285d4-7。

② 《柏拉图以及别的苏格拉底的伙伴》（Plato, and the Other Companions of Sokrates），ii. 第263 页。

③ Πραγματειώδης παιδιά, 137b2.

果实"。康福德认为第一个"假设"的贫乏结果可能是对苏格拉底的信念的归谬,① 即单纯的"统一"本身不可能是"多",并为《智者》中的"通种学说"铺平了道路,同一论点在 144a5-145a3 中得到了加强;144e8-145a3 和 158b 5-159a4 预示了柏拉图后来的(我们从亚里士多德那里知道)将理念分为一、大和小的分析;149d8-150e5 意味着对《斐多》理论的放弃,该理论将"大小"视为其拥有者固有的属性;② 其中,第四个假设意味着对在《斐多》和在《巴门尼德》的前半部分中苏格拉底观点的批评,在其中他坚持了形式的分离性(separateness)。每个读者必须自行判断,但至少值得怀疑这些所谓对于"理念"理论的暗示是否真的存在。巴门尼德从假设研究中向苏格拉底承诺的,不是直接发展或修正他的理论,而是获得辩证技巧——最终可能产生这种结果。我相信,这就是"第二部分"的全部目的。需要检验的不是理念论,而是巴门尼德自己"存在一"的假设及其对立面的含义,以期最终能检测含义和歧义的实践,将使苏格拉底能够得出一个比他年轻时热情拥护的理论更加深思熟虑的理论。在我看来,试图在"假设"所呈现的悖论的"荒野"(wilderness)中寻找正面的教义是错误的。

在《泰阿泰德》中没有直接提及理念论,并且可以推测其原因。正如我们有理由相信的那样,③ 对话至少是在《巴门尼德》的"第一部分"之后不久写的。在那篇对话中,巴门尼德对理念论提出了重要的批评,但他承认,如果没有这样一种理论来解释它,言语(discouse)将是不可能的。我们可以公平地假设,正是鉴于这种情况,柏拉图在《泰阿泰德》中保留下了理念论,④ 并转而检验他建立理念的基础的合理性——即知识存在,并且与感觉和意见完全不同。从字里行间,我们可以看到他的观点的某些进展。⑤

1. 在《斐多》中,⑥ 柏拉图阐明了"相对尺寸"(relative size)的问题。西米亚斯(Simmias)比苏格拉底高,比斐多矮。他比苏格拉底高,因为苏

---

① 129d6-130a2, 131c9-11.

② 102b8-c9.

③ 本书第 6—9 页。

④ 175c2-3 和 203e2-5 是最接近提及理念论的段落。

⑤ 这些都被杰克逊(Jackson)清晰地指出来了,参看《语言学期刊》(*J. of Philol.*) xiii (1885),第 267—272 页。

⑥ 102a11-103a3.

格拉底具有相对于西米亚斯的"高"是"矮"的，而他比斐多矮，因为斐多相对于西米亚斯的"矮"来说是"高"的。柏拉图满足于指出，在这一切中，既不是"高"本身，也不是我们的"高"，同时是"又高又矮"的。当"矮小"接近时，"高大"要么在矮小之前退去，要么被它的接近所摧毁（destroyed）。他满意于为理念辩护，驳斥了其具有矛盾属性的指责。在《泰阿泰德》中，[①]他阐明了同样的问题，并提出了三个命题。（a）任何事物都不会"在尺寸上"变得更大或更小，只要它保持与自身相同。（b）不添加任何东西，不减少任何东西的东西，仍然与它本身相等。（c）在较早时间不存在的事物不能在以后存在，除非是生成了。然后他指出，当他比泰阿泰德高时，可能在一年内变得比泰阿泰德矮，而自己却不会变矮；也就是说，通过比较两个人之间的关系，和他们在另一个时候的关系，他会意识到一个当他只是将 A 与 B 的关系与 A 与 C 的关系进行比较时没有意识到的困难。即使在前面的段落中，他也对"高"和"矮"这两个术语的相对性有所了解。但他现在已经意识到关于它们的新困难，并且更接近于意识到它们的完全相对性。他没有提供任何直接解决困难的方法，但暗示他继续阐述的一个学说可能会阐明这个问题。[②] 这是他赋予某些"比门外汉更为微妙"（κομψότεροι）的思想家的学说——在感觉中，被感觉的对象和感觉器官都只存在于潜在性中，直到它们相遇。[③] 该理论没有直接说明他一直在考虑的问题，但他似乎暗示类似的高和矮意味着两件事相互比较；换句话说，它们是完全相对的，而不是两个比较事物中的任何一个固有的属性，就像它们在《斐多》中被认为的那样。

2. 这种感官知觉学说本身就是对《智者》中学说的进一步发展。在《泰阿泰德》中，柏拉图以 κομψότεροι 为幌子（guise）坚持认为，宇宙（即感知灵魂和感知对象的宇宙）是运动而不是别的，一种运动具有行动的能力，另一种是被作用的能力，感性性质和对它们的知觉是同时产生的，前者在对象中，后者在感觉器官中，由主动的一个中的运动作用于另一个中的被动运动。他没有具体说明是对象作用于感官，还是感官作用于对象，但可以很自

---

① 　154c7-155c10.

② 　155d5-e1.

③ 　155e3-157c2.

103 然地假设他指的是前者。这里与《智者》的段落^①有明显的相似之处，在其中他暂时将施加作用或受到作用的力量视为"实在"（reality）的确定标志。就像在《泰阿泰德》中，他可能使对象施加作用而感官受到作用一样，在《智者》中，^②他使理念作用于灵魂，并认为受制于运动的灵魂是真实的，以及他在早期已经将所有真正实在的事物等同为理念。

3. 在184b4-186e12中，他区分了像声音和颜色这样只属于一种感官的对象，以及我们认为对于不止一种感官的对象来说共有的特征——存在和不存在，差异和相同，"二"和"一"，不同和相似，偶和奇，美和丑，善和恶，以及所有类似的事情。此外，他坚持认为这些不是通过感觉而是通过思想来理解的。尽管他没有将这些描述为理念，但它们对应于在《巴门尼德》^③中承认的前两类理念（相似、一和多；正确、美和善），以及在《智者》^④中承认的"最重要的种类"（存在、相同与差异、运动与静止）。因此，从两个进路的角度——从《泰阿泰德》的知识论，从《智者》的形而上学——柏拉图将这一类非常广泛的属性单独处理，后来认为这是超越之物（*transcendentalia*）。

最后，柏拉图在《泰阿泰德》中最充分地陈述了他的理念论事实上所依据的基础。因为它基于这样一种信念，即感觉和知识之间存在截然的区别，并且知识要求"不被感觉感知的实体"作为它的对象，而正是在《泰阿泰德》中，^⑤他给出了关于感觉和知识之间区别的最终和最详尽的证明。正如他在《蒂迈欧》中明确指出的那样，^⑥他的理论再次建立在这样一种信念之上：知识和真实意见之间存在截然的差异，而他最详尽的证明也是在《泰阿泰德》中给出的。^⑦因此，虽然对话关注的不是形而上学，而是认识论，但它为柏拉图的形而上学理论基础提供了比其他任何地方都更有力的论据。

---

① 247d8-e4.

② 如果我们对他的解读是正确的，参看本书第108—111页。

③ 130b1-10.

④ 254b7-258c5.

⑤ 151d7-186e12.

⑥ 51d3-e6.

⑦ 187a1-210b3.

第六章

《智者》和《政治家》

　　《智者》是苏格拉底扮演完全次要角色最早的对话，他只在最初的几页中露面；主要角色是由一位"埃利亚的陌生人"扮演。如果我们问这种变化的原因，最有可能的答案是柏拉图逐渐意识到了巴门尼德的重要性。此前，他一直把理念论通过苏格拉底之口说出，因为他认为它本质上是基于苏格拉底对定义问题的坚持。在阅读早期的对话时，我们几乎可以假设，对于柏拉图来说，在苏格拉底之前没有哲学家，或者没有值得认真对待的哲学家。在早期和中期的一些对话中——《普罗泰戈拉》《克拉底鲁》《泰阿泰德》——柏拉图与这个或那个其他思想家交锋。在《智者》中，他进行了更广泛的考察。在 242b6-251a4 中，他回顾了整个希腊前哲学的范围。在他选择一个埃利亚陌生人作为他的代言人时，他暗示他自己在某种意义上是巴门尼德哲学的继承人，坚持非感官对象（不能被感知，只能被认识）的至高无上的实在性。但是，虽然他被巴门尼德的理智主义所吸引，但他同样拒斥他的一元论；因此，他的代言人不是巴门尼德，也不是像芝诺那样彻底的一元论者，而是一个开明的埃利亚人，[1] 他可以像批评其他哲学家一样批评他的"父亲"巴门尼德，[2] 并且可以说：[3]

---

[1]　216b3-8.

[2]　241d5-7.

[3]　242c4-243b1.

　　令我印象深刻的是，巴门尼德和其他所有着手确定有多少真实事物以及它们是什么样子的人，都以相当随意的方式与我们交谈……对我们进行了相当敷衍的演讲……他们似乎都把我们当作孩子，给我们讲故事……他们说我们听不懂的话，太不顾及我们这样的普通人了。每个学派都按照自己的论点得出结论，而不关心我们是否理解他们的说法还是已经落在了后面。

105　　他区分了[1] 三个哲学流派——多元论者（他们承认三个本原，或者可能是两个，他可能指的是早期的宇宙学家，如费雷西德斯 Pherecydes），一元论者——他称之为"埃利亚同道"（Eleatic race）并与色诺芬（Xenophanes）有联系，最后是那些说"实在"既是多又是一的人，他们被称为"某些爱奥尼亚和西西里的缪斯"：赫拉克利特和恩培多克勒。在这些群体中，他最仔细批评的群体是埃利亚派。在巴门尼德的前两个"假设命题"中，他区分了巴门尼德所说的"一存在"的两种含义——一种是肯定它的"统一性"而排除其他一切，另一种是它的"存在"也被强调，因此从一开始就识别出两种理念，并且可以推断出不定数量的其他理念。《巴门尼德篇》的"第二部分"基本上是一堂关于方法的课，柏拉图在那里几乎没有说明他的偏好在哪里。但是，他给出了一个暗示，当在第一个"假设"的结尾，[2] 假设"统一性"排除了其他一切，巴门尼德说"现在这可能是'一'的情况吗？"亚里士多德[3] 回答说："我不这么认为。"在巴门尼德的第二个"假设"中，即一元论必然有它自己的对立面，在《智者》244b6-245e5 中几乎没有改变。柏拉图实际上在保留巴门尼德的理性主义的同时，放弃了极端的一元论。

　　他随后[4] 考虑其他被描述为在他们的陈述中不太精确的哲学家。这其中，也有意见分歧。他们分为唯物主义者，他们说只有"有形的"才是真实的，以及"理念之友"，他们说只有理念才是真实的。对于这些"理念之友"的身份，人们持有不同的看法。人们认为（1）他们是麦加拉主义者（Megar-

---

[1]　242c4-243a2.

[2]　142a6-8.

[3]　这里的亚里士多德并非作为哲学家的亚里士多德。——译者注

[4]　245e6.

ians）；① (2) 他们是意大利的毕达哥拉斯主义者；② (3) 他们是柏拉图主义者，"他们停留在对他自己早期教学阶段的不完美实现中，又回到毕达哥拉斯学派和埃利亚元素，持有的理念学说是亚里士多德经常反对的"；③ (4) 柏拉图指的是在较早阶段的他自己。④ 对于第一种观点，几乎没有什么可说的；我们对麦加拉学派知之甚少，我们也没有独立的知识证明他们持有这里归于理念之友的观点。针对与第三和第四种观点相对的第二种观点，泰勒认为，归于这些人的将个体事物降级为纯粹生成的领域并不是《斐多》的教义，它通过"分有"学说（doctrine of partipation）给可感事物在"实在"中分配了一个适当的位置，并通过"回忆学说"（doctrine of anamnesis）赋予感官知觉以对知识的适当贡献。他进一步指出，埃利亚陌生人⑤说他 διὰ συνήθειαν（有不同的解读，后文会有讨论——译者注）比泰阿泰德更了解理念之友的观点，（泰勒认为）在埃利亚人的口中只能意味着他们是意大利人。泰勒认为他们的学说是从毕达哥拉斯的"万物就是数字"的观点中自然发展而来的。

里特（Ritter）⑥认为柏拉图可能在批评自己早期的学说。他指出，柏拉图所描述的观点⑦似乎正是《斐多》和《理想国》的观点，而用以描述"完全实在"的短语——即它"在庄严的超然中保持不变，缺乏理智"⑧——让人想起著名的《斐德罗》的一段话：⑨"存在与真知识有关的存在；无色、无形、不可感的本质，只有理智才能看到——灵魂的'领航员'（pilot）……在转动（revolution）中，她看到了绝对的正义、节制和知识，不是以人们称之为存在的生成或关系的形式，而是绝对存在中的绝对知识。"但是，他更倾向于认为柏拉图从来没有绝对地持有灵魂不朽的教义，柏拉图是在驳

106

---

① 施莱尔马赫（Schleiermacher）、策勒（Zeller）和伯尼兹（Bonitz）。

② 普洛克罗斯在对《巴门尼德》的注解中（5a2），斯托尔鲍姆（Stallbaum）、柏奈特（Burnet）、泰勒（Taylor）。

③ 坎贝尔（Campbell）编辑的《智者》和《政治家》，lxxv。

④ 格罗特（Grote）、厄伯韦格（Ueberweg）、杰克逊（Jackson）、康福德（Cornford）。

⑤ 248b6-8.

⑥ 《柏拉图的生平、著作与学说》（*Platon, sein Leben, seine Schriften, seine Lehre*）2.，第131—134 页。

⑦ 246b6-c2, 248a4-13, 248c7-d3.

⑧ 249a1.

⑨ 247c6-e2.

斥学生们的"狂热"（Schwärmerei），那些学生对《斐多》中的语言过于当真。他认为，在《斐多》之前的对话中，没有关于将理念与可感事物"分离"（separation）的暗示，柏拉图是通过他对不朽和回忆学说的推测而得出这一观点，因为灵魂在拥有身体和感官之前所认识的理念只能是独立于任何感性实例而存在的理念。

107

然而值得注意的是，柏拉图在《智者》中所反对的并不是灵魂的不朽，而是反对将"实在"视为不包括生命和灵魂。事实上，与《斐多》相比，《智者》更明确地将灵魂归为真正的实在，《斐多》仅将灵魂描述为类似于实在（akin to the truly real）。因此，柏拉图现在似乎在批评自己没有充分认识到生命和灵魂的完全实在性（complete reality）。如果他在这里批评他以前自己的观点，我们不必感到惊讶。因为他已经在《巴门尼德》对话的第一部分这样做了，在那里他使用了同样的手法，将批评放在一个并非柏拉图主义者的口中。的确，这种批评与巴门尼德最后提出的批评是同一类型，即柏拉图的早期观点将"生成的世界"与"存在的世界"完全割裂了。

在第二个和第四个观点之间进行选择并不容易。但在接受泰勒预设的意大利存在一所学派的观点之前，我们必须犹豫一下，因为在古代文献中除了普洛克罗斯之外，没有提到这个学派。而他对 διὰ συνήθειαν 的解释并不是唯一可能的解释。συνήθειαν 可能意味着"熟识"（acquaintance），而普洛克罗斯的解释可能正是基于这种理解。但在一些段落中，[1] 它的意思是"习惯"（habituation），如果这是它在这里的意思，那么"陌生人"的意思可能是：他——一个自称为哲学家的人——比泰阿泰德更"习惯于"这种讨论——从数学跨界到哲学的新人。因此，整体而言，另一种解释更有可能；[2] "理念之友"是柏拉图的早期的自我和接受他早期观点的人。

"陌生人"首先将注意力转向唯物主义者，并迫使他们承认，有些东西虽然无形，但通过它们影响或受到其他事物影响的力量而彰显其实在性——

108

---

[1] 《理想国》516a5、517a2、620a2；《泰阿泰德》157b2、168b7；《法律》655e6、656d8、865e3。

[2] 对此详细的讨论，参看杰克逊（Jackson），《语文学期刊》（*J. of Philol.*）xiv (1885)，第200—202 页，以及康福德（Cornford），《柏拉图的知识论》（*Plato's Theory of Knowledge*），第242—244 页。

如灵魂、正义与非正义、智慧与愚蠢、善与恶。① 他然后转向了"理念之友"，②"理念之友"只将实在性赋予理念，并将其他一切都归入生成的领域。在接下来的内容中，有一段文字被认为意味着柏拉图改变了对理念的看法，认为它们具有变化、生命、灵魂和理性。如果真有这种"改变"，那这将是一个最令人惊讶，甚至是令人难以置信的"改变"，因为他相信理念的主要原因是他坚信知识必须有一个不变的对象。因此，我们必须研究整段文本，看他是否真的放弃了这种观点：

【248c4】陌生人：我们建议将如下视作实在的充分标志：在事物中存在的与无论多么微不足道的事物发生的"被作用"或"作用"的能力。
泰阿泰德：是的。

陌生人：好的，对此他们回答说，"作用"和"被作用"的能力属于生成（Becoming），但这些能力都与真正的存在（Real Being）不相容。
泰阿泰德：那个答案有些道理吗？

【11】陌生人：我们必须通过请求更多的启发来回应。他们是否进一步承认"灵魂知道"并且真正的存在是知道的？泰阿泰德：他们当然同意。

陌生人：好的，你是否同意"知道"或"被知道"是一种"作用"，还是一种"被作用"，或者两者兼而有之？还是其中一个是"作用"，另一个是"被作用"？或者，它们二者都不属于这些头目中的任何一个？泰阿泰德：显然两者都不是；否则我们的朋友会反驳他们之前所说的话。

陌生人：我明白你的意思了。我想他们会这样说：如果知识要作用于某物，那么所知的东西（what is known）就必须被它作用；因此，在这种情况中，当"实在"通过知识的作为（act）而被了解时，就其所"了解"而言，必然会由于受到如此"作用"而发生变化；而且，我们可以说，这不会发生在"不变者"上。泰阿泰德：的确如此。

---

① 246e2-248a3.

② 248a4.

【e6】陌生人：但是，以神的名义告诉我：我们真的那么容易相信变化、生命、灵魂、理解不在"完全实在的事物"（that which is perferctly real）中吗？这意味着"完全实在的事物"既没有生命也没有理智，在庄严的超然中一成不变，缺乏理智吗？泰阿泰德：那将是一个奇怪的学说，难以接受。

【249a4】陌生人：但是没有生命能说它有理智吗？泰阿泰德：当然不能。

陌生人：但是，如果我们说它包含两者，我们是否可以否认它具有它们所在的灵魂呢？泰阿泰德：当然不能，要不然它怎么才能拥有它们呢？

陌生人：但是，如果它有理智、生命和灵魂，我们能说一个活物保持静止不动吗？泰阿泰德：这一切在我看来都是不合理的。

陌生人：在那种情况下，我们必须承认变化和变化本身是实在的东西。泰阿泰德：当然。

【b5】陌生人：然而，泰阿泰德，由此可以得出结论，首先，如果所有事物都是不变的，那么就任何对象而言，任何地方都不可能存在任何理智。泰阿泰德：确实如此。

陌生人：而且，另一方面，如果我们允许所有事物①都在运动和变化，那么从这个观点来看，我们同样会将理智排除在实在事物的类别之外。泰阿泰德：为何如此呢？

【b12】陌生人：你认为，如果没有静止，可能会有事物②在相同的条件和相同的方面保持不变吗？泰阿泰德：当然不是。

陌生人：如果没有这样的物体，你能判断出理智存在或可能存在于任何地方吗？泰阿泰德：那是完全不可能的。

陌生人：好吧，那么，必须动用所有的推理力量来反对任何试图在压制知识或理解或智力的同时，对任何事物保持任何断言的人。泰阿泰德：那是最一定的。

---

① 采纳巴达姆（Badham）的读法：ὄντων 〈πάντων〉。
② 采纳杰克逊（Jackson）的读法：τὰ κατὰ ταὐτά。

陌生人：那么，基于这些理由，似乎只有一种途径对珍视知识和其他一切的哲学家是开放的。他必须拒绝从"一"（the One）或多个理念的拥护者那里接受所有实在都是不变的学说；并且他必须对认为实在无处不在的另一方充耳不闻。就像一个乞求"两者"的孩子一样，他必须声明实在或事物的总和同时具有二者——一切不变的和一切变化的。

泰阿泰德：完全正确。

那些认为柏拉图在这里放弃了他对理念不变性的信念，并将灵魂赋予理念的人认为：(a) 在248c11-e4 中，柏拉图认为被认识是"被作用"的一种形式，并且认为"被作用"与不变的本性是不相容的；(b) 他在248e6-249a2 中断言，完全实在的事物必须具有运动、生命、灵魂和理性。这两种解释都是错误的。(a) 在第一段中，并没有承认知道是一种"作用"（action），而被知道是一种被动；只是简单地指出，如果承认这一点，那将导致与理念之友对实在不可改变的信念相矛盾。知道是一种行为，而被知道是一种被动的假设，这只是248d4-7 中提出的几个建议之一，仅仅是被放弃了。(b) 第二个段落被误解为说任何完全真实的事物都必须具有运动、生命、灵魂和理性，这只是一种完全，但非常自然的误解。柏拉图所说的是，尽管证明认知对象在运动中这一尝试失败了，但我们应该难以相信完全真实的事物不能具有运动、生命和其他一些属性。他并没有说任何完全真实的事物都必须具有这些属性；他只是否认它不能有这些。他的真实意思在249b5-10 中变得清晰起来，在那里他实际上是说：知识意味着心灵是实在的且受制于变化，以及实在的且不会变化的对象（理念）。他并没有放弃对"理念不变"的信念（他在后来的对话中表达了这一点），[1] 但他补充说，受变化影响的心灵也必须被接受为完全实在的。当他说到对于实在究竟是可变的还是不变的这个问题时，我们必须回答"两者都是"时，他的意思不是同一个实在以某种神秘的方式兼有二者，而是不变的理念和变化的心灵都是完全实在的。

那么，关于知识是一种行动，被认知是一种被动的建议又会怎样呢？

---

① 例如：《蒂迈欧》28a1-2, 51e6-52a2 ；《斐莱布》59a7, c2-5。

当接受这一建议的后果被指出后，这个建议就被悄然放弃了。① 如果柏拉图打算坚持他的建议，即只有具有作用或被作用的力量才是实在的，他必须采取另一种选择，即在知识中，对象作用于心灵；这至少比心灵作用于对象的观点更合理，并且更符合他在《泰阿泰德》中对感觉的描述。②

由于柏拉图迫使那些愿意接受的唯物主义者承认，除了可感知的实在外，还有非可感的实在，他现在迫使唯心主义者承认，实在包括了生命和思维的存在，以及理念。在《斐多》和《理想国》中，他经常只将理念描述为完全实在的；但他在这里得出的结论是已经在《斐多》中预示的一个结论，他说③ 灵魂更类似于看不见的和永恒的，而不是看得见的和暂时的；事实上，在关于不朽的学说中，在《斐多》《理想国》和《斐德罗》中也暗示了同样的学说。他在《智者》中所做的比以往任何时候都更明确地认识到实在中的两个元素——普遍形式和个体灵魂。最后，总结这个论点，他说实在必须包括所有不可运动和可运动的事物；④ 理念之友才只承认不可运动的形式是实在的，唯物主义者只承认可运动的物体是实在的，以及拥有"它们自己的运动"的心灵。⑤

那么，柏拉图已经认识到了两种属性——静止和运动——每一种都与实在一致，场景转变为对 κοινωνία γενῶν（通种）的讨论⑥——种类的相互交织（intercommunion）——这是其中的一个例子。

---

① 248d10-e4.

② 参看本书第102—103页。

③ 79b1-c1.

④ 249c10-d4.

⑤ "灵魂的运动"：学习、练习、愿望、思考等；参考《泰阿泰德》153b9-c1，《法律》896e8-897a3.

⑥ 柏拉图以两种不同语法形式使用了 κοινωνία, κοινωνεῖν, ἐπικοινωνεῖν, ἐπικοιωνία, προσκοινωνεῖν：在 250b9, 252a2, b9, 254c5, 256b2, 260e2 中添加了"属格"；在 251d9, e8, 252d3, 253a8, 254b8, c1, 257a9, 260e5 中添加了"与格"。在前一种用法中，动词的意思是"分享"（share in）；在后一种用法中，它们的意思是"结合"（combine with）或"沟通"（communicate with）。一种理念在另一种理念中的"分享"与个体事物分享理念具有某种相似性，它们的区别在于：分享另一理念的理念是另一理念的完美呈现，而个体事物分享理念只是理念的一个不完美的例子。尽管柏拉图使用了这两种不同的语法形式，但他似乎并不重视它们之间的区别。

柏拉图轻蔑地驳斥了[①] 如下理论——通常而且无疑是正确地归于安提斯泰尼（Antisthenes）的理论：一个事物不能具有与自身不同的属性，说一个人是好人是不正确的，而只是说"一个好人是一个好人""一个人就是一个人"。柏拉图的问题不在于这是否为真（他假设它不是真的），而是一个理念，例如"存在"，如何可以谓述两个或多个其他理念，如运动和静止——这一问题他已经在《巴门尼德》中暗示过。[②] 他在那里说过，虽然很容易看出一件事可以分享不同甚至相反的理念，但他真正感到惊讶的是：如果有人能在区分理念之后（例如相似与不同，多与一，静止与运动）将它们呈现为"混合在一起并与彼此分离"。他现在得出的结论是，虽然任何理念都不能与另一个理念在"等同"的意义上"混合"，但存在三个理念——存在、相同、差异，可以谓述所有的理念；在某些理念中，其中的一个可以谓述其他理念，以及在别的理念中，任何一个都不能谓述其他理念。他的问题是理念系统自身的组织问题。他首先[③] 考虑了"没有理念可以与任何其他理念结合"的观点。这被直接忽略了，因为这一观点与任何关于实在的本性的理论都不一致；因为任何这样的理论都认为事物具有某些特征——例如运动的物体，或静止的统一体，或不变的理念——这些特征是存在的，或者换言之，分享了存在的理念。确实，这个理论是自我否决的（self-refuting）；因为在谈到每一个理念与所有其他理念相分离并且独立存在时，这些思想家是在断言它与独立于所有其他事物的存在之间以及在它与自身存在之间存在联系。同样不可能说[④] 所有理念相互融合；因为这意味着，例如，运动是静止的，静止是运动的。事实是，[⑤] 有些理念能混合而有些则不能混合，我们的问题是发现哪些可以混合，哪些不可以。柏拉图补充说，我们必须问自己，是否有某种理念（或诸多理念）贯穿起所有理念并将它们联系起来，是否还有其他理念贯穿所有理念并将它们分开。他在这里没有告诉我们什么是"连接理念"（connecting Forms），或者什么是"分离理念"（separating Froms）。但是，

112

113

---

① 251a8-c6.

② 129d6-130a2.

③ 251e7-252d1.

④ 252d2-e8.

⑤ 252e9-253c5.

随之而来的讨论清楚地表明，"连接理念"是存在、相同和差异，它们可谓述所有的理念；正是通过这样，来连接它们；最普遍的"分离理念"是差异，它是可谓述所有理念，并以其特殊的性质将它们分开。① 发现这些"连接理念"和"分离理念"的科学是辩证的，它的代表是真正的哲学家。换言之，哲学是对理念系统的组织的发现，是真正可连接的理念的连接和真正不可连接的理念的分离。②

陌生人转而③ 考察一些"最重要的种类"（the greatest of the kinds），以发现每个事物的本性以及它们之间的关系。最重要的种类是我们在"理念之友"段落中④ 已经讨论过的种类——存在、运动和静止。⑤ 其中，运动和静止不会"混合"，而是"存在"与两者混合。再者，二者各异，但与自身相同，所以我们必须认识另外两个重要的种类，即"相同"与"差异"。柏拉图毫不费力地表明，相同和差异都不同于运动、静止和存在。他对于"差异不同于存在"的证明很有趣，因为它引入了⑥"绝对的"（αὐτὰ καθ᾽ αὑτά）和"相对的"（πρὸς ἀλλά）术语。"差异"必须不同于"存在"，因为它总是相对的，而存在可能是绝对的或相对的。⑦

因此，我们有五个"最重要的种类"。柏拉图继续总结他们的相互关系：⑧

1. 运动与静止完全不同（即既不等同也不可谓述）。

---

① 254d10-255e7.

② 235c6-254b6.

③ 254b7.

④ 248a4-249d5.

⑤ 康福德坚持认为，柏拉图只是说存在、运动和静止是非常重要的种类（great kinds），而不是说它们是最重要的（the greatest），因为相同和差异现在被添加到它们中间，并且实际上它们是比运动和静止更重要的种类，可以谓述一切，但运动和静止则不能谓述彼此。如果陌生人将存在、运动和静止单纯地描述为 μέγιστα γένη，这一解读可能会被接受；但陌生人说它们是 μέγιστα τῶν γενῶν（属于最重要的种类），并且泰阿泰德回答 πολὺ（254d4-6）。将之解读为"非常重要"很难成立，因为 πολὺ μέγιστα 在日常希腊语中是"最重要"的意思。运动和静止实际上没有相同和差异那么"重要"；但柏拉图在这个阶段只提到那些已经被发现的最重要的种类却是自然的。

⑥ 255c12.

⑦ 255d3-7.

⑧ 255e8-256d10.

2.它分享存在。

3.它有别于"相同";然而它却分享"相同"——和它自己一样。

4.它有别于"差异";然而,它分享了差异,有别于相同,也有别于静止。

柏拉图现在询问① 运动是否与存在有第二种关系,除了分享它之外,并回答（5）它与"存在"不同。类似地,② 除了"存在"之外的每一种类都必须是这样的:（a）它不是存在,因为差异而与它分开,但是（b）它是存在的——通过分享存在。我们可以说每一种类（不仅是最重要的种类）都"有很多是什么"（即有许多种类可以谓述它）和"无穷无尽的不是什么"（因为它与任何别的种类都不相同）。

6.对存在来说,就任何其他种类而言,它不是（不等同于）它们中的任何一个;但它是一种东西,即它自己,即它本身。③

在柏拉图陈述的基础上,根据类似的推理,我们可以补充说明最重要种类之间的相互关系如下:

1.它们中的每一个都与其他每一个不同。

2.存在、相同、差异是相互可谓述说的,并且可以谓述运动和静止。

3.运动与静止不能相互谓述。

在这篇对话的较早阶段,④ 陌生人曾说过,虚假的存在意味着"不存在"的东西仍然具有某种"存在性"（some being）。这与巴门尼德的说法背道而驰;巴门尼德说:"永远不会证明不存在的东西存在。"他现在⑤ 再次回到 τò μὴ ὄν 的问题,即"非存在",并且首先说,这一术语指的不是与"存在的东西"相反的东西,而只是与之不同的东西。他通过指出"不大于"（not greater）（因为"大"是一个比较性的术语,意思是"不是更大"）来证明这一点,它同样适用于"等于"和"小"（即更小）的东西。因此,被否认为某物的东西不能说是某物的对立面,而只是不同于某物。此外,正如知识被

115

---

① 256c11.

② 256d11.

③ 257a1-6.

④ 237a3-9.

⑤ 257b1.

划分为诸多科学一样，"别的"（the other）也被划分为"不美丽""不伟大"等。这些"否定项"所表示的事物与相应的"肯定项"所表示的事物一样真实。因此，"非存在"被确立为众多种类中的一种；① 但它不是第六个"最重要的种类"，因为它只是用另一个名称表达的"差异"（difference under another name）。

最后，我们必须注意到柏拉图非常巧妙地使用了他对"不存在的东西"的解释，因为它不是不存在的，而是"不同的"——上下文决定了它与何物不同。对"通种"（the communion of kinds）的整个讨论都是从试图对错误的陈述和错误的观点进行说明开始的。似乎很自然的说法是，错误的陈述断言了"非存在"，错误的意见认为存在"非存在"；从表面上看，说这似乎是在暗示"不存在的东西"存在；反对这一点的是巴门尼德的权威观点——"这永远不会被证明：不存在的事物是存在的"。陌生人现在根据他对"非存在"的讨论来攻击虚假陈述和错误观点的问题。他从以下命题开始，② 即所有"话语"都依赖于说话者或思想家对理念的编织（the weaving）。这实际上是一种夸大的说法，因为一个句子可能有一个是专名的主语，而专名并不代表理念或普遍者。但是，一个句子的谓词通常代表一个理念，并且所有陈述的主语除了专名以外都可以表示的理念或者是被理念描述的事物。

116　　陌生人继续说，③ 每个陈述都断言或否认名词（代表动作的执行者）的动词（代表动作）；他举了一个例子来说明这一点（尽管没有说明他的论点，即每个陈述都是理念的"编织"），即，"泰阿泰德在飞"的陈述。④ 泰阿泰德在飞是不存在的东西，因此从表面上看，陈述似乎是在说不存在的东西；但是陌生人指出，⑤ 虽然泰阿泰德的"飞行"不存在，但泰阿泰德存在，并且飞行（飞行的理念或普遍性）也存在，因此在说泰阿泰德在飞时，我们并不是在断言关于他不存在的东西，而只是一些不属于他的东西——"其他"东西，即与他拥有的所有东西不同的东西。

---

① 258c3.

② 259e5.

③ 262c2-7.

④ 263a8.

⑤ 263b7-d5.

柏拉图对"通种"（the communion of classes）考察的结果似乎相当微不足道——发现了五个术语之间某些非常明显的关系。但我们必须记住两件事：第一，整个考察只是对错误陈述和错误意见可能性的考察，从这一点开始并回到这一点；其次，重要的是确立这样的原则，即理念既不是相互之间没有正面关系的实体的集合，也不能进入彼此之间的各种关系——它们的确形成了一个系统。讨论只是一个过程的第一部分，该过程可能会进行得更远——在每对理念之间建立两种关系（可谓述或不可谓述）中的一个或另一个，从而形成一个网络（map）——一个相当抽象的网络。它必须被认为是理念世界的网络。

柏拉图在《斐德罗》中[①]将辩证法描述为"统合"（collection）和"划分"（division）的联合运用。在这些操作中，第一个似乎只是第二个的初步阶段。在尝试对特定术语进行定义的过程中，第一阶段——"统合"——是对要定义的术语似乎所属的广泛属的试探性选择。在《智者》和《政治家》中，"统合"从不被视为过程的一个单独部分，单词 συναγωγή 不会出现，虽然 συνάγω 经常出现，[②] 但只有一次被用来表示由种（species）到属（genus）的"统合"。[③] 整个强调的重点都落在了"划分"的过程上。在试图定义"钓鱼者"的尝试中——这是试图定义智者的初步尝试——没有讨论就预设了，钓鱼者是工匠的一种，[④] 并且强调的重点落在划分"工匠的属"的尝试上。[⑤] 而在每次后续尝试中，也同样假定了这个种类，并且强调将属细分为种。当柏拉图开始概括地描述辩证法的本质时，他并没有像在《斐德罗》中那样将辩证法定义为"统合"和"划分"的共同过程，而只是将其定义为"按类划分，而不是对不同的事物采用相同的形式，或相同的事物采用不同的形式"。[⑥] 但在同一段落中，辩证法以另一种方式描述。苏格拉底在《巴门尼德》中说过，[⑦] 尽管一根棍子或一块石头是"多"——它有许多部分——也是"一"，

117

---

① 265d3-266c1, 273d7-e4, 277b5-8.

② 《智者》224c9, 230b6, 251d8；《政治家》267b6, 278c5, 308c6, 311a1, c1。

③ 《智者》267b1。

④ 219a4-7.

⑤ 221c5-d6.

⑥ 253d1-4.

⑦ 129c1-130a2.

这一事实并不令人惊讶，但如果有人能证明理念本身——"一"与"多"，或相似与不相似，或静止与运动——可以结合起来，他会感到惊讶。而现在在《智者》中，他将辩证法定义为"通过考察每一种类，知道如何区分，'多个种类'可以或不能以什么方式结合"。① 这所指向的并不是构建从一个"最高属"（summun gunus）到一个"最低种"（infimae species）理念的等级体系，而是对理念之间存在的一致性、不一致和隐含关系的研究。

《政治家》主要讨论政治家的本性，但其中有一段与对理念学说的研究密切相关。在这里，重点也不是"统合"，而是"划分"。柏拉图提出了他在《斐德罗》或《智者》中没有明确提出的观点，即并非通过使用二分法对一个"属"进行的每个可能的划分都可能符合"该属"的真实结构。通过连续使用二分法，陌生人得出结论，将国家归属在"一起管理许多动物"之下，② 而"年轻的苏格拉底"则继续将其等同于"一起管理许多人"。③ 陌生人反对这一点，认为"我们最好不要'切掉'一小部分，以和大而多的部分做对，也不要'切掉'没有理念的部分；让这一部分有一个理念。……我的朋友，切小块是不安全的；切开中间更安全，更容易找到真正的理念"。④ 苏格拉底犯了同样的错误，就像将人划分为希腊人和野蛮人，或将数字划分为"一万"和"别的数字"所犯的错误一样；他假设找到了一个类，因为他给一个单纯的集合一个共同的名字。如果他将数字分为奇数和偶数，或者将人分为男性和女性，他会做得更好。"一个类必然是一个部分，但一个部分不必然是一个类。"⑤ 存在"两种到达该部分的方法：一种更快的方式，割掉一小部分留下一大部分，另一种是我们规定的尽可能中间划分的方式，但这种方式的道路更长"⑥。

关于理念世界的两个重要原则在这里得到了承认。一是其结构为分层结构。把人类分为希腊人和野蛮人，是不好的，因为它忽略了这个原则；希

---

① 253d9-e6.

② 261d7-9.

③ 262a3-4.

④ 262a5-c1.

⑤ 263b7-9.

⑥ 265a1-5.

腊人在整体中"太小了"，和与之对比的种类（class）不在同一水平上。在划分时，我们不应该直接从"人类"转到"希腊人"，而是要识别中间的"类"。第二个原则是，缺乏正面的特征本身并不构成一个种类。一个野蛮人，对于一个希腊人来说，就是一个不是希腊人的人。"野蛮人"和"不是一万"一样是否定性的术语。

可见，《斐德罗》《智者》《政治家》中提出的辩证法即哲学的概念，与《理想国》中提出的完全不同。辩证法的目的不再是从一个单一的超越性的真理（a single transcendent truth）中演绎出所有真理。这是一个更为谦逊、更为可实现的目标——至少柏拉图在这方面取得了开始。这个目标是追踪存在于理念之间的可断言性（assertability）和可否定性（deniability）的关系，以及它们之间的种属关系。亚里士多德的明智在于，尽管他完全拒绝了从单一真理推导出所有真理的理想，但他从柏拉图接受了属、种和属差的概念，并通过在它们中添加自然推论、属性和偶然性，建立他的谓述学说。

119

第七章
《蒂迈欧》与《斐莱布》

《蒂迈欧》中的演讲① 被柏拉图分为三部分。他在第一部分中② 讨论了世界的构成过程；第二部分③ 讨论了出于必然性的事物，即这些世界的特征是由于理性不得不考虑的先前存在的条件，而且这些条件不可改变，在第三部分中④，柏拉图回到了"开始"部分，并考虑了在前两部分中已分别处理的两个要素。第三部分涉及我们称为人的身体和灵魂结合的细节，并没有阐明理念论，也没有处理前两节的许多细节。但是，这些部分的更一般的部分与我们的主题非常相关。

柏拉图以他熟悉的区分开始：⑤"永远真实且没有生成的东西"和"可以通过理性的思考来理解的东西"以及"永远在生成但永远不真实的东西"和"意见的对象以及不是理性的感觉"。因此，理念与可感事物之间的区别被置于对话的最前沿。

可以通过感官来理解的世界（他继续说），⑥ 一定是生成的，且一定是通过某种主体（agency）形成的；它的制造者一定是在寻找一个不变的模型，

---

① 从 27c1 到对话结尾。

② 27c1-47e2.

③ 47e3-69a5.

④ 69a6 到结尾。

⑤ 27d5-28a4.

⑥ 28b2-29b2.

即一个理念；因为只有这样，产物才会是好的。宇宙的创造者是好的，他希望所有的事物都尽可能地接近自己，与自己相像。① 因此，他"接管了一切可见的事物——不是静止的，而是不和谐的和无序的运动——并将其从混乱中带入了秩序中"。② 既然没有智慧的事物不可能比有智慧的事物更好，并且既然没有灵魂就不能存在智慧，在构建宇宙时，他"在灵魂中创造理性，而身体中创造灵魂"。③ 神圣工匠使用的模型不能是任何个体的生物；它必须是包容一切的东西，"因为它包容并包含了所有可理解的生物，就像这个世界包含我们自己和所有其他已形成为可见事物的生物一样"。④ 换句话说，模型必须一直是生物及其所有物种以及亚种（sub-species）的普遍理念（the generic Form）。

在概括地描述了模仿理想生物的可感世界的性质之后，柏拉图接着谈到了世界灵魂，它与可感世界本身一样被描述为由"工匠神"（Demiourgos）创造。他使世界灵魂"先于身体，在出生和卓越方面更受尊敬，成为身体的主人（mistress）和统治者（governor）"。⑤ 因此，柏拉图立即赋予灵魂在实在中一个位置，该位置低于永恒的理念，但却高于身体。在紧随其后的关于世界灵魂的构成的段落中，这个中间位置保持不变。应该记住的是，在《智者》中，存在、相同和差异被挑选出来作为最广泛的理念，可谓述彼此以及所有其他的理念；因为每个理念都存在，并且与自身相同且彼此不同。参照这三种理念，柏拉图将世界灵魂的构成分为以下几个阶段：⑥

> （1）在永远处于同一状态的"不可分的存在"和进入有形之物的"可分的存在"之间，他合成了第三种由两者组成的存在形式。（2）同样，在相同和不同的情况下，根据相同的原则，他在它们之间的那种不可

---

① 29e1-3.

② 30a3-6.

③ 30a6-b6.

④ 30c2-d1.

⑤ 34c1.

⑥ 35a1-b1. 格鲁伯（Grube）和康福德（Cornford）正确地恢复了在 a4 中的 αὖ περί，而一些编辑已经将其删除。在柏奈特（Burnet）编辑的文本的 a5 中的逗号应该被删除，而他的在 8 中的句号应该更改为逗号。

121

分的和在有形之物中可分的那种之间建立了一个复合的中间体。(3) 然后，将这三者合并为一个统一体，强迫"差异"的本性（即很难相融），与"相同"结合，并将它们与存在混合在一起。

1. 赋予理念的存在在这里具有双重特征——它是"不可分的"和"不变的"；分配给身体的东西是"可分的"和"变化的"；赋予世界灵魂的那个在两个方面都是居间的。柏拉图没有阐明他的意思，但可以推测解释。(a) 每个理念都是不可分的；它可能有一些元素，一个一般性元素（a generic element）和一个差异化元素（a differential one），但这些元素是不可分地结合在一起的。每个有形之物总是可以分成更小的物体。世界灵魂（the world-soul）延伸到整个世界身体(the world-body)，①我们可以推测柏拉图的意思是：它因此在概念上是可分的，但实际上它是不可分的。

（b）理念是永恒不变的；一个有形之物处于生成和变化。柏拉图没有解释世界灵魂在这方面是如何居于中间的，但我们可以通过查看他在 37d3-7 中关于"世界身体"的说法来了解他的意思。"那个生命的本质"（生命的理念)"是永恒的，而这个特性不可能完全完整地赋予生成的事物"(世界身体)。"但他想了想，仿佛要创造一个动人的永恒形象；并且，在他安排天空（the Heaven）的同时，将永恒中存在的统一性制造成一个永恒的、按数字移动的图像——我们将其命名为时间"。对于世界灵魂，我们也必须假设，柏拉图指定了一种介于理念和可感事物之间的存在，因为它虽然不是永恒的——它是由"工匠神"（Demiourgos）创造的——但它却持续存在于时间之中。

这里使用的世界灵魂的语言与柏拉图很久以前在《斐多》所写的相呼应：②"灵魂最像神圣的、不朽的、可理解的、统一的、不可分解的和不变的；而身体最像人类，可朽，多样，不可理解，可分解，不断变化"。柏拉图在那里说的是关于灵魂的普遍性质，而在这里他说的是关于世界灵魂。但是，虽然他在《蒂迈欧》中很少提及个人灵魂的不朽，但有证据表明他并没有改变他的观点。

---

① 34b3, 36e2.

② 80a10-b5.

2. 柏拉图所说的理念所特有的同一性，指的是完全的"单一性"和"自我同一性"，这是每个理念的特征。他所说的理念特有的差异是指将每个理念与其他理念区分开来的清晰的差异。他所说的形体所特有的相同和不同是指部分相同，部分差异，在某些方面的相似性，在其他方面的不同之处，这是每个形体与别的形体的关系。他为世界灵魂赋予了"同一性""差异性"以及"存在性"的"中间类型"（an intermediate type），以便（根据同类相知的原则）解释其既能认识理念又能对有形之物形成判断的能力。①

《蒂迈欧》对话的第一部分没有更多直接与我们主题相关的内容。但在第二节中，他说除了他在 27d5-29b2 中提到的两件事——模式和副本——我们必须认识到的第三件事是"困难和晦涩的"，"容器，就好像是所有生成的保育者"（nurse），② 在我们进一步考虑之前，他继续说，我们必须考虑其中的东西——被恩培多克勒认识的元素：火、空气、水和土。水被压缩时变成土，溶解时变成空气；空气被点燃时变成火；火被压缩时变成空气，再进一步浓缩时变成水，再进一步浓缩时变成土。四元素"变来变去，不等着被称为'这个'或'那个'，也不会被任何表示它们是永久性的表达所指代"。③ 只有它们中的每一个不时出现，从中消失的应称为"那个"或"这个"。④ 换句话说，四个所谓的元素不是终极元素，而是同一事物的四种状态。

蒂迈欧试图通过一个类比来进一步阐明他的意思。⑤"如果一个人用金子塑造出各种各样的形状，并且不断地把每一个都塑造成其他的形状，然后让他们看到其中一个并问它是什么，那么从真理的角度来看，最安全的答案是'它是黄金'。我们永远不应该将三角形或即将出现在其中的其他形状谈论为'存在'，它们在我们假设它们存在的那一刻就发生了变化，但如果它们可以安全地被称为'那具有这样那样的特性'。同样，接受所有形体的本性也应该被描述为始终相同；因为它永远不会背离自己的能力；它时而接收一切事物，却从不以任何方式呈现出与进入其中的任何事物相似的形状。它

123

124

---

① 37a2-b3.

② 48e2-49a6.

③ 49e204.

④ 49e7-50a2.

⑤ 50a4-d2.

本质上仍然是一种可塑形为万物的材料（ἐκμαγεῖον），[①] 被进入它的东西改变和呈现多样的面貌，并且因为它们此时表现为一种，彼时又是另一种；而进出它的事物（τὰ εἰσιόντα καὶ ἐξιόντα）[②] 是永恒事物的复制品，以一种难以表达和奇妙的方式模仿它们，我们稍后再讨论这一点。但就目前而言，我们必须认识到三种事物，即产生的事物，在其中产生的事物的事物，与在其相似性中，生成之物得以产生的事物。"蒂迈欧继续说，[③] 为了能够容纳各种性质（例如热和冷），容器本身必然不具有任何这些特质。它既不是土也不是空气，不是火也不是水，而是"无象无形（invisible and formless），接受一切，以极为模糊的方式分享可知的事物，且最难以把握"。

蒂迈欧现在[④] 问是否存在我们通过感官感知到的诸如火本身(fire-itself)、空气本身（air-itself）之类的东西，或者只有火、空气等，即是否需要假定他假定的理想模式（the ideal patterns）。他的回答是这样的："如果理性和意见是不同的东西，那么我们无法感知理念，理念是思想的对象，必须单独存在；但是，如果真实的意见与理性没有任何不同，那么我们通过身体所感知的事物就必须被认为是最可靠的实在。现在我们必须说，理性和意见是两件事，因为它们在起源和性质上都不同。一是通过'教导'（teaching）产生的，另一个是通过'说服'（persuasion）产生的；我们可以用真实的推理来证明一个，另一个却不用推理；一个不能被说服，另一个可以；只有神和少数人拥有前者，所有人都拥有后者。因此，我们必须同意，存在着与它们的副本不同的理念。"[⑤]

柏拉图在这里将"知识"与"真意见"之间的差异视为相信理念存在的根本原因。换句话说，他依赖于《泰阿泰德》的详细论证，[⑥] 他在其中声称确立了这种差异。这一点在《巴门尼德》中[⑦] 也是相同的：在指出了困扰理念论的困难之后，巴门尼德同意苏格拉底的观点，即如果没有理念，知识是

---

① 50c2.

② 50c4.

③ 50d4-51b2.

④ 51b6.

⑤ 51d3-52a7.

⑥ 187a1-201c7.

⑦ 135b5-c3.

不可能的。

　　蒂迈欧重申了，在理念和现象之外，我们还必须认识到第三种事物，"生成的场所"（the seat of becoming），他最终①将其命名为"空间"，并"通过一种类似杂乱推理的方式在没有感官的情况下被领会，几乎不成为信念的对象"②。这似乎是希腊文献中第一次出现 χώρα 一词，指的是总体空间，与任何特定物体占据的空间不同，并且在柏拉图作品中第一次出现空间性或广延被认为是所有感觉对象的唯一不可分割的伴随之物（inseparable accompaniment）。值得注意的是，柏拉图不仅将其视为不可分割的伴随之物，而且将其视为它们存在的必要条件。"一个影像，因为连它所依赖的原则都不是它自己的，而是其他事物（即理念）的不断变化的显现，必须在其他事物中出现（即在空间中），尽可能地依附于存在，否则就会完全不存在"。③ 还有两点需要注意。（1）柏拉图显然没有像亚里士多德的质料的概念。诚然，将黄金塑造成不同的形状是用来比喻空间的本质；但这是一个在关键点上失败的比喻。黄金是用来制造形状物体的；空间却不是制造"进出它的东西"的东西，它只是它们在其中出现的东西。并且（2）这些东西不被认为是实体，而是占据空间部分的可感性质。"进出"这样的表述不能按字面意思来理解。被描述为这样的事物不会从其他任何地方进入空间，当它们不再出现在空间时，也不会进入另一个空间。它们的存在是在空间中；它们是理念的副本，在空间中产生，就像在镜子中产生物体的反射一样。

　　所有这一切都是柏拉图对可感世界的看法的一个非常有趣的发展。除了在《泰阿泰德》中的一个段落之外，④ 他迄今对此根本没有表达任何特殊的理论。接下来的段落也是如此，它描述了四大元素是如何由三角形板块的组合构成的，并提供了对元素通过重新排列构成它们的三角形来进行转化的预言性规定，这是对现代物理学奇妙的预见。⑤ 但在这方面，他对理念的态

——————————

① 　52a8.

② 　52b2.

③ 　52c2-5.

④ 　155d5-157c3；参考本书第 102—103 页。

⑤ 　弗里德兰德（P. Friedlander）在《加州大学出版物》[（*University of California Publications*）xvi (1949)，第 225—248 页] 中，公正地评价了柏拉图对现代元素结构理论的预见程度。

度并没有改变。

问题仍然存在：《蒂迈欧》的内容在多大程度上是柏拉图观点的忠实表达呢？关于这一点，柏拉图本人在 29b1-d3 说了如下内容。

> 既然如此，我们的世界必然是"某物"的影像（an image of something）。在每件事上，选对开始的时机都是至关重要的。至于"影像"及其"模型"（model），我们必须做如下区分：我们对事物的"说明"（account）与所描述事物具有相同的特征；对那些持久、稳定和可被理性发现的事物也是持久的和不变的（只要"说明"的性质是无可争议、无可辩驳的，且不能有任何不足）；另一方面，对实在的"影像"的"说明"——因为它们只是对"实在"的相似之物的说明——它们很可能与前一种"说明"成一定的比例：正如"实在"与"生成"相对，"真理"与"信念"相对一样。苏格拉底，如果我们总是在许多主题上——例如关于神和宇宙的产生——无法提供完全一致和准确的"说明"，你一定不能惊讶。其实如果我们能够提供不亚于其他任何的"说明"，我们就应该满足了；要牢记，说话的人我和作为"裁判"的你只是人类。所以，我们应该接受关于这些事情的大致说法，而不做他求。

柏拉图的观点可以表述如下：物理世界只是可理解的实在世界、理念世界的相似物。对理念世界的说明可以通过使用纯粹的理智来获得，无论这采用辩证法的高级形式，还是采用数学的低级形式。对于像《智者》中的"通种"（κοινωνία γενῶν）这样的研究，以及一般来说，对于他的形而上学来说，柏拉图会声称这是真的。他仅声称具有概率性而不是确定性的内容，并非他的形而上学，而是他的宇宙论——他对"诸神和宇宙的产生"的描述，其中"众神"是指物理宇宙（τὸν ποτὲ ἐσόμενον θεόν, 34a8）、行星和恒星（τῶν αἰδίων θεῶν, 37c6, cf. 39e10, 40b5），以及地球（40b8-c3）。即使在他的宇宙论中，柏拉图也是非常严肃的；这不仅仅是一种虚构的幻想，而是他试图去探索他认为最有可能的真理。

柏拉图认为他的叙述的核心不只是概率。其核心在于假设有四个事物是相互独立的，而且为了解释我们发现的世界的存在都是必要的。这四个是

"理念世界"、"工匠神"（Demiourgos）、"空间"和"空间中的随机事件"。①
理念和"工匠神"是彼此独立的。柏拉图在任何地方，都没有将"工匠神"
与"善的理念"或"理念整体"等同起来。"工匠神"也不制作理念。它们
从一开始就作为模型而存在，"工匠神"在创造我们所处的世界时，需要"盯
着"这些模型。

有时，有人认为"工匠神"是一个神话般的"多余物"（excrescence），
仅仅是世界灵魂的"重复"（doublet）。但是，柏拉图没有动机同时引入一个
内在的世界灵魂和一个超然的神圣工匠，除非他认为这两者对于他对我们所
知道的世界的描述都是必要的。《蒂迈欧》也不是唯一出现"工匠神"的对话。
在《理想国》中，② 我们发现了"感官的创造者"和"天宇的创造者"。在《智者》
中，③ 我们读到："我们难道不能将这些事物的形成归因于非存在，而不是其
他任何东西吗？"在《政治家》中，④ 我们发现："世界一度被一种神圣的外在
力量所引导，并从它的制造者手中获得了新的生命和不朽"，这位制造者随
后被描述为"它的工匠和父亲"，⑤ 就像在《蒂迈欧》中，⑥ 神被称为"工匠和'作
品之父'"一样。

因此，《蒂迈欧》的神学是自然神论（deistic）而非泛神论（pantheistic）。
同时，"工匠神"（Demiourgos）并不被视为"全能的"（omnipotent），也不
被视为从无中创造世界。他不是凭空创造世界；相反，他"接管了一切可见
的事物——不是静止的，而是以不协调和无序的运动——并将其从无序中带
入秩序"（30a3-5）。三件事情已经独立于他之外——不变的理念，无序的生
成的世界，以及生成由以发生的空间（51e6-52b5）。他在将世界纳入秩序中
也不是全能的。他不能改变理念之间的关系，这些关系完全由理念的性质决
定。虽然他的目标是"最好的"，但他在这次尝试中不能完全成功；他受到
"错误原因"（erring cause，希腊语有"误入歧途"之意——译者注）的限制，

128

---

① 30a3-5.

② 507c6, 530a6.

③ 265c3-5.

④ 270a3-5.

⑤ 273b1.

⑥ 41a7.

即必然性（47e3-48a7）。这并不意味着在生成的世界中，如果不考虑"工匠神"的活动，事件必然是由原因引起的（对于这个问题，柏拉图没有说什么），而是这个无序的世界对"工匠神"产生了强迫性、限制性的影响。"理性通过说服必然性，引导了大部分变化中的事物走向最好的方向"（48a2-3）——但仅仅是大部分；在某些方面，理性被必然性打败了。这就是柏拉图解释邪恶以及世界上仍然存在混乱的方式。

那么，根据《蒂迈欧》的说法，这些是"原初的实在"（the primeval realities）——理念的世界、空间、空间中的随机事件，以及"工匠神"——他尽其所能，通过将随机事件塑造成永恒理念的影像（image）来创造世界。柏拉图认为这个概括性的叙述是真实的，由之而来的细节就像他所能创造的那样真实。

有人可能会问，《蒂迈欧》中断言存在的理念是什么呢？在这方面必须考虑的第一个段落是30c2-31a1。

129 　　　"工匠神"在塑造世界时，模仿的"生物"是什么呢？我们决不能假设它是任何仅被列为一个物种的生物；因为任何不完整的副本都不可能是好的。让我们更确切地说，对于世界而言，最重要的是要像那个生物；所有其他生物——作为个体和作为种类——都是它的一部分。因为它包含了所有可理解的生物，就像这个世界包含我们自己和所有其他被创造为可见的生物一样。因为神希望使这个世界最接近那个最好的，以及在各个方面都完整的可理解的事物，将它塑造成一个单一的可见生物，此生物在其自身中包含所有性质相同的生物。

柏拉图在这里将整个物理宇宙视为一个生物（a living creature），并说它是由"工匠神"（Demiourgos）通过类似于生物的理念制造的。生物的理念是对一般生物的一般理念，包括作为物种的各种生物。

那么，这些种类是什么呢？"工匠神"认为这个世界必须拥有智慧所识别的所有不同的理念，这些理念包含在真实存在的生物中。共有四种：第一，天上的神族（the heavenly race of gods）；第二，有翼的生物，其活动的路线在空中；第三，所有住在水中的生物；第四，所有在旱地上步行的生物。① 柏拉图继续识别天上众神的种族；它们是"不游走"（unwandering）的恒星、行星和地球（40b4-c3）。他没有说这些天体中的每一个是否都是按照一个单独的理念制造的，也许可以假设他认为恒星是恒星的理念一个单一理念的副本，行星是行星理念的副本，而地球是地球理念的副本。亦须有鸟之理念、鱼之理念、陆生动物之理念；也会有各种鸟类、鱼类和陆生动物的理念。

但这并不是全部。在柏拉图谈到火、空气、土和水以及它们相互转化的段落之后，他接着说（51b7-c4）："有没有像'火本身'这样的东西，还是我们总是用这样的术语来描述的任何其他事物，例如'在自身中'的事物？或者，我们通过身体感官看到或感知到的事物是唯一具有这种实在性的事物，并且在这些事物之上并没有其他任何东西？答案是：一定有火的理念，气的理念，水的理念和土的理念。"

因此，有一个生物的包罗万象的理念，每一个生物"属"的理念和"种"的理念都从属于它，以及四种元素的理念。杰克逊（Jackson）认为，当柏拉图写《蒂迈欧》时，他不再相信其他理念，即在早期对话中占据他脑海的形而上学的、数学的、道德的和美学的理念。这种观点是没有根据的。杰克逊忽略了在 35a1-b3 中对"存在""相同"和"差异"的理念——即《智者》中"最重要的种类"——的非常重要的引用。如果没有提到道德的和美学的理念，那仅仅是因为《蒂迈欧》不像大多数对话那样关注人类生活，而是关注宇宙论。②

在《斐莱布》的一段文本中，柏拉图回到了巴门尼德向苏格拉底提出的问题③——一个理念如何能够保持其统一性的同时，又出现在许多个体事物中。他首先将两种形式的问题搁置一旁，因为它们是通俗、幼稚且容易理解的：一个事物如何可以是许多事物，许多事物如何可以是一个事物④——

---

① 39e7-40a2.

② 我没有讨论泰勒（Taylor）的论点，即《蒂迈欧》表达的不是柏拉图的观点，而是公元前 5 世纪典型毕达哥拉斯学派的观点。这个论点虽然体现了泰勒的学识渊博、独创性强，但只受到少数学者的青睐。古代传统一致认为《蒂迈欧》是柏拉图晚年最重要的个人观点的表达之一。

③ 《巴门尼德》131a4-e7.

④ 14c8-10.

如何将那么多相反的性质结合在一个单一的实体中的问题，^① 以及另一个问题是，一个事物如何具有多个部分的问题。^② 他坚持认为，哲学家面临的真正问题不是会变化和消亡的事物，而在于像人、牛、美、善这样的单元(units)，^③ 即理念。

将"理念"作为"单元"或"单子"(monads)来引用在柏拉图作品的其他地方是没有的。它是由特定的上下文所要求的；柏拉图所做的是将真正的单元、完全不可分割的理念与可分的物体的那种统一性区分开来。哲学家的问题是："(1) 是否必须坚持这些完全不可分割的单元的存在，以及 (2) 如果每个单元永远是同一的，既不生也不灭，它如何能够肯定是'一个'，然后被说成是'分散在诸多'生成的无限的事物中，或者与自身分离，作为一个整体存在于它们中。"^④

柏拉图没有处理第一个问题——大概是因为他认为在提出第二个问题的答案时，他将消除主要的反驳理念存在的意见。在处理第二个问题时，他首先提到了^⑤ 年轻人普遍存在的从一个极端走向另一个极端的习惯。"年轻人一听到问题，就高兴得好像发现了一座智力的金矿(intellectual goldmine)；他欣喜若狂，喜欢尝试游戏中的每一步；首先，他把东西卷到一边，然后把它弄成一团，然后他又把它打开，把它撕成碎片，他这样做首先是搞得自己很混乱，其次把挨着他的人也弄晕了"。正确的做法是循序渐进——首先识别一个"属"，然后识别两个或三个，或其他确定数量的"种"，然后是有限数量的"亚种"(subspecies)，直到人们看到原来的一个事物不仅仅

---

① 14c11-d3.

② 14d8-e4.

③ ἑνάδες, μονάδες, 15a6, b1.

④ 15b1-8 中的句子很难解读。它有时被视为提出了三个问题，但实际上只有两个问题。在 b4 中，我认为在 ταύτην 之后应该有一个逗号，并且我认为 b2-8 只陈述了一个问题。b4 中的 ὅμως，一直被质疑，但（我认为）是真的，并且我们需要解释它［根据巴德姆(Badham) 的建议］；我们要根据利德尔和斯科特(L. and S. s.v.) 列举的 ὅμως II 的用法来解释：这个词可能附加到两个对比子句中的第一个。参考《吕西斯》213a2, ὅμως καὶ μισοῦντα ἐν ἐκείνῳ τῷ χρόνῳ πάντων μάλιστά ἐστι τοῖς γονεῦσι φίλτατα, 《斐多》91c8, φοβεῖται μὴ ἡ ψυχὴ ὅμως καὶ θειότερον καὶ κάλλιον ὂν τοῦ σώματος προαπολλύηται.

⑤ 15d4-16a3.

是"许多事物",实际上是"无限数量的事物",[①] 但也意识到了包括它所包含的"种"和"亚种"的数量究竟有多少。柏拉图继续[②] 来通过参考(a)"字母表中字母的种类"和(b)"音符的种类"来说明该方法。他给出的当然是很好的建议。这等于重申了对已经在《斐德罗》中勾勒,并在《智者》和《政治家》中举例说明的划分方法的坚持。但是,将一般理念的统一性到个别实例的无限性的过渡分解成多个阶段,实际上并不能减轻"多中之一"的问题(如果这是一个真实的问题)。似乎柏拉图本可以做得更好,如果他坚持认为这个问题并不真实,即理念或普遍与特殊之间的关系虽然独特,但却是完全可以理解的,并且普遍存在于多个个别事物中与它存在于单个事物中一样,并没有什么神秘之处。

132

在23c1-27c1中,柏拉图介绍了对"宇宙当前内容"的分析,该分析与理念论的关系已被广泛讨论。他将这些内容分为四类。他从毕达哥拉斯主义中借鉴了基本的对立面:无限制(ἄπειρον)和限制(πέρας)之间的对立,[③] 并补充了由它们混合产生的东西,以及混合的原因。通过"无限"(the unlimited),我们不能理解单个"完全不定"的元素,也不能通过"限制"来理解单个限制或明确的元素。"无限"是整个"无限"家族的总称,[④] 而"限定"则是整个"限定"家族或"具有限度性质的事物"的统称。[⑤] "无限"的实例是热和冷,猛烈和温和,干燥和潮湿,更多和更少,更快和更慢,更大和更小,声音的高低,快乐和痛苦。[⑥] "限制"的实例是"1比1"和"2比1"的比率,并且"限制"通常被识别为"与数字相关的数字或与度量相关的度量"。[⑦] "混合物"的实例是健康、音乐、季节、美丽、力量和灵魂的许多美德,以及混合的生活。[⑧] 混合的原因被认为是"智慧和理性"。[⑨]

---

① 16d6.

② 17a8-18d2.

③ 《形而上学》986a23。

④ 25a1; Cf. 23e4, 24a2-3.

⑤ 25d3.

⑥ 24a7, c1, 25c8-10, 26a2, 27e5-9.

⑦ 25a6-b1.

⑧ 25e8, 26a4, b1, 5-7, 27d1-10.

⑨ 30a9-e5.

这些理念应该被放置在哪些类别中（如果有的话），已经引起了很多争论。我们可以先搁置一条有时被用来支持这种或那种解释的论点，即，关于这四种的学说必须被认为是为了阐明对话前面提出的问题而提出的①——如果一个理念只是部分地存在于每个落在它下面的事物中，或者完整地存在于每个事物中，那么它如何保持其统一性。事实上，必须指出，"四种类型"的学说的提出并不是作为解决这个问题的方案，也不是作为解决问题的辅助手段；它被作为回答一个完全不同的问题的一个初步回应而提出来，即快乐或智慧哪个更好的问题，②并且柏拉图在描述"四种类型"后，又回到了这个问题。③格罗特（Grote）提出了切中要害的观点（就像他通常的那样）：理念的"统一性问题"在随后的论证的迷宫中被忽视了；实际上，它从来没有被重新提起。

没有任何解释者敢于将理念置于"无限"（the unlimited）之中，但其他三个 γένη（种类）中的每一个都找到了它的拥护者。（1）最不可信的观点是策勒（Zeller）的观点，④他将理念与"混合的原因"等同起来。这种观点与柏拉图认为的"混合的原因是心灵"是完全不相容的。对于柏拉图来说，理念始终是"思想的对象"，而不是"思想"（thoughts）或"思想者"（thinkers）；我们可以回想一下，在《巴门尼德》中，⑤关于理念是"思想"的提议被巴门尼德和苏格拉底都直接否决了，只是出于误解才会认为柏拉图在《智者》中⑥赋予理念以生命和思想。

（2）最巧妙的解释是亨利·杰克逊（Henry Jackson）的解释，他将"理念"置于"混合类"（mixed class）中。⑦他认为柏拉图谈到了两种不同的"混合"。以更热和更冷的情况为例，引入称为 τὸ μέτριον（"适中"）的 ποσόν（"数量"）的效果产生一个既不太冷也不太热的适宜温度，而引入任何别的 ποσόν 的效果是只是为了产生一些确定的温度。在理想类型的意义上，这一

---

① 15b1-8.

② 22c7-23b10.

③ 27c3.

④ 《古希腊哲学史》（*Gesch. d. gr. Phil.*）ii. 14. 691.

⑤ 132b3-c11.

⑥ 248e6-249b1.

⑦ 《语文学期刊》（*J. of Philol.*）(1882)，第277—284页。

个联合（the one union）产生了一个理念；另一个则产生与该类型更接近或
更少近似的实际温度状态。毫无疑问，柏拉图的思想在某个时候转而试图
通过"一"与"大与小"的结合来"生成"理念数（Idea-numbers）；这从亚
里士多德在《形而上学》A、M 和 N 中的陈述中可以清楚地看出。但是，在
《斐莱布》中唯一可以被引用来支持杰克逊理论的具体证据是 24c6-d1：μὴ
ἀφανίσαντε τὸ ποσόν, ἀλλ᾽ ἐάσαντε αὐτό τε καὶ τὸ μέτριον…ἐγγενέσθαι（不要
抹去数量，而是让它和适中……出现）；在这里，杰克逊认为 τὸ μέτριον 与
τὸ ποσόν 明显有区别，并且其含义一定是"适当的程度"（the right degree），
以区别于"某个确定的程度或其他确定的程度"。但是，我们可以注意到，
在接下来的文本中，[1] 只有 τὸ ποσόν 再次出现，因此显然对 καὶ τὸ μέτριον 没
有太多的重视。整个短语仅表示"允许确定的数量生成（come into being），
尤其是适度或正确的数量"。无论如何，τὸ ποσόν τε καὶ τὸ μέτριον 这一短语
都不足以支持杰克逊的解读。有人或许会进一步认为，在文本中充满了并非
柏拉图对"理念的生成"的暗示，而是对个体事物和状态或事物的活动生成
的暗示。甚至，引入性的句子 πάντα τὰ νῦν ὄντα ἐν τῷ παντὶ διχῇ διαλάβωμεν
（让我们把宇宙万物分成两部分），[2] 表明柏拉图分析为"不限定"和"限定"
的仅是"宇宙现在的内容"，而不是"永恒的内容"。关于这一点，可参考
24e7：ὁπόσ᾽ ἂν ἡμῖν φαίνηται μᾶλλόν τε καὶ ἧττον γιγνόμενα（对我们呈现为
"或多或少"的事物）；25e7：ἐν μὲν νόσοις（在疾病中）；26a6：ἐν χειμῶσιν
καὶ πνίγεσιν（在严寒和炙热中）；27a11-12：οὐκοῦν τὰ μὲν γιγνόμενα καὶ ἐξ ὧν
γίγνεται πάντα τὰ τρία παρέσχετο ἡμῖν γένη；（于是，生成的事物和它们由之
而来的事物呈现为三个"种类"？）。"理念"不被包括在"混合类"中是因为
它们被称为 τὰ ὄντα ἀεί（永远存在的事物）——与 τὰ γιγνόμενα 相对（被生
成的事物）；它们也被称为 τὰ ἀεὶ κατὰ τὰ αὐτὰ ὡσαύτως ἀμεικτότατα ἔχοντα（永
远处在同样状态的事物）。[3] 此外，我们有这样一个事实，即"混合"的过
程被描述为"出生"（birth into being），其产物被描述为"复合和生成的存

134

---

[1]　24d2-7.

[2]　23c4.

[3]　59a7, c3.

在"。① 最后，把理性说成是理念的"创造者"② 在柏拉图作品中没有与之类似的表达——除了在《理想国》中随意地、可能并不严肃地暗示神是床理念的制造者。

亚里士多德所说的从"一"和"大小"产生数字，与《斐莱布》中的"四种类"学说相去甚远。《斐莱布》所说的"生成"是时间上的"生成"（generation）；而另一种则是纯粹概念的产生，或者更恰当地说，是将永恒实在分析为它们永恒的成分。在《斐莱布》中，"形式元素"是沿着一个尺度的许多"点"中的任意一个，或相反的限定条件之间的可能比率之一；而在后来的理论中，它是一个单一的实在，即"一"。在《斐莱布》中，形式元素与物质元素的结合受到理性的影响，也受在物质宇宙中起作用的神圣理性的影响（建立了诸如季节之类的事物），③ 以及受生活中人类理性的影响（理性本身和快乐都在生活中有应有的位置）；而在后来的理论中，根本没有任何"动力因"的暗示。然而，这两种理论之间有着明确的联系。两者都是再一次对毕达哥拉斯主义产生兴趣的证据。"限定"和"无限"是毕达哥拉斯学派预设的基本对立面；④ 它们在《斐莱布》中重新出现，并且在柏拉图后来的理论中以"一"和"大与小"的面貌出现；⑤ 短语"大与小"本身就是从《斐莱布》中的"更大和更小"中继承而来。⑥ 在《斐莱布》中承认了这两个本原参与了个体事物的世界后，柏拉图似乎被引导去思考在"理念—数"的存在中也涉及相应的本原。

（3）被最普遍认可的理论将"理念"归入"限定"一类——这是我们最初应该期望找到它们的地方，因为柏拉图无疑将它们视为"固定的标准"（fixed standard）——与多样性和可感世界的变化相对照。然而，经过再三考虑，我们必须对此保留迟疑。我们完全可以假设柏拉图认为某些理念是（或取决于）元素之间的比率。矩形、正方形、圆形等数学图形的理念很容

---

① 26d8, 27b8.

② 27b1.

③ 26a6-b3; cf. 28d3-30d8.

④ 《形而上学》986a15-26。

⑤ 987b20-7.

⑥ 25c9-10.

易这样被简化。毕达哥拉斯学派将正义视为（或取决于）比率，而柏拉图可能认为所有美德都可以被类似地看待。但是，我们可以假设他是在暗示所有的理念都可以这样被对待吗？很难相信他可以在不进行解释和辩护的情况下做到这一点。如果我们更仔细地考察"四种类"的学说（the doctrine of the four kinds），困难就会增加。"无限"类（the class of "the unlimited"）的典型成员是一对相反的性质，它们代表一个单一的尺度（scale）——温度的冷热尺度，音高的高低，速度的快慢；而"限定"类的典型成员是该尺度（scale）上的一个确定的点。通过对温度的不同"限定"，你会得到不同程度的温度，但是没有任何迹象表明（举例来说）温度和音高之间的差异是由不同的"限定"与相同的"无限"的联合引起的。每个"无限"都不是完全无限定的；它是就程度而言是不确定的，但就其种类性质而言，它是确定的。钢琴上中音 C 的特定性质将归属于"限定"这一类，而它与其他音符共享的共性则属于"无限"的范畴。因此，并非所有的普遍者（universals）或性质（nature）都如这里所设想的那样属于"限定"一方。

因此，将理念整体归入四类中的任何一类都是不可能的；此外，在这一段中，柏拉图根本没有考虑要揭示理念的本质。这种四分法的起源很容易理解；它被引入的唯一目的是阐明快乐和智慧在被视为美好生活方面的相对主张。这个问题最终通过将快乐分配给"混合类"并将智慧分配给"混合的原因"的类（尽管是更为优越的一类）来解决。为了解决这个问题，从毕达哥拉斯主义借来了"无限"和"限定"，而"混合类"和"混合物的原因"则是为了解决这个问题而简单地添加的自然思考，而不考虑对理念论的任何影响。

《斐莱布》提到的"四种类"最好根据《蒂迈欧》来解释。《斐莱布》主要关注的不是形而上学，而是伦理学，我们不能指望它会像我们在《蒂迈欧》中找到的那样清楚的对形而上学本原的说明；但是，有足够的迹象表明，柏拉图表达的其实是相同的观点。在《蒂迈欧》中，[1] 他说在宇宙形成之前，存在三种事物——存在（理念的世界）、空间、生成——他这样描述生成："所有这些种类"（火、空气、水、土）"都没有比例或度量（measure）。

---

[1] 52d2-53c3.

它们确实拥有自己本性的一些雏形，但完全处于这样一种状态：我们在没有神（deity）的情况下对任何事物都应该期待的状态。这就是它们在被宇宙秩序掌握时的本性，然后神开始通过形状和数字赋予它们明确的结构（configuration）"。柏拉图在这里描述的原始状态就是这样一个充满了随机事件的世界，就像他在《斐莱布》中所说的"无限"。其次，我们注意到，就像《斐莱布》中限度元素明确地与数值和度量的确定性相对应，在《蒂迈欧》中，正是通过引入这种确定性，"工匠神"（Demiourgos）将充满随机事件的世界变成了现在有序的世界。例如《蒂迈欧》31b4-32c4，特别是32c1，"宇宙的形体（body）被创造出来，通过比例而协调一致"；再次，通过基本三角形构建了四种元素。① 最后，我们可能会注意到，在这两个对话中，通过在"无限"之上添加"限定"而构成的世界，被描述为由灵魂和身体组成的生物，② 而混合的原因在《斐莱布》中被称为 τὸ πάντα ταῦτα δημιουργοῦν，即"创造所有这些东西的东西"，在《蒂迈欧》中被称为 ὁ δημιουργός，即"工匠神"，③ 并且在两个对话中都认为作为一个合理的存在（reasonable being）。④

总结这段文本的意义和目的，我们可以说：（1）引入"四重划分"是为了决定究竟是理性还是快乐被认为处于"善好事物"（goods）中的"第二位"，"第一位"已经分配给包含两者的生活。⑤（2）为了解决这个问题，柏拉图引入了对所有现象存在（phenomenal existence）的分析，将之分析为（a）含有"定性确定性"但没有"定量确定性"的一类（温度、音高等）和（b）"定量确定性"的一类，并断言将（b）引入（a）是有原因的。这里并没有提及理念，但它们可能被假定为（正如他们在《蒂迈欧》中明确所说的那样）通过诉诸它们，神圣理性将"限定"引入了"无限"。（3）混合的原因很明显比数量上的不确定性更好，理性是前者，而快乐是后者的一个例子，因此我们生活中理性思维的元素被推断为优于快乐的元素。

---

① 53c4-55c6.

② 《斐莱布》30a3-7；《蒂迈欧》30b4-31a1。

③ 《斐莱布》27b1；《蒂迈欧》有多处提到（passim.）。

④ 《斐莱布》28c3, 7, d8, 31a7；《蒂迈欧》29d7-30c1。

⑤ 20e1-22e3.

第八章

《法律》和《第七封信》

《法律》集中探讨了政治理论和法律，并没有增加我们对理念的知识。尽管在一段文本中①——似乎是为了提醒我们它仍然存在于柏拉图思想的背景中——对它有一个简短的暗示。但是，《法律》对他的整体形而上学理论的表达做出了重要的贡献，这将在后文中讨论。②

与理念论有关的更重要的是《第七封信》——如果确实是柏拉图所写的，那么它应该是在公元前 353 或前 352 年写成的。柏拉图书信的真伪问题已经被许多学者仔细研究过，关于其中几封书信，学者们没有达成共识。但唯一对理念论有影响的是《第七封信》，现在几乎所有学者都认为它为柏拉图所著。诚然，有问题的段落——出现在 342a7-344d2 的哲学插曲——被一些学者认为是对这封信的伪造附加部分；但有权威的观点认为，③ 这部分与信件的内容高度相关，几乎是必不可少的。柏拉图在这段话中的目的是严厉批评叙拉古的狄奥尼修斯（Dionysius of Syracuse）写下最重要的哲学问题的企图；④ 他的方法是表明在没有适当的资格和恰当的预防措施的情况下，尝试进行此

---

① 965b1-966a9.

② 本书第 237、238—239 页。

③ 参考泰勒（Taylor），《心灵》（*Mind*）xxi（1921），第 347—353 页；哈克福特（R. Hackforth），《柏拉图书信的作者身份》（*The Authorship of the Platonic Epistles*），第 99—102 页；维拉莫维茨（Wilamowitz），《柏拉图》（*Platon*），ii. 第 293 页；帕斯夸利（G. Pasquali），《柏拉图的书信》（*Le Lettere di Platone*），第 77—114 页。

④ 341a8-b3.

类写作的危险。他说，对于任何存在的事物，都可以通过三样东西来了解它——名称、定义和图像（image）。第四样是关于它的知识，第五是对象本身，即可知的和真正的实在——理念。他以圆圈为例说明了他的观点。首先是"圆"这个词；其次，由名词和动词组成的对它的定义；第三，我们绘制并擦掉的图形，或者在车床上制造和摧毁的图形——这些都没有发生到"圆"本身上；第四，知识、理解和真意见，形成一个整体，这整体既不存在于声音之中，如名字或定义那样，也不存在于有形之物中，如图像那样，而是存于灵魂之中，因此不同于圆的本性本身以及名称、定义和图像。理解比任何我们命名的其他东西事物都更接近客观现实。此外，由于语言的局限性，名称和定义同样可能表示对象的单纯属性（τὸ ποῖόν τι）也可能表示其本质（τὸ ὄν），① 没有明智的人会冒险去把他的思想托付给语言的脆弱性；至少他会使他们陷入书面语言无法消除的弱点。在车床上绘制或旋转出的圆充满了真实圆的对立面，因为在每一点上，这样的圆都会与其切线重合；而真正的圆则没有任何对立的东西。名字从不属于真正的对象，因为"圆的事物"也可能被直接称为直的，反之亦然。定义对于真实对象的归属也不更为确定，因为它由名词和动词组成，其含义与名称本身的含义一样是约定俗成的。最重要的是：名称、定义、图像和"理智的理解"都倾向于提供对象的属性而非本质，从而产生困惑和模糊。只是在一个天赋异禀的人身上，一个与对象有亲和性的人身上，通过从四个初步步骤中的一个到另一个的来回传递，"相互摩擦"，② 通过一问一答，最终才终于闪现出关于对象的知识。

在这里提到的五个实体中，其中三个在《法律》（大概是在同一时间写成的）的一段文本中被提及：③"关于任何事情都需要注意三点……其一，事物的实在性；其二，这个'实在'的定义；其三，它的名字"。那里讨论的主题是灵魂，在试图发现它的真实本质时，我们不使用可感图表（sensible diagram）；但是，正如柏拉图在《理想国》中已经说过的，在试图发现像"圆"这样的事物的本质时，我们会使用图表，这就是为什么"图像"（image）出现在这封信中作为预备步骤之一的原因。"知识"作为"预备步骤"有些令

140

141

---

① 342e3.

② 344b4.

③ 895d1-5.

人费解，因为了解某些对象的本质正是我们的目标。但柏拉图说"知识、理解和真实意见"，这些表达是为了表明，当我们开始寻找本质时，这种部分知识（partial knowledge）夹杂了意见。

这段话或许比柏拉图的任何其他话都更清楚地表明了，他对追寻理念知识所遇到的困难之感。但除了表明这一点之外，它在"将它们相互摩擦"这一短语中给出了一个最显著的暗示，表明他认为这些困难可能随着时间的推移而被克服——通过比较名称、习俗定义、图像以及我们对对象本质的初步想法，并注意其中任何两个之间可能存在的一致性和不一致性，直到更准确地——最后，如果我们幸运的话——可以得出一个精确的定义。

关于这段文本，还有两点值得注意。首先，柏拉图有允分的理由提及"数学上的圆形"，因为它既不同于"圆形"（circularity），也不同于对"圆的可感图表"，但却没有提及它；这有力地表明，尽管这封信写得很晚，但柏拉图对"居间者"（intermediates）的明确认识一定是在更晚的时候。另一个值得注意的是：与支持柏拉图只承认四种元素以及动物和植物类型的理念的"后期理念论"（later theory of Ideas）相去甚远，这段话包含了在柏拉图著作的任何地方都能找到的最全面的理念清单；他提到（虽然没有使用 ἰδέα 或 εἶδος 这个词）了关于直线和曲率、颜色、善、美丽和正义的理念，以及每一个人造或自然的物体，物理元素，每一个动物，每一个灵魂的特征，所有的行动和被动（passivities）的理念。[①]

---

①　342d3-8.

第九章

柏拉图的"未成文学说"

切尔尼斯（Prof. Cherniss）最近主张，柏拉图没有为学园成员提供口头教导，亚里士多德从我们仍然拥有的对话中获取了对柏拉图观点的所有知识，并且他所说的关于柏拉图的一切，如果无法从现有的对话中验证，那就是对柏拉图所写内容的误解或歪曲。"无论原因是什么"，他写道，[1]"事实本身是确定的，它对所谓的'学派'的意义是重大的：柏拉图没有在《蒂迈欧》之外阐述任何物理学或自然哲学，他也没有向学生或同伴提供对他在对话录中设定的学说的进一步阐释"。我们首先可以考虑这种观点的内在可能性。

《斐德罗》中有一段著名的段落，[2] 在其中柏拉图指出了口语优于书面文字。这段话太长，不能在这里引用，但可以引用乔伊特（Jowett）的总结：

> 书写远不及回忆（recollection）。书写就像绘画一样：它永远是无声的，而且与言辞不同，它不能因人而异。但是还有另一种刻在心灵上的文字。哪个有理智的人会把种子种在人造花园里，希望八天后就能结出果实或开出花朵，而不是种在更深更适合的土壤中呢？作为一种消遣（pastime），他可以在花园里种植他美好的思想，但他的真正的目标是将它们种植在他自己和其他高贵的本性中。

---

[1] 《早期学园之谜》（*The Riddle of the Early Academy*），第 72 页。

[2] 257c5-277a4.

这个思想在《第七封信》中的一段著名文字中有所体现，该段文字将在后文引用。[①] 这些话很奇怪，出自一个在最困难的主题上写得如此多、如此出色的人。然而，它们在柏拉图口中是自然而然的，他的灵感来自于苏格拉底；因为据我们所知，苏格拉底从来没有写过一行字，他更喜欢口头问答的方法，在这种方法中，可以根据需要进行解释和修正。甚至柏拉图选择对话（dialogue）而不是论文形式（treatise），也以另一种方式反映了同样的偏好。那么，柏拉图是否有可能拒绝与他的学派成员进行任何谈话，以阐明他所写的内容，以及解释他还没有或者永远不会写入纸张的思想？这真是无法想象的。

还有一点值得考虑。《法律》是柏拉图著作中最长的作品，必定占据了他生命最后几年的大部分时光。尽管这部作品大部分讨论的是与形而上学相距甚远的主题，但他不太可能停止思考形而上学问题。因此，很有可能，他不会在这些年里尝试写出另一部伟大的著作，他会选择至少使用对话的方式，也许还会使用讲课的方式，来传达他关于形而上学的最新思想。

切尔尼斯（Cherniss）教授论点中最有力的一点是他有效地指出了一个问题，即亚里士多德对柏拉图的说法经常流露出一些误解，而只需要对柏拉图提出一些恰如其分的问题就可以解决这些误解。亚里士多德并不是切尔尼斯教授所说的那种纯粹的错误，但必须承认，他太容易接受对柏拉图的解释，要么是因为它们符合他自己的先入之见，要么是因为它们给了他机会批评。他在《形而上学》第十三卷和第十四卷中篇幅很长的批评，都包含了太多这类错误，切尔尼斯教授以高超的技巧揭示了其中的许多问题。但我一刻也不认为他已经证实了他的论点，即亚里士多德关于柏拉图的所有无法从对话中证实的言论都是纯粹的误解或误传。

考虑了柏拉图是否有可能与他的学派成员保持傲然的孤立（proud isolation）——σεμνὸν καὶ ἅγιον, ἀκίνητον ἑστῶτα（谦虚、神圣且坚定不移）——这是切尔尼斯教授归于他的，我们接下来可能会考虑有哪些正面证据——如果有的话——来证明柏拉图没有这样做。至少有九段文本，亚里士多德可能被认为在提及他对柏拉图观点的了解时参考了除对话之外的其他来源。前

143

144

---

① 本书第157—159页。

两个可以合并考虑。(1) 在《论生灭》330b13 中，亚里士多德说"那些从一开始就假设两个元素的人——正如巴门尼德假设火与土一样——将居间者 (the intermediates) ……视为这两者的混合……那些人遵循同样的过程提出三个元素，就像柏拉图在划分中所做的那样（ἐν ταῖς διαιρέσεσιν），因为他使得居间的成为混合之物"。(2) 在《论动物的部分》642b10 中，他说"再次，不允许通过将其成员放在不同的分支下来破坏一个自然群体，例如鸟类，就像在书面划分中所做的那样（αἱ γεγραμμέναι διαιρέσεις），在其中一些鸟类被归类为水中动物，另一些被放置在不同的类别中"。

在他对段落 (1) 的注解中，乔安希姆 (Joachim) 指出，《蒂迈欧》[1] 承认不是一个，而是两个介于火与土之间的居间者；并认为柏拉图不太可能在其他地方给出不同的解释（书面或非书面的）。因此，他认为，这里指的是完全不同的东西——柏拉图在《蒂迈欧》中[2] 将世界—灵魂视为存在、相同和差异形式的混合体，其中每一种形式本身就是对立面的混合体。但是，亚里士多德的整个段落都与物理元素有关，他不太可能在其中引用柏拉图对世界—灵魂的分析。因此，泰勒[3] 更倾向于认为，这个暗示 (allusion) 可能是指柏拉图在《蒂迈欧》中将火和土视为主要元素，而空气和水实际上并不是这些元素的混合物，而是介于二者之间的元素；或者，更可能的是指在《斐莱布》中[4] 对宇宙的内容分为无限、限定和两者的混合的分析。对于这些建议中的第一个，有人可能会反驳，认为柏拉图在《蒂迈欧》中明确使用四种元素，而不是三种元素，以至于亚里士多德几乎不可能将他引用为只相信三种元素；针对第二个建议，我们在《斐莱布》中发现的逻辑分析不太可能被亚里士多德带入对物理元素数量的讨论中。对于所有这三个建议，还可以进一步提出异议：ἐν ταῖς διαιρέσεσιν 这种引用方式来指代对话的可能性极小；亚里士多德在提到柏拉图的对话时，从不吝啬提到它们的名字。

----

① 32a7-b8.

② 35a1-8.

③ 《柏拉图〈蒂迈欧〉评注》（*Comm. on Plato's Timaeus*），8n。

④ 23c4-d1.

奥格尔（Ogle）[1]、克莱斯特（Christ）[2] 和布拉斯（Blass）[3] 的观点可能是正确的：他们认为段落（2）是对《智者》和《政治家》中划分方法的引用。在《智者》220b1 中，游泳动物被分为有翼的和水下的（submarine），在《政治家》264e3-6 中，陆地上的牧群分为会飞的和会走路的——因此，鸟类的自然类别实际上如亚里士多德所说的那样被打破了。但是，在对话中很难找到任何可以在段落（1）中提及的东西，以及这两段中引用方式的特殊性，使得它们可能不是在引用任何对话，而是在引用一个学园当前的"分类"合集——我们知道学园热心于分类问题。如果我们可以确定《第十三封信》是真的，我们应该在 τῶν τε Πυθαγορείων σοι καὶ τῶν διαιρέσεων[4]（一些"毕达哥拉斯的"和一些"划分"）这一术语中找到柏拉图本人对这样一个合集（collection）的引用。此外，很明显，（1）和（2）中的引用必须是相同的划分（Division），并且由于一段文本明确地将它们描述为柏拉图的，而另一段文本将它们描述为"书面的"，因此它们是由柏拉图发明并在学园里写下来，虽然不一定是柏拉图本人写的。[5] 这些划分（Divisions）可能构成了现存的被认为是"亚里士多德式区分"（*Divisiones Aristoteleae*）的核心。

（3）在《形而上学》1019a1 中，亚里士多德提到，"有些事物因其性质和本质而被称为在先的和在后的，即那些可以在没有其他事物的情况下存在，但是反之则不然；柏拉图使用了这一区分（διαιρέσει）"，或者，根据另一种解读，"习惯于使用"。这段文本有时[6] 被认为是指《蒂迈欧》34b10-35a1，《法律》892c2-7，894c10-e2，896b10-c3；但这些都不符合实际情况。此外，这里的时态是过去时，而不是现在时，这表明更可能是口头教导而非

146

---

[1] 《亚里士多德〈论动物的部分〉》，第 148 页。

[2] 《柏拉图研究》，发表于《拜仁皇家科学院哲学 — 语言学类研究文集》第 17 卷（*Plat. Stud.* in *Abh. d. Philos. Philol. Cl. Bayer. Akad.* xvii）1884，第 484—489 页。

[3] 《引用》（*Apophorelon*），第 54 页。

[4] 360b7.

[5] 得出这一结论的有：策勒（Zeller）(ii. 14. 437 n. 3)、维拉莫维茨（Wilamowitz）(*Platon*, ii. 278-9), 以及穆奇曼（Mutschmann）在他编辑的亚里士多德式的《划分》(*Divisiones*), xvii-xviii。

[6] 例如阿佩尔特（Apelt），《哲学史论文集》(*Beitr. zur Gesch. d. Phil.*)，第 226—229 页。

书面教学。特伦德伦堡（Trendelenburg）① 假设指的是在先性和在后性；根据亚里士多德的观点，柏拉图断言在先性和在后性存在于理念数中——这个猜想很可能是正确的。

（4）在《论灵魂》404b16-18 中，亚里士多德明确提到柏拉图在《蒂迈欧》中对灵魂的分析；他接着提到了在 ἐν τοῖς περί φιλοσοφίας λεγομένοις（在谈论哲学的话题中）提出了的一些其他学说。关于这个指涉的是柏拉图的演讲，还是亚里士多德的对话 Περί φιλοσοφίας（《论哲学》），意见分歧很大。切尔尼斯教授（Cherniss）持后一种观点，并认为② 整段话指的不是柏拉图，而是色诺克拉底。

至于 ἐν τοῖς περί φιλοσοφίας λεγομένοις 是指"在柏拉图关于哲学的讲座中"还是"在我的关于哲学的对话中"这个问题很难回答。但是，在亚里士多德著作中或其他地方，没有任何地方用 ἐν τοῖς περί φιλοσοφίας λεγομένοις 来指代柏拉图的口头教学，而亚里士多德在另一段中③ 确实提到了他自己的冠以那个名称的对话（《论哲学》）。因此，他可能在这里也指的是这一对话。但是，正如我们稍后将要表明的，④ 在那个对话中，他指的是他对柏拉图口头表达的观点的描述。

（5）在《形而上学》992a20-2 中，亚里士多德说："柏拉图甚至曾经反对'点'是一个几何学教义。他经常将'线的本原'这个名称赋予'不可分割的线'"。

（6）在《形而上学》1070a18 中，亚里士多德说："因此，柏拉图说有多少种自然物体就有多少种理念，并非无稽之谈（was not so far wrong）。"

（7）在《形而上学》1083a32 中，亚里士多德说："如果 1 是起点，关于数字的真理一定是柏拉图曾经说过的，并且必须有第一个 2 和 3，并且这些数字不能相互比较。"

（8）在《尼各马可伦理学》1095a32 中，亚里士多德说："柏拉图提出这

---

① 《论理念》（De Ideis），第 81 页。
② 《亚里士多德对柏拉图和学园的批判》（Aristotle's Criticism of Plato and the Academy），第 565—580 页。
③ 《物理学》194a36。
④ 本书第 209—212 页。

个问题是正确的，正如他过去所做的那样，'我们是从本原而来的路上，还是在通向本原的路上？'"。

在这四段文本中，过去进行时（the imperfect）和不定时态（the aorist tense）的使用指向了口头教学；而这些引用在对话中无法验证。

（9）最后，《物理学》209b11-17 写到：这就是为什么柏拉图在《蒂迈欧》中说物质和空间是一样的；因为参与者（participant）和空间是相同的。确实，在那里他对"参与者"的描述与所谓的"未成文的学说"的论述是不同的。尽管如此，他确实将位置和空间等同。我提到柏拉图是因为，虽然所有人都认为空间为某物，但只有他一人试图解释它究竟是什么。在 209b33-210a2 中，亚里士多德补充说"当然，如果我们可以离题的话，柏拉图应该告诉我们为什么理念和数字不在位置中，如果'参与者'（what participates）是位置——无论'参与者'是'大与小'还是质料，正如他在《蒂迈欧》中提到的。"把这两段放在一起，我们看到亚里士多德将"参与者"和"大与小"的等同关系归因于柏拉图的"未成文学说"。在 209b14 处的引用是对柏拉图的未成文学说的唯一完全明确的引用，但它本身就足以反驳所有亚里士多德关于柏拉图的观点都来自对话的论点；对于这个目的，对未成文学说的一处引用和一百处引用效果是一样的。事实上，我们可以去进一步得出结论：亚里士多德在《形而上学》中告诉我们的关于"大与小"的学说不是从对话中得出的，而是来自未成文学说。但与此同时，这些段落也提醒我们不要将亚里士多德视为柏拉图言论的绝对权威；因为柏拉图的"空间"既不同于他的"大与小"，也不同于亚里士多德的"质料"。

其他古代权威人物对这些未成文学说有诸多说法。亚里士多德之外最古老的参考资料来自亚里斯托克赛诺斯（Aristoxenus），[①] 他是比亚里士多德略年轻的同时代人。他引用亚里士多德的话，说大多数听柏拉图关于善的讲座（ἀκρόασιν）的听众"前来时期待的是讲座会谈论一些世俗认为是善的事物；财富或健康，或力量——总之，某种非凡的幸运。但是，当他们发现柏拉图的推理是关于数学的——数字、几何和天文学——并且最后总结说只有

147

148

---

① 《和声元素》(Elementa Harmonica) ii.，第 30—31 页。

一个'善'时，① 我想他们的幻想破灭了。结果是有人对此嗤之以鼻，有人则诋毁之。"

在希腊文献关于亚里士多德对柏拉图针对善的演讲的许多引用中，最重要的是辛布里秋（Simplicius）在《物理学》453.25-455.14 中的引用。辛布里秋在那里说，柏拉图在他关于善的论述中阐述了"一"和"不定的二"的学说。他补充说，亚里士多德、赫拉克利德（Heracleides）、赫斯提俄斯（Hestiaeus）和该学派的其他成员都参加了这次活动——他们以神秘的形式将它们写下来；但波菲利（Porphyry）在他对《斐莱布》的评论中对它们进行了解释。辛布里秋继续引用波菲利和亚历山大（Alexander of Aphrodisias）的话。亚历山大告诉我们，② 柏拉图关于"一"和"不定的二"（或多）的教导被记录在亚里士多德的《论善》（On the Good）中——这是基于他对柏拉图讲课的笔记。

辛布里秋③ 认为亚里士多德在《物理学》209b14 中提到的"未成文学说"与其在《论善》的讲座论述是相同的。没有必要将亚里士多德所知道的柏拉图的"未成文学说"限制在一系列特定的讲座；但他对"理念—数"的理论的了解似乎主要是从那个来源得来的。

我说的是"一系列讲座"，而不是单个讲座，现在必须证明这一点。辛布里秋使用了单词 ἀκρόασις（讲座）和 συνουσία（听课），来说明这一点，④ 但他也使用了复数形式的 λόγοι⑤ 和复数形式的 συνουσία⑥——菲洛波努斯（Philoponus）⑦ 和阿斯克勒庇乌斯（Asclepius）⑧ 也使用了它。ἀκρόασις 可能表示单个讲座，但也可能是系列讲座；在手稿中，整个亚里士多德的《物理学》被称为 Φυσικὴ ἀκρόασις。因此，证据指向一系列而不是单一的讲座，这也是一般可能性所指向的结论。

---

① 这似乎是对 καὶ τὸ πέρας ὅτι ἀγαθόν ἐστιν ἕν（并且结论是，善是一）最可能的翻译。
② 《形而上学》56.33-5, 85.17, 250.17-20, 262.18-26。
③ 《物理学》545.23。
④ 《物理学》151.10，454.18。
⑤ 《物理学》453.28，503.12。
⑥ 《物理学》542.10, 12, 545.24。
⑦ 《物理学》515.30, 521.10, 14。
⑧ 《形而上学》77.4。

因此，我们有充分的证据，虽然数量不多，但质量良好，表明亚里士多德接触过柏拉图的未写成文字的教义，以及一系列在对话中找不到的"分类"，这些"分类"要么是由柏拉图写下的，要么更有可能是从他的未写成文字的教义中编纂而成的；其中的一部分教义，即关于"善"的讲座，正是涉及那些理想理论的后期发展，而亚里士多德在《形而上学》的 A 卷、M卷和 N 卷中让我们了解到这些内容。

我们现在可以转而考虑亚里士多德对柏拉图理论的这些后期发展所说的话，并追问他所说的话是否完全可以基于对话，就像切尔尼斯教授所坚持的那样。一个事实立即引起了我们的注意。亚里士多德非常随意地提到柏拉图的对话的名字；任何查看伯尼兹（Bonitz）亚里士多德索引的人，会找到他在"柏拉图"条目下大约五十个明确的例子。但亚里士多德从未引用任何对话作为他将要研究的这些后来的发展的证据。这本身就非常强烈地暗示着，他对这些发展的了解来源于另一个渠道，即"未成文学说"。

因此，当我们看他所说的这些内容时，我们得到的印象更加深刻。以其中一个最显著的例子为例，即将理念数从"一"和"大与小"推导出来的过程。根据切尔尼斯教授的说法，亚里士多德对此的说法部分来自《斐莱布》，部分来自散布在《智者》和《蒂迈欧》中的暗示。亚里士多德关于"大和小"的所有说法都可以追溯到《斐莱布》中的短语"更大和更小"和"或多或少"。① 但是，有两件事值得注意。其一是这些短语在《斐莱布》中并不比"更热和更冷""更多或更少暴力""更干和更湿""更快和更慢"更突出。另一个值得注意的是：在那里提供的分析不是对数字的分析，而是对现象世界中事物和事件的分析。合理的假设是，柏拉图在《斐莱布》中应用于现象世界的思路后来由他拓展至理念数；但假设亚里士多德所说的"大与小作为数的质料本原"，仅依据《斐莱布》是不合理的。

为了支持亚里士多德所说的"一"作为形式本原，切尔尼斯教授提出了以下事实："每个理念都是一个不能变化、不可分割的单元"；在《斐莱布》中，它们被命名为"单一"（henads）、"单子"（monads）和"单元"（unites）；在《蒂迈欧》中，通过称为每个"不可分割的"，将理念与其现象表现区分

---

① 25c9.

开来；色诺克拉底（Xenocrates）使用"不可分割的"这个术语来从这段话得出了他自己从"一"推导出数的观点；在《智者》中，即使解释了理念的相互贯通（intercommunion），柏拉图也坚持认为每个理念都是"一个单元"，与其他每个理念以及所有理念一起都不同。他在这最后一个对话中所说的话表明，正如每个理念的存在来自"存在"的理念，每个理念的差异来自单一的"差异"理念，所以，每个理念的统一性也必须来自"一"的理念。① 我们无需别的文本，就能印证亚里士多德的陈述，即"一"是理念的形式原因或本质。②

当然，柏拉图经常强调每个理念的统一性（unity）和不可分割性（indivisibility）。但这与亚里士多德所说的，并不是关于每个理念的本质，而是关于数列的连续推导，相差甚远。很可能亚里士多德所说的内容存在很多误解；但很难想象他所误解的内容仅限于切尔尼斯教授所提供的内容。仅举一个例子，我们是否可以在对话中找到任何依据，来支持亚里士多德的说法，即柏拉图仅将数字推导至数字 10？③ 我们知道存在着"未成文学说"，并且亚里士多德知道它们，我们就可以合理地假设，正是依据它们，亚里士多德找到了他所说的关于柏拉图后期观点的基础。

因此，可以肯定的是，柏拉图确实对哲学进行了一些口头教导。因此，仅因为我们在对话中找不到支持它的证据，并不意味着我们需要对亚里士多德所描述的柏拉图的观点持怀疑态度。但我们需要非常小心，以便（a）确定他所说的是柏拉图而不是学园的其他成员，以及（b）考虑亚里士多德对柏拉图可能的误解；切尔尼斯教授在探讨这些困难方面做出了值得称赞的工作。

亚里士多德在《形而上学》A 卷中对理念论的大部分讨论都提到了柏拉图的名字；但即便如此，我们在研究他说"我们"（即我们学园的成员）"这样做"的段落时也必须小心；因为这并不一定意味着柏拉图也这样做了。当我们转向 M 和 N 卷时，困难要大得多。这些困难的产生不仅是因为所讨论的学说是古怪的（queerness），而且因为亚里士多德几乎从不告诉我们他在

---

① 可能值得注意的是：虽然《智者》并没有提到"一的理念"。

② 《早期学园之谜》（*The Riddle of the Early Academy*），第 51 页。

③ 《物理学》206b32。

谈论谁；柏拉图只被提到一次，[①] 斯彪西波（Speusippus）和色诺克拉底（Xenocrates）从未被提及，但毫无疑问，这三位是整个讨论的主体。亚里士多德不仅没有说他在谈论谁，而且令人困惑地从对一种观点的讨论转向对另一种观点的讨论。因此，需要格外小心地将提到柏拉图的段落与提到柏拉图的追随者的段落区分开来。现在我们必须着手进行这项任务。

亚里士多德在六段文本中[②] 区分了学园内持有的三种观点——一种将"居间者"或数学实体与理念区分开来的观点，另一种只承认前者的观点，以及将二者等同的观点；还有其他提及其中两种观点的段落[③]。在《形而上学》987b14-18 中，亚里士多德明确将三种观点中的第一种归于柏拉图；那么其他的观点应该如何归属呢？

在其他卷提到了斯彪西波名字的两段文本中，[④] 我们了解到他的哲学体系的两个特征：（1）他承认的实在类别比柏拉图的三种（理念、数学对象、可感对象）更多，以及他将它们分开对待，认识到每类都有单独的本原；但是，像柏拉图一样，他以"一"作为他的第一本原。（2）他认为价值（values）是在宇宙演化的后期出现的，认为第一本原及其最早的产物（即数字）不具有善的属性。

现在，这些段落中第一段中提到的理论显然与 1075b37-1076a4 和 1090b13-29 中描述的理论相同，这一理论被描述为使自然成为"一连串不连贯的事件，就像一场糟糕的悲剧"；在这两段话中，所讨论的思想家被描述为"将数学数字放在第一位"或"断言仅存在数学对象"。因此，斯彪西波被清楚地认为是"承认数学对象存在，但否认理念存在"的思想家。因此，我们剩下的一个思想家就是将两者等同起来的色诺克拉底。

通过追踪这条线索，可以识别出《形而上学》中的许多段落都提到了斯彪西波或色诺克拉底，并且可以充分了解他们各自的观点。[⑤] 对于斯彪西

---

① 1083a32. 在 1080a2 中提到了《斐多》。

② 1069a33-6，1076a19-22，1080b24-30，1083a17-b8，1086a2-13，1090b13-1091a5. 最后一段需要特别考虑，本书第 208—209 页将专门讨论。

③ 1080b11-16，1086a29-32，1090a4-28.

④ 1028b21-4，1072b30-1073a3.

⑤ 我已经在我编辑的《形而上学》i. lxxi-lxxvi 中指出了进行这种辨认（identification）的路线。

波，我们可以确定或高度可能地将以下段落归属给他：1028b21-4, 1069a36, 1072b30-1073a3, 75a36-7, b37-1076a4, 1076a21-2, 1080b14-16, 25-8, 1083a20-31, 1085a32-b9, b27-31, 1086a2-5, 29-30, 1087b6-9, 16-17, 27, 30-3, 1090a7-15, 25-8, b13-20, 1091a33-b1, b22-5, 32-1092a3, 1092a11-17, 35-b1。我们可以分配给色诺克拉底的段落有：1028b24-7, 1069a35, 1076a20-1, 1080b22-3, 28-30, 1083b1-8, 1086a5-11, 1090b20-32。我们可以分配给柏拉图的段落有：987a29-988a17, 988a26, 990a29-32, 991b3-9, 995b16-18, 996a4-7, 997b1-3, 998b9-11, 1001a9-12, 1002b12-32, 1010b11-14, 1019a1-4, 1025a6-13, 1026b14, 1028b19-21, 1053b9-13, 1057b8-9, 1059b3-12, 1060b6-12, 1064b29, 1069a34, 1071b31-3, 37-1072a2, 1073a20-2, 1076a19-20, 1077a11, 1080a2-8, b11-14, 24-5, 1081a24-5, 1083a31-6, 1084a12-17, 1085b7, 9-10, 1086a11-13, 31-b5, 1087b13-16, 1089a19, 1090a4-7, b20-7, 32-1091a5, 1091b35-1092a3。这种分析表明，在 M 卷和 N 卷中，柏拉图的追随者和柏拉图本人占的篇幅一样多；之所以他们更关注斯彪西波而不是色诺克拉底，是因为亚里士多德认为色诺克拉底的观点是三者中最糟糕的①——他将理念与数学数字混淆。虽然这种分析有一定的价值，但它仍然存在问题：还有许多其他段落的指涉是可疑的或更笼统的，因此我们仍然面临诸多问题。

153

---

① 1083b1-8.

第十章

亚里士多德对柏拉图早期理论的论述

亚里士多德对理念论的主要论述是在《形而上学》A 卷 987a29-b14 和 M 卷 1078b9-32 中：

　　1. 在我们提到的各派哲学之后，柏拉图的学说出现了，它在许多方面追随着这些哲学①，但也有和意大利派哲学不同的自己的特点。在青年时代，柏拉图开始是克拉底鲁的同路人，也赞同赫拉克利特派的意见。一切可感觉的东西不断流变，关于它们，知识是不存在的。他在晚年仍然持这样的观点。苏格拉底专注于伦理学问题，对整个自然则漠不关心。并且在这些问题中寻求普遍，他第一个集中注意于定义。柏拉图接受了这种观点，不过他认为定义是关于非感性事物的，而不是关于那些感性事物的。正是由于感性事物不断变化，所以不能有一个普遍定义。他一方面把这些非感性的东西称为理念，另一方面感性的东西全都处于它们之外，并靠它们来说明。由于分有，众多的事物才与理念拥有相同的名称。②（分

---

① 即毕达哥拉斯的学说。

② 我现在认为 987b9 中的正确的读法是 κατὰ μέθεξιν γὰρ εἶναι τὰ πολλὰ ὁμώνυμα τοῖς εἴδεσιν（由于分有，众多的事物才与理念拥有相同的名称）。很可能是一位早期的抄写员没有意识到 τὰ πολλά（许多，而不是一个）的重要性，并将其理解为"大多数"（the majority），引入了 τῶν συνωνύμων 作为注解，并且这一注解最后被并入了手稿的文本中，并取代了 ὁμώνυμα（ὁμώνυμα 在亚历山大和阿斯克勒庇俄斯使用的 Ab 这一抄本中）。ὁμώνυμος 而不是 συνώνυμος 是亚里士多德表达在柏拉图体系中个体事物与理念之间关系的惯用方式（990b6, 991a6），也是柏拉图的方式（《斐多》78e2，《巴门尼德》133d3，《蒂迈欧》52a5）。将 τὰ πολλὰ τῶν συνωνύμων 的解释为"由 συνώνυμα 组成的许多"，在我看来是最不可能的解读。

有只不过是名称的改变。因为毕达哥拉斯派也认为，事物通过模仿数目而存在。而柏拉图则认为它们通过分有而存在，只是换了个名称。至于分有或者模仿到底是什么，他们并未给出明确的答案。）

2. 关于理念，首先应考察对理念论本身，而不以任何方式将其与数字的本质联系起来。① 正如最初说理念存在的人们一开始所认为的那样，人们之所以提出了关于理念的观点，是由于他们相信赫拉克利特的道理是真实的。一切可感事物都在不断地流变着，如若某种知识和思想存在，那在可感事物之外，就应该存在着某种不变的本性。因为，不会有不断流变着的东西的知识。苏格拉底投身于研究伦理上的善时，首先寻求对它们作出普遍定义……苏格拉底追问本质是自然的，因为他尝试着推理，而本质正是推理的始点或本原……有两件事情公正地归于苏格拉底，归纳推理和普遍定义，这两者都与科学的始点相关。然而苏格拉底并没有把普遍和定义当作分离存在的东西。他的后继者们把它们当作分离存在的东西，并把它们叫作理念。

这段描述在《形而上学》的 M 卷 1086a37-b5 也有简要的重述：

他们【相信理念的人】认为个别的可感事物都在流变之中，它们中没有什么东西持久不变，普遍则存在于它们之外，是某种与它们不同的东西。这种观点是由苏格拉底通过定义而提出来的，不过他并没有把普遍和个别相分离；苏格拉底未将它们分离开来是正确的。

我们必须分别考虑亚里士多德论述的柏拉图理论的三个成分。(1) 我们对克拉底鲁知之甚少；我们从古代流传下来的关于他的所有材料都包含在狄尔斯（Diels）编撰的一页材料中。② 这可以从《克拉底鲁》那里得到相当肯定的推断，在 429e5 中我们得知他是雅典人，在 440d5 中得知他比苏格拉底年轻得多。大概是由于后一个事实，第欧根尼·拉尔修说③ 柏拉图只是在苏

① 即没有讨论柏拉图后期的"理念 — 数"理论。

② 《前苏格拉底残篇》ii. 第69—70 页。

③ iii. 6 (8).

格拉底死后才与克拉底鲁交往。亚里士多德明确描述了柏拉图在受到苏格拉底影响之前就与他交往过，而亚里士多德更有可能了解事实真相，而不是第欧根尼。

关于克拉底鲁的教导，除了亚里士多德在这里所说的以外，我们还有他在别处所说的，[①] 即克拉底鲁"最终认为不应该说什么，只是动动手指，并批评赫拉克利特的'人不可能两次踏入同一条河流'的观点，因为他认为一个人一次也做不到"。在以他的名字命名的对话中，他表现得像一个坚定的赫拉克利特主义者。[②]

不难接受亚里士多德关于柏拉图最初与克拉底鲁交往的说法；因为当苏格拉底去世时，柏拉图已经是 28 岁到 30 岁的人了，他有足够的时间与克拉底鲁短暂接触，随后又与苏格拉底有了更长期、更重要的交往。即使没有亚里士多德的见证，我们也应该知道柏拉图受到了赫拉克利特主义的影响。《会饮》中有一段引人注目的段落，[③] 在其中他谈到了人类事物的短暂性——不仅是头发、肉、骨头、血液和整个身体，还有习惯、性格特征、观点、欲望、快乐、痛苦、恐惧、知识。在《斐多》的一段话中，[④] 同样的思想被重复提及，这些事物的短暂性与理念的永恒性、相等本身、美本身形成鲜明对比。

在这些段落中，可感事物的短暂性被描述为一种常见的观察。在《泰阿泰德》中，[⑤] 柏拉图向前迈进了一步。他介绍了一种他认为普罗泰戈拉和其他杰出人士都持有的理论。然而，在我们对普罗泰戈拉或柏拉图本人之前的任何其他人的了解中，并没有这种理论的踪迹。那些认为它是柏拉图在赫拉克利特和普罗泰戈拉学说的基础上发展起来的理论的学者[⑥]，可能是对的。无论他是否是该理论的提出者，很明显他持有该理论，因为正是基于该理论

---

① 1010a12.

② 《克拉底鲁》440d7-e2。

③ 207d2-208b6.

④ 78c10-79a11.

⑤ 155d5-157c2.

⑥ 例如，杰克逊（Jackson），《语文学期刊》（*J. of Philol.*）xiii（1885），第 255—256 页；柏奈特（Burnet），《希腊哲学》（*Greek Philosophy*）i. 第 242 页；康福德（Cornford），《柏拉图的知识论》（*Plato's Theory of Knowledge*），第 49 页。

的真实性，他开始批评"感知有产生知识的能力"，① 并且他在《蒂迈欧》再次提到了它。② 该理论认为，所有物理上所谓的事物都不是事物，而是慢运动（slow motions），我们的感觉器官也是慢运动，而知觉是这些运动相遇的结果。

正如亚里士多德所言，柏拉图相信赫拉克利特学说的真实性，即感官世界是不断变化的，而处于不断变化的事物是不可知的。但是，他同样相信知识是存在的，因此必须有作为知识对象的非感性实体。因此，理念论是建立在赫拉克利特主义的基础上的。

（2）我们不再需要反驳柏奈特（Burnet）和泰勒（Taylor）的观点，即在直到（并包括）《斐多》和《理想国》的对话中发现的理念论是苏格拉底的学说，而不是柏拉图的学说；学者们的判断普遍反对这种观点。③ 这显然与亚里士多德在我们引用的段落中所说的不相符，并且不可想象亚里士多德在柏拉图的学园中度过了 19 年，却不知道柏拉图及其学派的观点，以及关于苏格拉底对理论形成的贡献。

然而，有必要考虑柏奈特和泰勒非常强调的两段话；这两段话是他们观点的证据。其一是《第二封信》中的一段话：④"当一件事一旦被写下来，就不可能阻止它流传开来。正是出于这个原因，我本人从未就这些主题写过任何东西。现在没有也永远不会有柏拉图的书面论述（σύγγραμμα）。那些被称为他的（教义）实际上是苏格拉底的教义，以青春和美丽的面貌恢复过来"。另一段是在《第七封信》中：⑤

现在没有，以后也不会有我关于这个主题的论述（σύγγραμμα）。

---

① 181b8-183c7.

② 45b2-d3, 67c4-68b5.

③ 有关此观点的讨论，请参见例如菲尔德（G. C. Field），《柏拉图和他的同代人》（*Plato and his Contemporaries*），第 20—38 页；洛奇、罗宾、肖雷和海德尔（Lodge, Robin, Shorey and Heidel）在《第六届国际哲学大会论文集》（*Proceedings of the Sixth International Congress of Philosophy*）的论文，第 559—588 页；还有我编辑的《形而上学》，I. xxxiii-xlv 以及我于 1932 年在"古典协会"（the Classical Association）做的演讲。

④ 314c1-4.

⑤ 341c4-342a1.

因为这门学问并不像其他学科那样适合阐述；但是，在就此事交谈多次之后，以及经历了共同生活，突然间，一个灵魂就会因为另一个灵魂发出的火焰而点燃一束光芒，并且此后自我维系。然而，我知道如下事情：如果要写文字表达出来，那么由我做是最好的；如果写得不好，最痛苦的应该是我。再说，如果它们在我看来能充分落于笔端，并得到解释；我一生中还能完成比这更崇高的任务吗？即写下对人类有重大贡献的东西，并将事物的本质揭示给所有人看。但我不认为对人类来说，对这个话题进行所谓的专题论述（disquistion）是一件好事——除了少数人，他们能够通过一点教学就可以自己找到答案。至于其他人，这会让他们中的一些人非常不合逻辑地充满一种错误的轻蔑感，而另一些人则充满了高傲和虚荣的期望，仿佛他们学到了高深而非凡的东西一样。

　　《第二封信》的真伪受到严重怀疑。大多数学者认为它是伪作。哈克福特（Hackforth）[①]、斐尔德（Field）[②] 和帕斯夸利（Pasquali）[③] 提出的论点研究，将使大多数读者相信"拒绝其真"是正确的。如果是这样，这段话显然是对《第七封信》中那段话的模仿；上下文中的某些特征表明作者误解了那封信中的"哲学性离题"（philosophical digression）。即使《第二封信》是真的，面对古代的普遍传统，[④] 柏拉图所说的话也不会使我们将柏拉图的对话仅仅当作传记散文。柏拉图说他所做的一切都是"将苏格拉底以青春和美丽的面貌呈现出来"，柏拉图这样的说法可以被视为对他伟大老师的优雅的致谢。

　　柏拉图在《第七封信》中说他没有写过 σύγγραμμα περὶ αὐτῶν，即"没有关于这些主题的论述"。σύγγραμμα 是什么呢？"这些主题"是什么呢？柏拉图接着写的便是我们在别处考虑过的"哲学性离题"，[⑤] 它清楚地表明："主

---

① 《柏拉图书信的作者》（*The Authorship of the Platonic Epistles*），第42—51页。

② 斐尔德，《柏拉图和他的同代人》（*Plato and His Contemporaries*），第200—201页。

③ 《柏拉图的书信》（*Le Lettere di Platone*），第173—195页。

④ 参考斐尔德，《柏拉图和他的同代人》，第214—238页。

⑤ 本书第139—141页；特别是可以参考342e2-343a4。

题"是理念和认识理念的方法。虽然 σύγγραμμα 这个词经常用于指任何作品，
但它特别倾向于指散文式的论文（a prose treatise）。① 在这个意义上，柏拉图
的对话都不是 σύγγραμμα；亚里士多德将"苏格拉底式的对话"（柏拉图是
这种体裁的主要写作者）以及索夫隆（Sophron）和泽纳尔库斯（Xenarchus）
的"模仿剧"（the mimes）归入一类，认为对话和"模仿剧"二者尽管都是
散文，但它们都是"诗作"。② 虽然理念在对话中不断出现（appear dialogue
after dialogue），但没有对话可以被称为是关于理念的论著。因此，这两段话
无法确立苏格拉底是理念论创始人的观点。

亚里士多德在哲学史中给予苏格拉底的角色相对较为温和。在他对前
辈哲学家的评论中，他直接从毕达哥拉斯学派转到柏拉图，③ 并顺便介绍了
苏格拉底——作为影响柏拉图哲学发展的一位思想家。对苏格拉底这样的处
置是有道理的，因为亚里士多德写的是形而上学思想史，而苏格拉底不是形
而上学家。

亚里士多德认为苏格拉底对定义的探索影响了柏拉图的形而上学，我
们不必怀疑"对定义的探索"是苏格拉底的主要兴趣之一；在这个程度上，
柏拉图的早期对话可以被认为具有历史的准确性。即使是务实的色诺芬（Xe-
nophone）也见证了这种兴趣，他说④"苏格拉底会不时地讨论人类所关心的
事情，考虑什么是虔诚的，什么是不虔诚的；什么是高尚的，什么是卑鄙
的；什么是正义的，什么是不正义的；什么是理智，什么是疯狂；什么是刚
毅，什么是懦弱；什么是国家，政治家的性格是什么；管理人的政府的性质
是什么，以及管理他们的人的素质是什么。"事实上，色诺芬在他对苏格拉
底谈话的长篇描述中，给出了很少的此类讨论的例子；⑤ 那是因为他的务实
头脑并没有分享这种兴趣。

值得注意的是，亚里士多德非常准确地将柏拉图思想理论的起源分别
归功于克拉底鲁和苏格拉底。他说，柏拉图从根本上接受了苏格拉底的教

① 参考《法律》810b6，伊索克拉底 2.7.（7.42），盖伦 16.532。
② 《诗学》1447b9-20。
③ 987a29.
④ 《回忆苏格拉底》i.1.16。
⑤ 参考 i.2.41, 44; iii.9.1-13; iv.6.1-12。

导，即定义的重要性；但是，正是赫拉克利特关于所有可感知事物的变化性的教导使柏拉图得出结论：必须有其他不变的事物作为定义的对象。理念论就是从这种"火石与钢铁的接触"（contact of flint with steel）中产生的。亚里士多德对苏格拉底对理论形成的贡献的评价并非轻率之举。"两件事"，他在别处说[①]——就好像这个问题已经被广泛讨论过一样，"可以完全归因于苏格拉底：归纳论证和普遍定义，这两者都与科学的起点有关"；但他并没有将共相或定义视为独立的存在；然而，他们【理念的信徒】赋予了它们独立的存在，这就是他们给理念命名的那种东西。我们几乎不用怀疑，这一评价——与他关于苏格拉底"推动了理论的发展"[②]的陈述相呼应——是对事实的正确评估。

（3）亚里士多德在他对前苏格拉底学派的描述中，相当晚才论述到了毕达哥拉斯学派——在恩培多克勒、留基布和德谟克利特之后——并将他们描述为"同时期的人物，也比他们更早"。[③]因此，他心目中的并不是很早的思想家。他几乎从不提及毕达哥拉斯，也从不将之与理念论联系起来；他更多地想到了活跃于公元前 470 到前 400 年间的哲学家，而且他可能主要想到了可能出生于公元前 5 世纪中叶左右的菲洛劳斯（Philolaus）。[④]在描述毕达哥拉斯学派的观点时，他有时认为他们说事物是数字，[⑤]有时又说事物模

---

① 1078b27-32.

② 1086b3.

③ 985b23.

④ 菲洛劳斯是柏拉图提到的两个重要的毕达哥拉斯主义者之一（毕达哥拉斯本人除外），当菲洛劳斯访问底比斯时，柏拉图从塞贝斯（Cebes）和西米亚斯（Simmias）那里听说他们与菲洛劳斯有联系（《斐多》61d6-c9）；毫无疑问，柏拉图从他们那里学到了一些关于菲洛劳斯观点的知识。有些后来的传统将柏拉图与菲洛劳斯联系起来；第欧根尼·拉尔修 3.6（8）说柏拉图 28 岁时，在访问了麦加拉（Megera）和昔兰尼（Cyrene）之后，他去意大利看望了菲洛劳斯；第欧根尼·拉尔修 8. 84-5 说（很久以后）柏拉图写信给狄翁（Dion），要求他从菲洛劳斯那里购买毕达哥拉斯的书籍，而他自己购买或以其他方式获得了菲洛劳斯写的一本书。但是，我们可以从《第七封信》中了解到（338c5-339d6，350a5-b5），柏拉图真正亲密的一位主要的毕达哥拉斯主义者是阿基塔斯（Archytas），两人几乎同龄。后来的传统在此处也添加了一些可能正确也可能不正确的东西——在苏格拉底死后，柏拉图相继访问了埃及、意大利和西西里岛，并且在意大利"经常与"阿基塔斯在一起（西塞罗《论共和国》1. 10. 16）。

⑤ 987b27-8.

似数字,① 这两种描述可能反映了早期毕达哥拉斯理论中的不同元素。② 我们几乎不可能认为相对较晚的思想家菲洛劳斯认真地认为一切都是数字,仅此而已;但我们可以很容易地假设他说过"万物皆数",意思是万物都具有数的特征,而这是它们最重要的一点。这就是被认为属于他的残篇中所表达的观点,③ 即使(很可能)这些不是他本人写的,它们也很可能记录了他的观点。这种观点最初可能源于发现了"主要的和谐音程"(the chief concordant intervals)——八度音程、五度音程和四度音程——对应于在两个振动的弦之间长度的比率:1:2,2:3,3:4——这一发现很可能可以追溯到毕达哥拉斯本人。从这个极其重要的发现中,毕达哥拉斯派怀疑每个性质区别(qualitative distinction)背后都有一个明确的数字结构。一些他们的格言(dicta)是合理的(sound),更多的是奇思妙想(fanciful),但原则是足够合理的(sound enough)——质的区别建立在数量事实之上。

　　亚里士多德没有将理念论描述为源于毕达哥拉斯的学说;他说它"跟随"(followed)了它们,④ 并且"跟随"很可能意味着"类似于"而不是"起源于"。⑤ 他并没有将柏拉图描述为——在他的理念论的早期形式中——在他的脑海中的是数字。他确实指出,数字在毕达哥拉斯理论中所扮演的角色与理念在柏拉图理论中所扮演的角色之间存在密切关系,⑥ 但他并没有暗示后者是从前者派生出来的,并且在描述柏拉图的学说时,认为其在大多数方面都遵循毕达哥拉斯的学说,他可能主要想到了柏拉图晚期的理念—数理论(Idea-numbers)。⑦ 他将早期的柏拉图观点描述为源于毕达哥拉斯主义以外的两个来源——柏拉图从克拉底鲁的"消极教导"(negative teaching)中得

162

---

① 987b 11.

② 参考雷文(J. E. Raven),《毕达哥拉斯主义者和埃利亚主义者》(*Pythagoreans and Eleatics*),第62—63页。

③ 例如,残篇4:καὶ πάντα γα μὰν τὰ γιγνωσκόμενα ἀριθμὸν ἔχοντι. Οὐ γὰρ οἶόν τε οὐδὲν οὔτε νοηθῆμεν οὔτε γνωσθῆμεν ἄνευ τούτου.(万物都有数。因为没有它,任何人都无法对事物有所理解)。

④ 987a30.

⑤ 参考拜沃特(Bywater)对《诗学》1449b10 ἠκολούθησεν 的注解。

⑥ 987b7-14.

⑦ 987b18-988a1. 上述观点得到《形而上学》M. 4 的证实:当亚里士多德只关心柏拉图的理念论,而不关心他的理念 — 数理论时,毕达哥拉斯学派仅在括号中被引入(1078b21-3)。

出的肯定结论，以及他从苏格拉底寻求定义中获得的冲动（impulse）。

　　亚里士多德没有说明柏拉图何时或如何受到毕达哥拉斯的影响；他当然没有暗示这是通过苏格拉底而影响的，他的措辞暗示恰恰相反的情形。最自然的推测是，柏拉图对毕达哥拉斯主义的最初认识来自西米亚斯（Simmias）和塞贝斯（Cebes），他们是来自底比斯的毕达哥拉斯主义者，二者构成了《斐多》中描绘的苏格拉底交际圈的一部分，并且柏拉图在大约公元前388年访问意大利南部期间对该思想体系有了更多的了解，即苏格拉底死后的11年。但值得注意的是，即使晚至《斐多》（可能是在那次访问之后几年写的），也没有任何迹象表明那里提出的理念论归功于毕达哥拉斯主义；只有柏拉图关于灵魂命运的观点似乎才如此。直到我们读到《蒂迈欧》和《斐莱布》，我们才发现理念论开始受到毕达哥拉斯"万物皆数"理论的影响，而且只是在更晚的理念数论中这种影响才达到了顶峰。这是柏拉图第二次和第三次西西里岛之行[①]与毕达哥拉斯学派进一步接触的结果，或者是对他很久以前学到的有关毕达哥拉斯观点的进一步思考的结果，这是不可能说明白的。

　　毫无疑问，毕达哥拉斯学派对柏拉图后期思想的影响是巨大的。我们不仅发现《斐莱布》的"限定"（limit）和"无限"（unlimited）已经出现在一些毕达哥拉斯学派认可的第一本原中；我们在该列表中找到了"统一性"和"多元性"（柏拉图的"一"和他的"不定的二"）；[②]我们发现"善"与"限定"和"统一"相关，"坏"与"无限"和"多元"相关，就像柏拉图所说的那样。[③]

　　亚里士多德说，柏拉图与毕达哥拉斯学说的主要分歧在于他的 σκέψις ἐν τοῖς λόγοις（在逻格斯中探讨）。这句话很明显是对《斐多》100a1-3 的回忆，其中 ἐν λόγοις σκοπούμενον τὰ ὄντα（在逻格斯中探寻存在）是苏格拉底对他自己的方法的描述。正如我们所见，[④]"逻格斯"可能意味着"陈述"（statements）而不是"定义"（definitions），但鉴于亚里士多德早些时候说过苏格

163

[①]　约公元前 367 年和前 361 年。

[②]　986a22-6. 雷文（Mr. Raven）指出（《毕达哥拉斯主义者与埃利亚主义者》，第 184—185 页）：虽然在《斐莱布》中引入了"限定""无限"和"它们的混合"是显而易见的，但引入"混合的原因"时却犹豫不决；他很有可能暗示，这最后一个是柏拉图添加到毕达哥拉斯理论的新特征。

[③]　988a14-15.

[④]　本书第 27—28 页。

拉底对定义的追求影响了柏拉图，他可能在后一种意义上使用"逻格斯"。对亚里士多德的确切含义最好的评论可以在另外两段关于柏拉图主义者的文本中找到：在 1069a27 中，他说他们将"属"视为 διὰ τὸ λογικῶς ζητεῖν（通过逻格斯的探寻方式）找到的"实体"，并将它们与"个体事物"视为实体的老一辈思想家进行对比；在 1084b23-32 中，他说他们接受了错误的"单元"（units）理论，因为他们从数学的角度考虑它们，遂将它们视为数字的组成部分，又从一般定义的角度看待单位，因此强调了可以在任何数字中断言的统一性。毕达哥拉斯学派正在做其他前苏格拉底思想家所做的事情，试图找到事物的最终组成部分，他们（至少亚里士多德是这样认为的）认为数字是事物的组成部分，就像其他思想家认为水或空气是事物的组成部分一样（即作为它们的材料）。另一方面，柏拉图追随苏格拉底的脚步，对"一组事物"的普遍特性感兴趣，这导致了他的学说与毕达哥拉斯学说之间的两个分歧。他没有将"一"和"数字"视为构成事物的材料，而是将它们视为形式原则，因此将它们"置于可感事物之外"；他并没有将自己局限于毕达哥拉斯关于"数字"的语言，而是谈到了"理念"，并认为它们本质上是定义的对象。

在亚里士多德对塑造柏拉图形而上学的各种影响的描述中，并没有提及埃利亚学派。我们可能会想把他们归入"意大利人"之列，据说他们的观点与柏拉图的观点相似；但是，亚里士多德继续论述的相似之处只是柏拉图和毕达哥拉斯学派之间的相似之处，他在其他地方[①] 使用"意大利人"这个词指的正是这些人。

如果我们能够接受第欧根尼·拉尔修（Diogenes Laertius）的说法，[②] 即柏拉图不仅在克拉底鲁的指导下，而且在"持有巴门尼德的观点"的赫摩其尼（Hermogenes）的指导下学习，亚里士多德的叙述中的这一明显空白就会得到填补。但没有其他证据支持这一观点；这可能仅仅是从赫摩其尼在《克拉底鲁》中作为克拉底鲁的理论对手出现推论出的。赫摩其尼是苏格拉底交际圈子的成员（显然是一个不起眼的成员），[③] 我们没有充分的理由假设他是埃利亚人，或柏拉图曾向他学习。

---

① 《气象学》342b30；《形而上学》987a10，988a26。

② iii. 6 (8).

③ 《斐多》59b7。

　　巴门尼德是以他的名字命名的对话的主要发言人，而在《智者》和《政治家》中，主要发言人是埃利亚的陌生人。但必须承认，他们并不是作为特定埃利亚观点的代言人发言，我们在这些对话中也没有发现柏拉图倾向于此类观点。在《巴门尼德》中，对柏拉图早期理论的批判并不是专门从埃利亚的角度出发的；在《智者》中，柏拉图第一次明确地得出结论，即实在（reality）必须包括一些变化的东西以及一些不变的东西——这是一种最不符合埃利亚式的观点。当柏拉图谈及巴门尼德时，总是带着他作为理性主义创始人应得的尊重来谈论他，但在接受理性主义之外，柏拉图似乎并没有受到埃利亚哲学的特别影响；他在任何地方都没有表现出任何彻底的"一元论"倾向。

第十一章

理念世界的成员

接下来，我们可以考虑一段非常有趣的段落，①在其中亚里士多德批评了理念论，并提到了柏拉图学园中流行的各种论点。该段落如下；为了方便参考，我把它分成几个部分。

> 我们【即我们柏拉图主义者；因为在第一卷中，亚里士多德作为学园的成员而写作，尽管是一个"不情愿"的成员】证明理念存在，但没有一个论证是令人信服的；因为 [A] 从一些方式中，并没有必然的推论，而 [B] 从一些方式中会出现我们认为没有理念的事物的理念。因为 [1] 根据"科学存在"的论证，万物皆有理念，而科学是关于理念的；[2] 根据"多上之一"的论证，即使是"否定项"（negations）也会有"理念"；[3] 根据"物灭仍有对其的思考"的论证，可灭之物也有理念；因为我们有它们的影像（image）。此外 [C]，在更精确的论证中，[1] 一些人建立了"相对术语"（relative terms）的想法，而 [2] 其他人则引入了"第三人"。

关于这段话的最全面和最好的讨论，可以在罗宾（Robin）的《柏拉图式的理论》（*Théorie Platonicienne*）、②切尔尼斯（Cherniss）的《亚里士多德

---

① 990b8-17.

② 第 173—198 页。

对柏拉图和学园的批评》① 以及威尔珀特（Wilpert）的《关于理念学说的两篇亚里士多德早期著作》（*Zwei aristotelische Frühschriften über die Ideenlehre*）② 中找到。我们对它的讨论将有两个限制。（1）我们不关心亚里士多德论证的优点。这些构成了一个有趣的话题；但我们的目的是追溯柏拉图观点的历史，而不是评估它们的价值；无论如何，我们对它们价值的判断很可能取决于亚里士多德提出的其他考虑因素。（2）我们不关心柏拉图追随者的观点；因为我们的主题不是学园，而是柏拉图本人的观点。我们将试图发现：有什么证据表明柏拉图在任何时候都承认亚里士多德在这里命名的任何类型的理念，以及有什么证据表明他从未停止承认这些理念。后一个问题主要由亨利·杰克逊(Henry Jackson)提出，他认为柏拉图持有一种"后来的理念论"，这一理论只承认动物类型和四种元素的理念。

166

　　我们不必关心亚里士多德所指的理念论的确切性质。从亚历山大（Alexander）的评论中我们可以了解到，"来自科学的论证"有多种形式（亚里士多德使用复数本身就足以证明这一点）；亚历山大实际上列出了三种形式。③ 但是，列出一系列论点并不是柏拉图的方式，我们可以很确定这个表述来自学园（尽管毫无疑问是基于对话中的暗示，并且可能也在柏拉图的口头教学中）；因此，我们不会对此进行详细探讨。

　　我们将从"来自科学的论证"开始——（B）（1）。柏拉图主义者（或其中的某些）否认具有理念的科学对象是什么？在稍后的文字中，④ 亚里士多德说："根据我们对理念的信念所依据的假设，不仅实体有理念，许多其他事物也有理念（因为概念不仅在实体的情况下是单一的，而且在别的情况下也是单一的，不仅有关于实体的科学，还有关于其他事物的科学，他们面临着许多其他这样的困难）。但是，根据情况的逻辑和对理念的观念，如果可以共享理念，则必须只有实体才有理念"。在这里，亚里士多德告诉我们，柏拉图主义者不相信"其他事物"有与之对应的理念，尽管"来自科学的论

---

① 第226—318页。

② 第15—118页。

③ 79. 5-15. 亚历山大对它们的知识来自亚里士多德的早期作品 Περὶ Ἰδεῶν（亚历山大79.4）。（Περὶ Ἰδεῶν 为《论理念》——译者注）

④ 990b22-9.

证"应该导致相信这些理念，它们都不是实体。我们不必关注亚里士多德的论证；因为可以肯定的是，无论学园中的哪些成员只相信实体才有理念，柏拉图绝不在其中。在较早的对话中，诸如"善"与"美"之类的事物是最典型的理念的例子。在《巴门尼德》中，它们属于他最确定有理念的事物。在《智者》中，"最重要的理念"（the greatest Forms）是存在、相同与差异、静止与运动。在属于他生命晚期的"理念数"论中，主要的理念是"一""二"等。除了《蒂迈欧》，在任何地方"实体的理念"（Ideas of substances）都起着非常次要的作用。

大多数学者似乎忽略了亚里士多德本人在 990b22-9 中对他在同一文本中（11-13）所陈述的解释，即柏拉图从科学得出的论证导致了有关事物的理念，然而柏拉图派认为这些事物没有理念。根据亚历山大的解释，① 他们认为所指的事物不是"实体以外的事物"，而是"人工制品"（works of art）。由于亚历山大以亚里士多德的《论理念》为基础，我们可以认为，根据亚里士多德的观点，人工制品是柏拉图主义者不承认的第二类事物的理念——尽管根据科学的论证，它们应该被承认。关于这个问题，我们稍后再加以论述。②

我们现在转向（B）（2）："根据'多上之一'的论证，甚至'否定'都会有理念；然而我们却说没有"。我们必须问（a）理念论是否确实意味着存在否定的理念，并且（b）柏拉图是否会否认这些理念。

有三种术语可以以非常普遍的方式被称为否定术语，我们必须对所有这些术语提出以下这些问题。（α）首先是一些逻辑学家钟爱但在日常生活中从未使用过的术语，它们的含义纯粹是消极的，如"不好""不漂亮""不高"。柏拉图在《智者》中谈到了这些术语，但他对它们的态度并不完全清楚。在257e2-4 中，他说"不美之物的存在，在于它从现存事物的单一确定种类区分开来"——"从一种"而来，而不是作为"一种"。但是在257e9 中，他说"根据这个论点，美是否更加实在，不美则没有那么实在吗？"预期的答案并且即将得出的答案是"否"。在258b9 中，他说，"我们现在是否应该大胆地说，

---

① 79.22-80.6.
② 参看本书第 171—175 页。

'不是者'（that which is not）无疑是一种有其自身本性的事物——就像高的是高的，美的是美的，不高的也是不高的，不美的也是不美的——从这个意义上说，根据同样的原则，'不是者'过去和现在都'是'而且是'不是者'，是一个单一的理念，可以被列在诸多实在中？"该学说认为，非存在（与差异等同）是一种真正的理念，是最重要的理念之一。柏拉图谈到这种理念时说，①"我们已经证明，差异的本质是存在的，并且被分配在'存在事物'相互参照的整个领域"；他可能会认为纯粹的否定性术语，如"不美""不好"代表不存在或差异的一般理念所包含的具体理念。但他从来没有这样说，他的意思很可能是，差异的理念被分配在所有不美或不好的个体事物中。他在《政治家》中②更明确地表达了自己的观点，他说"野蛮人"（表示非希腊人）和"不是一万"（not-ten-thousand），虽然它们代表人和数的"属"的一部分，但不代表它们的"种"，即没有关于"非希腊人"或"不是一万"的理念。

（β）其次，有些词的形式是"否定的"，但实际上既有"正面的"意义，也有"否定的"意义。柏拉图偶尔会提到与这些术语相符的理念，例如"不虔诚"的理念和"不公正"的理念，③没有证据表明他曾停止相信这些理念的存在。他也没有任何理由停止相信；因为这些词显然不仅代表一种品质的缺失——因为并非所有不是正义的东西都是不正义的——而且还代表另一种"正面品质"的存在。

（γ）第三，有些词即使在形式上也不是否定的，但肯定暗示缺少一些令人满意的性质，如"疾病""邪恶"或"丑陋"。这些也有正面的和否定的意义。与这些术语相应的理念在成熟的和早期的对话中都被提及，④柏拉图没有理由停止承认它们的存在。理念论有可能摒弃"恶的理念"及其种类的理念，并解释可感世界中的所有恶是因为现象从来都不是单一完美的理念实例化，而总是不符合其模范的模仿。但没有任何证据表明柏拉图曾采取过这条思路。

169

---

① 258d7.

② 262c8-263e1.

③ 《欧绪弗洛》5d2-5；《理想国》476a4-7（cf. 402b9-c8）；《泰阿泰德》176e3-177a2。

④ 《斐多》105c4；《理想国》476a4；《泰阿泰德》186a8。

苏格拉底在《巴门尼德》① 中对是否要承认泥土、毛发和泥土的理念犹豫不决，大概是因为这些词所暗示的不愉快或琐碎的内涵。但巴门尼德对苏格拉底的建议代表了柏拉图更好的思考：应该摒弃这种疑虑，并遵循他的一般原则。② 同样的思路也可以在《智者》那里找到，③ 在那里他将生物体的净化分为通过药物进行的净化和通过洗浴进行的净化，并补充说"辩证法从不考虑从净化中获得的好处是大于还是小于从'海绵'中获得的好处，并且对其中一个的兴趣不超过对另一个的兴趣"。

在这些不同类型的"否定项"中，亚里士多德似乎是第一个认为"多上之一"的论证涉及与它们相对应的理念，然而学园并不承认这些理念；亚历山大的例子④ 是"非人""非音乐""非马""非木头""非白人"。如果柏拉图曾经将否定化为肯定，将"A 不是 B"分析为"A 是非 B"，那么——根据一般原则，即在肯定一件事的地方，肯定一个单一的理念——他将不得不承认纯粹否定的理念。但没有证据表明他曾经如此分析过"否定"。另一方面，没有证据表明他从未停止承认符合一般术语的理念，这些术语虽然在形式上是否定的，但暗示着正面的意义。因此，没有证据表明他在这方面的观点发生了变化。

（B）（3）亚里士多德接着说，"根据即使在事物消亡时仍有思想对象的论证，那么也会有可朽事物的理念；因为我们有这些事物的影像（image）"。这一论证的形式被描述为 τὸ νοεῖν τι φθαρέντος（对可朽之物的思考），可以以如下方式表述："假设我们发现，通过研究一个特定的可感等边三角形，它必须是等角的；即使在特定三角形被分解后，我们仍保留此知识；因此，我们知识的对象必须是另一个实体，仍然存在，而这样的实体，独立于它们在个体事物中的特定例示而存在，这些就是我们所说的理念。"亚里士多德认为，根据同样的推理，由于我们可以记住一个易腐烂的个体事物（即使它已经不复存在），所以根据柏拉图原则，应该存在这样一个个体的理念。柏拉图的回答无疑是：这样争论就是忽略了普遍真理的知识和记忆之间的区

---

① 130c5-d9.

② 130e1-4.

③ 226e8-227c6; cf.《政治家》266d4-9。

④ 《形而上学》80.18-81.13。

别。在前者中，我们意识到实体之间的永恒联系本身是永恒的，因此不同于任何会消亡的个体。在后者中，我们意识到（如果为了论证的缘故，承认记忆是一种意识）某些共相在其中相连的个别事物，但我们没有意识到这些事物是永恒相连的，因此没有理由假设存在一个由它们如此相连构成的复杂的共相，即易腐朽事物的理念。

在这里，我们再次没有理由假设柏拉图的观点有任何改变；因为可以肯定的是，他在任何时候都不会说有一个单独的理念来对应每一个会腐朽的个体事物。

（C）亚里士多德继续说①"在更精确的论证中[1]一些人认识到（ποιοῦσιν）关系词的理念，我们说它们不构成独立的类别，[2]其他人提到（λέγουσιν）"第三人"。这段话并没有继续说明亚里士多德的陈述，②即柏拉图关于理念存在的论证涉及承认了柏拉图主义者实际上并不承认的理念。因为在[1]中他没有说"一些论证建立了关系术语的理念，我们并不承认"；他说"我们不承认这是一个单独存在的类别"；他不否认柏拉图主义者承认关系术语的理念，但给出了他们不应该这样做的理由。③在[2] λέγουσιν 中必须意味着"提及"，而不是"作为结果涉及"，④并且必须指的是《巴门尼德》中使用的"无限后退"论证；这并不是要证明理念的存在，而是要表明相信理念所涉及的困难。事实上，我们正在考虑的句子开始了更一般的思路，在接下来的句子中继续这　思路，在这些句子中，柏拉图主义者使用的论证不是为了证明理念的存在，而是"关于理念"的论证（περὶ τῶν εἰδῶν）⑤造成了学园并不欢迎的后果。

早在写《斐多》的时候，理念论就承认了有与"关系术语"对应的理念，

171

---

① 990b15.

② 990b10-11.

③ 正如亚历山大指出的（83.33），亚里士多德在《伦理学》（1096a21-2）中表达了同样的思想，他说："相对的事物(that which is relative) 就像'存在'的分支和一个偶性的'存在'"。

④ 这并不是通常的观点，但是我支持杰克逊（Jackson）和威尔珀特（Wilpert）的观点。参看杰克逊，《语文学期刊》（*J. of Philol.*）x (1882), 255, n.2 以及威尔珀特，《关于理念学说的两篇亚里士多德早期著作》（*Zwei aristotelische Frühschriften über die Ideenlehre*），第77—78页。

⑤ 990b18.

其中"相等"和"不相等"的理念确实被视为理念的主要例了。[1] 这些理念在《理想国》中以同样突出的方式再次出现，[2] 在《巴门尼德》中，它们被认为是一个独特的理念类别。[3]"相同"和"差异"的理念（"最重要的两种"）出现在《智者》[4] 和《蒂迈欧》中。[5] 柏拉图至少似乎从未否认纯粹关系理念的存在。

那么，到目前为止，我们还没有发现任何证据，表明柏拉图在他生命的尽头否认了他早先承认的任何东西的理念。然而，我们必须考虑另外两段话。在《形而上学》991b6 中，亚里士多德说"我们【即我们柏拉图主义者】不承认房屋或戒指等事物的理念"，在 1070a18 中，他提到柏拉图赞成（假设理念存在）"理念和自然存在的事物一样多（大概只和自然事物的种类一样多）"。

172　　　柏拉图在《克拉底鲁》和《理想国》中明确假定人工制品的理念，其中提到了梭子、螺钻、床和桌子的理念，[6] 而且在《蒂迈欧》和《法律》中（在两者中，就像在《克拉底鲁》和《理想国》中一样，据说好工匠用他的眼睛关注他正在制作的东西的理念），[7] 在《第七封信》中也是如此。人工制品并未出现在《巴门尼德》的"第一部分"中讨论其理念存在的事物种类之中，但我们不能由此推断，当他写下该对话时，柏拉图否认或怀疑了这些理念的存在。第欧根尼·拉尔修讲述的如下故事并没有什么不可信之处：[8] 当犬儒者第欧根尼对柏拉图说"我看到了一张桌子和一个杯子，但肯定不是桌子性（tableness）和杯子性（cupness）"，柏拉图回答说："当然，因为你有眼睛，杯子或桌子被感知，但是通过理性，可以看到桌子性和杯子性"。

---

① 74a2-77a5.

② 479b3-7.

③ 133c8.

④ 254e2-256e3.

⑤ 35a1-8.

⑥ 《克拉底鲁》389b1-d3；《理想国》596b3-597a3。

⑦ 《蒂迈欧》389b1-d3；《法律》965b7-c8。

⑧ 6.2.53.

另一方面，亚里士多德的陈述从普洛克罗斯（Proclus）的评论[1]中得到了一些支持（或者似乎得到了支持），即"色诺克拉底（Xenocrates）将理念的这种定义记录下来，认为这是对理念论的创始人来说是满意的——理念是一种模式般的，根据自然构成的事物的原因——一个可分离的、神圣的原因"。(αἰτία παραδειγματικὴ τῶν κατὰ φύσιν ἀεὶ συνεστώτων…χωριστὴ καὶ θεία αἰτία.) 我们很难将如下观点与已引用的亚里士多德的陈述对立起来，即在他更一般的陈述中，[2] 柏拉图主义者承认"普遍谈论的所有事物都有理念"，并且柏拉图自己说过，许多个别事物因分享理念而与理念同名。

那么，在这里，我们似乎有明确的证据表明与《理想国》的学说存在分歧，即每个普遍的名称都有一个理念；这该怎么解释呢？罗宾（Robin）已经很好地讨论了这个问题。[3] 他考虑了各种假设。(a) 可以说，当柏拉图谈到人工制品的理念时，他是在松散地、半幽默地说话。[4] 作为回应，必须指出人工制品的理念是如下一般学说所要求的：只要有一个共同的名字，就有一个理念，床和桌子的理念在柏拉图《理想国》第十卷反对技艺（art）的论证中起着重要作用。[5] (b) 或许可以说，当亚里士多德说"柏拉图只承认自然物体的理念"时，他误解了柏拉图。[6] 但是，亚里士多德的解释得到了"理念"定义的支持，色诺克拉底将其描述为是对创始人观点的注释。(c) 或者可以说，柏拉图改变了他的观点。[7] 这种观点不能被明确地拒绝；但我们至少可以说，在柏拉图作品中或我们在其他地方读到的关于他的文本中，没有证据表明这种变化。(d) 可能有人认为只是柏拉图的追随者改变了理论。贝克曼（Beckmann）假设柏拉图的名字在一个地方（《形而上学》1070a18）

173

---

[1] 《巴门尼德》691，斯塔尔鲍姆（Stallabum）编辑的版本。

[2] 1078b32-4, 987b8-10.

[3] 《亚里士多德笔下的柏拉图理念和数字理论：历史和批判性研究》（*La théorie platonicienne des idées et des nombres d'après Aristote; étude historique et critique*）174n.

[4] 参看普洛克罗斯对《蒂迈欧》评注，29c, i. 344.5-14（迪尔 /Diehl）；波尼兹（Bonitz），《亚里士多德的形而上学》，2. 118-9.

[5] 596a5-602b11.

[6] 策勒就是如此认为的；参看《柏拉图研究》，第 262 页。

[7] 策勒就是如此认为的；参看《希腊哲学史》，ii. 14. 703f., 947；海因策（Heinze），《色诺克拉底》（*Xenokrates*）53f.；杰克逊（Jackson）也多次论述。

被替换为"理念的信徒"——亚里士多德的文本明确提到了他的名字。有一些证据支持这一点，[1] 但大多数证据不支持这一观点。(e) 罗宾（Robin）主张柏拉图否认了"模仿技艺产品"的理念，即仅复制其原作的外在形式的复制品，但不否定"实用技艺产品"的理念，即这些理念由其目的决定就像自然物体有目的一样；亚里士多德误将他解释为也否定了后者的理念。这个建议与《理想国》[2] 的学说一致，在《理想国》那段文本中，实际的床与自然物体相距仅一步之遥，而绘制的床则距离更远。绘制的床是没有理念的；画家看到的图案不是理念而是实际的床。在《理想国》中，[3] 全部制成品（即有用技术的产品）也与生物一样被放在线喻的同一部分，即第二部分；在《智者》中，[4] 模仿技艺的产品被认为是有用技艺的产物，如梦境、影子是生活的产物一样，因此属于线段的第一和最低的部分（尽管在线喻中没有提及）。

切尔尼斯（Cherniss）[5] 对柏拉图是否曾经否认过人工制品的存在这一问题进行了充分而深入的讨论，他得出了与罗宾（Robin）相同的结论，并通过许多额外的证据支持了这一结论。在与这个问题有关的文本中，亚里士多德唯一提到柏拉图名字的段落是他说到"柏拉图承认理念与自然存在的事物一样多"；他的另一处指涉同样可能指的是一些柏拉图主义者，他们比他的老师走得更远，否认任何人工制品的理念的存在，而不仅仅是模仿技艺产品的理念。问题是，柏拉图所说的 φύσει，即"根据自然"（by nature），是什么意思呢；这是与"技艺"相对，还是与"违背自然"相对呢？亚里士多德认为是前一种含义；但是，正如我们所见，柏拉图通常将实用技艺的产品与生物置于同一水平，理由是它们满足了人类本性的真实需求。在讨论分类原

---

[1]　根据阿维罗伊（Averroes），亚历山大提到 "οἱ τὰ εἴδη τιθέμενοι ἔφασαν"（那些设立理念的人），但是别的所有亚里士多德的手稿提到了 "Πλάτων"（或者 "ὁ Πλάτων"）ἔφη（柏拉图说）。忒弥斯提乌斯（Themistius）的释义——与阿维罗伊一致——过于"自由"（free），难以置信。

[2]　596b6-10, 597b2-598d6.

[3]　510a5-6.

[4]　265c1-266d7.

[5]　《亚里士多德对柏拉图和学园的批判》（*Aristotle's Criticism of Plato and the Academy*），第233—260 页。

则时，柏拉图不止一次地强调，并非所有由巧妙设想出的类的细分（subdivision）都符合自然规定的细分。在《斐德罗》中，[①] 他坚持认为我们应该"在自然界建立的关节处将属分为种，而不是像一个糟糕的厨师那样试图分解任何部分"。在《政治家》中，他坚持认为虽然每个种都是一个属的一部分，但并非每个部分都是一个种，[②] 并制定了规则"让每个部分同时具有一个理念"，[③] 即不是任意的细分，而是一个回答了事物本质的真实表述。当亚里士多德说柏拉图的"理念与自然存在的事物一样多"时，[④] 柏拉图很可能正是基于这一原则，而不是"自然物"与"人工制品"之间的任何区别。他并没有将一般人工产品（即有用的和模仿技艺的产品）放在比自然物更低的实在水平上，我们在他的最晚作品中读到的一段话可以作为这一观点的正面证据，[⑤]"立法者应该捍卫声称法律本身和技艺是自然的，或者不亚于自然的实在性，因为它们是根据合理推理得出的思想的产物"。

175

　　如果这个非常可能的猜想是正确的，那么就没有真正的证据表明柏拉图曾经否认存在与实用技艺的对象相对应的理念。但是，早期柏拉图主义者显然是这样做的；因为亚里士多德明确地说，[⑥] 他们不承认房子和戒指的理念。

　　因此，我们得出结论，没有真实的证据表明柏拉图后来否认了他先前承认的理念的存在。值得补充的是，正如我们已经看到的，[⑦] 柏拉图在他最后的著作之一《第七封书》中提到的理念类型清单是他的作品中最完整的。

---

① 265e1-3.

② 263a2-b11.

③ 262b1.

④ 《形而上学》1070a18。

⑤ 《法律》890d1-8。

⑥ 991b6.

⑦ 本书第 141 页。

第十二章

理念数字

亚里士多德对柏拉图晚期形而上学的总结如下：①

此外，在可感事物和理念之外，他说存在数学对象，它们占据了中间的位置，与可感事物的不同之处在于它们是永恒和不变的，与理念的不同之处在于有许多相似者，而理念在每种情况下都是独一无二的。

由于理念是所有其他事物的原因，他认为它们的元素是所有事物的元素。作为质料，大与小是第一本原；作为本质实在，"一"是第一本原；因为从大与小，通过参与到"一"中，产生了数字。②但是，他同意毕达哥拉斯学派的说法，即"一"是实体而不是其他事物的谓词，数字是其他事物实在的原因，"不定的二"的设定以及由"大与小"而来的不确定性的构造，而不是将其视为一个，是他所特有的；他的观点也是如此，即数字存在于可感事物之外；他们说事物本身就是数字，并没有将数学对象置于数字和可感事物之间。他与毕达哥拉斯学派的分

---

① 987b14-988a15.

② 在 987b22 中，τοὺς ἀριθμούς（数字）很难成为谓词或与 τὰ εἴδη（理念）并列。不确定应省略这两个短语中的哪一个。τοὺς ἀριθμούς 是令人惊讶的，因为亚里士多德对柏拉图将理念等同于数字只字未提；但是，柏拉图确实将它们等同，这对亚里士多德来说是一个众所周知的问题，以至于他没有注意到他在这里并没有对此做出说明。

歧在于将"一"和"数"与事物分开，以及他对"理念"的引入，是由于他在定义领域的探究（因为早期的思想家没有辩证法的体系），并且他认为除了"一"之外的实体是"不定的二"，是由于这样一个事实，即除了质数之外，数字可以像用一些可塑形材料一样从"不定的二"中适当地产生。① 但是，实际发生的情况与此相反；该理论不是一个合理的理论。因为他们从质料中创造了多种事物，而形式只产生一次，但我们观察到只有一张桌子是由一定的质料制成的，而应用形式的人，尽管他是一个人，却做了很多张桌子。男性与女性的关系是相似的；后者通过一次交配而受孕，但雄性可使许多雌性受孕。这些是那些第一本原的类似物。

于是，柏拉图就这些问题发表了自己的看法；从上述内容可以明显看出，他只使用了两个原因，本质因和质料因（因为形式是所有其他事物的本质原因，而"一"是形式的本质原因）；很明显，承载质料（underlying matter）是什么，形式在可感事物中是"承载质料"的谓词，"一"则是形式的谓词；这是不定的二，"大与小"。此外，他将善和恶分配给这些元素，二者中的每一个对应一个。

有了这里的第一个陈述——柏拉图将数学对象（即数字和空间图形）视为理念和可感事物之间的中间体——我们已经在对《理想国》的考察中处理了，② 并且只需要重申它是柏拉图在对话录中似乎不时要说出，但从未完全说出的学说。人们会倾向于认为这可能是他的形而上学理论在对话之外的最早的端倪；但由于这种说法在《第七封信》的形而上学部分中是缺席的，也因此受到了质疑。③

---

① ἐκμαγείου. 亚里士多德在别处没有使用这个词。亚历山大（57.6）认为它的意思是"空心的模子"，近代一些学者沿用了他的说法。在柏拉图著作中，它有时的含义是"可塑形材料"，有时的含义是"在这种材料里的模本"，有时的含义是"图案或原型"。亚里士多德清楚地认为在数字的形成中，"大与小"是"类似质料的元素"，而"一"是形式的元素，所以 ἐκμαγείον 必须表示"可塑形材料"，就像它在《泰阿泰德》191c9、196a3 中一样，可能在《蒂迈欧》50c2 中也一样，在其中柏拉图用它来说明他关于空间的看法。

② 本书第58—65页。

③ 参考本书第141页。

亚里士多德提到的其他特征可以概括如下：

（1）柏拉图说理念的元素是万物的元素。

（2）柏拉图说，"大与小"是形式中的质料元素，"一"是本质或形式元素，数字（亚里士多德将其等同于形式）由"大与大"参与到"一"中而产生。

（3）虽然将"一"视为实体而不是属性，并将数字视为可感事物的形式因，这一点类似于毕达哥拉斯的观点，但将"不定"视为由"大与小"组成的"二元性"（duality）则是新的观点。

（4）这种对"不定"的分析是由于数字（质数除外）可以像"可塑形材料"一样从"二元性"中适当地产生。

（5）理念成为可感事物的形式因，"一"成为理念的形式因；"理念和可感事物"的质料因是"大与小"构成的"二元性"。

（6）在世界上，形式因是善的原因，质料因是恶的原因。

我们要考虑如下问题：（A）亚里士多德所谈论的"数"是什么？（B）推导出它们的本原是什么？（C）它们是如何产生的？（D）它们在理念世界的地位是怎样的？

（A）对这个问题的一般答案是毫无疑问的。柏拉图正在考虑其产生的数字是形式，柏拉图将其与可感事物和在他看来是算术对象的数字区分开来。它们是普遍者（universals）、特征、诸如我们以"某某性"（-ness 或 -ity）结尾的词所指代的事物。

"一"（oneness）、"二"（twoness）等理念的存在隐含在以下学说中，即对应于每个普通名称，都有一个理念，[1] 并在《斐多》中得到明确的主张：[2] 柏拉图说每两个事物都共享了"二"的理念，每个事物都是通过分享"一"的理念而成为"一个"。在《大希庇亚》中，[3] 苏格拉底指出了"大多数理念"和"数的理念"之间的区别：前者表征许多个体事物的每一个，后者表征"一个群体"而不是"个体成员"。这些理念数字既有别于"多数人"所认可的可感数字（即可数的群），也有别于"哲学家"（即数学家）的抽象数字。[4]

---

① 《理想国》596a6-8。

② 101b9-c9.

③ 300d5-302b3.

④ 《斐莱布》56d4-57a2。

对于希腊人来说，数字意味着复数，因此 1 不是数字，[①] 而是数字的第一本原，[②] 是数字由之而来的起点；柏拉图相应地假定了它的存在，并没有着手推导它。

数列向上没有限制；但是，有充分的证据表明柏拉图赋予了从 2 到 10 的数字以特殊地位，就像在他之前的毕达哥拉斯所做的那样。我们应该仅从《形而上学》中得知，学园的一些成员这样做了，[③] 但在《物理学》206b32 中，亚里士多德说柏拉图"使数字扩展到数字 10"。但是，我们不能太从字面上理解它；柏拉图不可能假设一个 11 个成员的团体不以 11 为特征，就像 10 个组成的团体以 10 为特征。但是，他看到他必须在某处停止数字的"生成"，他自然地停在希腊计数系统建议的地方：它是纯十进制的。他可能认为他的这一过程被以下事实进一步证明是正确的：在从 2 到 10 中的系列中，已经有希腊人划分数字的三种类型的例子——2 及其幂（powers），奇数和奇数的乘积乘以 2 或 2 的幂；[④] 因此他可能认为，如果他可以生成直到 10 的数字，他就可以生成所有数字。

还有一个考虑因素很可能导致柏拉图将他对数字的"生成"止步于数字 10。对他来说，数字 1 无疑是理念数字的形式本原；根据一段提到他的文本（稍后将讨论[⑤]），[⑥] 我们读到 2 是直线的形式本原，3 是平面的形式本原，4 是立体的形式本原。在另一段可能涉及柏拉图的论述中，[⑦] 不仅提到了这一点，而且还指出 1 是理性的形式本原，2 是科学的本原，3 是意见的本原，4 是感觉的本原。因此，他可以解释可感世界和理智世界的形式，而不必超越毕达哥拉斯学派神圣的 τετρακτύς（四分体），1+2+3+4=10。

对于柏拉图时代的希腊人来说，"数"这个词只适用于自然数。他们没有零也没有负数，他们也没有把"数"这个名字应用到分数或无理数

---

① 《形而上学》1088a6。

② 《形而上学》1016b18 等处。

③ 1073a20, 1084a12-b2.

④ 1084a3-7, 菲洛劳斯（Philolaus?）残篇 5。

⑤ 本书第 208—209 页。

⑥ 1090b20-4.

⑦ 《论灵魂》404b18-27；参考本书第 214—215 页。

179

180

上。① 因此，柏拉图设定自己要导出的是从 2 到 10 的整数。

亚里士多德将数字是 oὐ συμβλητοί（不可比较）的观点② 门于柏拉图，他通过探寻每个数字中的单位是否也是 ἀσύμβλητοι（不可比较）来攻击这一观点，并指出对不管是肯定还是否定观点的反对意见。③ 亚里士多德 συμβλητός 的意思是"可比较的"；在他看来，当且仅当它们是单个单位的倍数时，两个事物才具有可比性。他自己的观点是④：2 包含两个单位，3 包含三个单位，所以这两个数显然具有可比性。

这种批评完全是错误的。当柏拉图将数字描述为"不可比"时（我们必须从亚里士多德那里得知他的确这样认为），他用数字 2 表示"二"（twoness），而数字 3 表示"三"（threeness）；这不是幻想，而是简单的事实，即二不是三的一部分。一个由三个成员组成的群体本身就是一个由两个成员组成的群体的一部分，但柏拉图不是在谈论群体，而是在谈论普遍性，他对于普遍性的描述是明显正确的。那么，"数字不可比较"的观点与柏拉图后来发展出的关于数列生成的特殊观点，或者与将所有理念归结为数字的观点无关；将"二"（twoness）、"三"（threeness）等识别为形式的必然结果要与仅是这些形式的示例的组区分开来。这一观点早在《斐多》中就已出现：⑤

> 你敢说十超过八是因为二，而不是因为多（manyness）吗？还是两肘比一肘多了一半，而不是因为大？因为在所有这些情况下都可能犯同样的错误。——非常正确——再一次，你会不会谨慎地确认"一加一"，或"一分为二"，是二的原因？你会大声断言，除了参与其自身固有的本质之外，你不知道任何事物会以何种方式存在，并且在数字的情况下，除了参与"二元性"之外，你不知道任何"二"的原因——这是制造"二"的唯一方法，参与到"一"中就是创造"一"的方式。

181

---

① 对这些限制的讨论，参看范德维伦（Van der Wielen），《柏拉图的理念数》（I. P.），第 13—17 页。

② 1083a34.

③ 1080b37-1083a17.

④ 1080a30-3, 1081b12-17.

⑤ 101b4-c7.

可以注意到，虽然亚里士多德没有提到这一点，但与此完全对应的东西对于几何理念也是正确的。在同样的意义上，这些也是不可比的。一个特定的正方形可能比一个特定的三角形大，但"方形"（squareness）不大于"三角形"（triangularity）；它是一个不可分割的单位，正如每一个理念在《斐莱布》中①被描述为不可分割一样。

在《形而上学》1080a17 中，亚里士多德说，关于数字系列可能持有的一种观点是它内部存在"前后"的区别，他用短语"每个数字在种类上都不同"来阐明这一点；在 1080b11 中，他说一些柏拉图主义者（以及其他文本清楚地表明柏拉图本人也包括在内）将理念与数学数字区分开来，因为它具有这种特征。事实上，柏拉图认识到，虽然一个由两名成员组成的特定群体与一个由三名成员组成的群体，仅在规模上而非本质上有所不同，但理念数字是一系列不同的性质，当我们从"二"过渡到"三"以及其他理念数时，它们显示出越来越大的在程度上的复杂性。这种认识完全独立于从"一"和"大与小"中产生的数字。这是对明显事实的认识，即 2 可以定义为在自然数序列中 1 的后继，3 可以定义为在自然数序列中 2 的后继。

在《尼各马可伦理学》中，②亚里士多德谈到"那些引入理念学说的人"（当然必须包括柏拉图本人），他说"他们不承认'有前后之分的事物'的理念；出于这个原因，他们没有建立数字的理念"。这通常被解释为他们不承认单独数字的理念；但这将与我们从《形而上学》中得知的关于柏拉图将理念与数学数字区分开来的所有知识背道而驰。亚里士多德所说的是，柏拉图主义者不承认"数字的理念"，即一般数字的理念。这是一个令人惊讶的说法。亚里士多德本人持有与以下原则非常相似的原则，即对于具有顺序排列的事物，不存在普遍的共同性；他在四处表达了这一思想（我们可以不必关注它们之间的略微改动）：《形而上学》999a6-10，《欧德谟斯伦理学》1218a1-10，《论灵魂》414b20-33，《政治学》1275a34-b5。在这些段落中的第一段中，他可能仅仅是以辩证的方式在讲话（因为《形而上学》B 卷整体上是辩证的），而在第二段中，他作为一个尚未从柏拉图主义转变过来的人在说话；但最后

182

----

①　15a1-b2.

②　1096a17.

两段似乎表达了他成熟的观点。其中的基本概念似乎是，一个真正的类性质（generic nature）必须是在多样的物种中，以不同但同等的方式表达出来的，而这既不适用于灵魂的性质，也不适用于政体的性质。同样，我们可以假设，一些柏拉图主义者（我们不知道柏拉图是否在他们中间）认为"数"或"多"（plurality）不是真正的理念，因为连续的数只是"不均等地"表现出"多"。①

（B）我们现在转向柏拉图推导出理念数字的第一本原——"一"和"大与小"。从这两个本原"生成"的实体既不是"可感数"（二、三等事物的群），也不是"数学数"（数学家说 2 和 3 等于 5 时所说的实体，没有关于两个或三个事物的任何特定组），而是理念的数字（即二、三等）。柏拉图并没有试图"产生""一"，但他当然相信"一"的存在，正如相信二和三的存在一样；随之而来的是，他假定为生成本原的"一"只是"单一性"，即"一"的理念。

关于"大与小"，泰勒（Taylor）提出了一个巧妙的建议，② 即该短语指向一种方法；希腊人可能早在柏拉图时代就已经知道了这种方法，③ 即通过从"太小"的一侧和从"太大"的一侧交替接近，而得出 $\sqrt{2}$ 的近似值。他们设置了一列"边的根"（side-roots）和相应的"对角线的根"列（diagonal-roots）。每列中的第一个数字是 1。每个后续的边的数（side-number）都是通过将相应的对角线的根与前一个边的根相加而形成的；每个后续对角线的根都是通过将前一个对角线的根加上相应边的根的两倍而形成的。因此我们得到了如下数字：

边的根	对角线的根
1	1
2	3
5	7

183

---

① 关于最后 4 页中处理的主题，以及柏拉图学说的许多其他方面，库克·威尔逊（Cook Wilson）的文章《论柏拉图主义者的 ἀσύμβλητοι ἀριθμοί 学说》（*On the Platonist Doctrine of the ἀσύμβλητοι ἀριθμοί*）做了很有启发的讨论，《古典学评论》（*Classical Review*）xviii (1904)，第 247—260 页。

② 《心灵》（*Mind*）xxxv (1926)，第 419—440 页以及 xxxvi (1927)，第 12—33 页，重印于《哲学研究》（*Philosophical Studies*），第 91—150 页。

③ 虽然最早提到这一建议的是西奥·士麦那（Theo Smyrnaeus）（活跃于公元 115—140 年）（希勒 /Hiller 编辑的版本，42.10-45.8）。

12	17
29	41
70	99
…	…

很容易证明，$\dfrac{1}{1}$，$\dfrac{3}{2}$，$\dfrac{7}{5}$，$\dfrac{17}{12}$，$\dfrac{41}{29}$，$\dfrac{99}{79}$，是越来越接近$\sqrt{2}$的值，它们或大于或小于它。泰勒认为柏拉图知道这种方法，[①] 并且他受到启发，使用短语"大与小"来表示整数生成中的质料本原。然而，泰勒未能证明边的根和对角线的根与"大与小"有任何关系。"无理数"（surds）的估值和整数的推导之间没有真正的关系；除了"无理数的计算是以整数的存在为前提"这一点关系（这对泰勒的解释是至关重要的）。谈到"大与小"的古人也无一人言及它们之间的关系；对"无理数"估值的人，也没有使用到"大与小"这样的短语；而当泰勒谈到整数的实际生成时，他只是在奇数的生成方面使用了"从下"和"从上"的联合方法。因此，他对"大与小"的解释不能被接受；[②] 但关于柏拉图实际推导整数的优点和缺点，以及亚里士多德对其的批评，他说了很多真实且重要的内容。

184

亚里士多德有时会说到"大小"（the great and small），但更常说的是"大与小"（the great and the small）。二者的区别很重要；第二个短语暗示了两个本原，第一个则是一个本原具有两个特征。尽管他有时会强调第二个短语，[③] 但毫无疑问，第一个表达了柏拉图的意思。亚里士多德对此给出的最佳线索在《物理学》206b27 中，他说："柏拉图使不定因素成双（dual），因为它们应该超过所有限制，并在增加和减少的方向上无限前进。"辛布里秋（Simplicius）对《物理学》的评论中，引用了第一代柏拉图主义者赫尔谟德鲁斯（Hermodorus）的类似说法。[④] 但我们也必须看看柏拉图本人是如何说

---

① 他的确知道$\dfrac{7}{5}$接近$\sqrt{2}$的值（《理想国》546c4-5），希斯（Heath）认为这种方法是毕达哥拉斯式的（《希腊数学史》i. 93）。

② 我已经在《泰奥弗拉斯托斯的〈形而上学〉》（罗斯和福布斯著）第50—54 页详述了这一点。

③ 1083b23-8, 1087b12-16；《物理学》203a15，206b27-8。

④ 247.30-248. 18.

的。我们在《斐莱布》中①发现了"无限"和"限定"之间的区别，并且发现了用短语"更多和更少"和"更大和更小"来描述"无限"。②我们发现他说"现在世界上的一切"，③都有自己的特征（例如温度④），该特征可能以"任何程度"存在，并且有一个"确定程度"。那里没有提到数字。但是我们必须假设他的目的与此类似：目的是为了区分"纯粹的多数"（bare plurality）和"一定程度的多数"（definite degrees of plurality）；"大与小"只是他的一位追随者⑤（或许会更愉快地）使用的 πλῆθος（"纯粹的多数"）的另一个名字。我们现在可以看到亚里士多德关于柏拉图认为数字的元素也是所有其他事物的元素的陈述⑥的理由。在他对数字的研究中，柏拉图发现它们预设了相同的两个元素——限定（他现在称之为"一"）和无限（现在称为"大与小"）——他在《斐莱布》中用这两者分析了可感世界。

关于柏拉图是否使用短语"不定的二"（the indefinite dyad）作为数字生
185 成中的质料本原的名称，这个相当不重要的问题已经有很多讨论。亚里士多德在任何地方都没有明确地把这个短语归于柏拉图，就像他把"大与小"这样的短语归于他一样。⑦但他使用了复杂的短语"那些使'二元体'（dyad）定为由'大与小'组成的不定的人"，⑧这至少表明柏拉图使用了两个短语；其他文本也指向相同的方向。⑨泰奥弗拉斯托斯（Theophrastus）、赫尔谟德鲁斯（Hermodorus）、亚历山大（Alexander）、辛普里秋（Simplicius）、西里阿努（Syrianus）和阿斯克勒庇俄斯（Ascdepius）在描述柏拉图的学说时随意地使用这个短语。"不定的二"只是无限的一个名称，因为它能够无限大和无限小。⑩

---

① 23c4-26c2.

② 24a9, c5, 25c9.

③ 23c4.

④ 24a7.

⑤ 可能是斯彪希波。

⑥ 《形而上学》987b18-20。

⑦ 987b20, 26, 988a13, 26.

⑧ 1088a15.

⑨ 987b25-7, 33, 988a13, 1083b23-36, 1090b32-1091a5.

⑩ 参考罗宾（Robin），《亚里士多德笔下的柏拉图理念和数字理论：历史和批判性研究》（La théorie platonicienne des idées et des nombres d'après Aristote; étude historique et critique）641-54 以及我对《形而上学》1081a14 的注解。

塞克斯图·恩披里柯（Sextus Empiricus）给出了关于这一思路最完整的说明，从作为最高本原的"一"和"不定的二"，以及由之而来的数字、理念、点、线、平面、三维图形，有形之物都相继推导出来。[①] 万物（τὰ ὄντα）分为三组：（1）绝对者，如人、马、植物、土、水、气、火；（2）对立，如善与恶、正与非正义、有利与不利、神圣与不神圣、虔诚与不虔诚、动与静、健康与疾病、痛苦与不痛苦、生与死；（3）相对关系，如左右、上下、双与半、大和小、多和少、尖和扁（音高）。第二组与第三组的区别在于两个特征：（a）两个对立面之一的生成是另一个对立面的毁灭，而两个相对之一的毁灭也是另一个对立面的毁灭；（b）相对关系之间总有"中道"（a mean），但相反者之间从来没有中道。"一"（the One），即"一性"（oneness），被视为第一组中每一事物的一般性质；也就是说，它是"一个"的东西，这是每一个自存事物的共同特征。"相等的"和"不等的"是所有"对立"的属，例如，静止属于相等，因为它不允许程度的不同，运动属于不等，因为它允许这种差异。"相对关系"属于"过剩"（excess）和"不足"（defect）。但是，虽然"相等"和"不等"一起形成了对立面所属的"属"，但"相等本身"属于"一"的"属"（因为"一"与自身的相等是相等的首要情况），而不等属于过度和不足。最后，过度和不足属于不定之二，因为过度和不足涉及两个事物，其中一个超过了另一个。因此，"一"和不定之二作为万物的最高本原出现了（ἀνέκυψαν）。[②] 该方案由威尔珀特（Wilpert）[③] 准确表示如下：

186

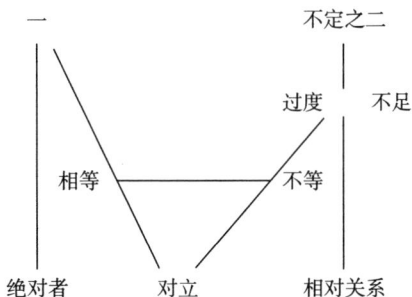

---

① 《驳数学家》x. 258-83。

② 《驳数学家》x. 276。

③ 《亚里士多德式的关于理念论的两部早期著作》（*Zwei aristotelische Frühschriften über die Ideenlehre*），第 191 页。

塞克斯图（Sextus）对这个方案提出者的身份的说法含糊不清。在文章的开头，他谈到了柏拉图，但后来谈到了毕达哥拉斯、毕达哥拉斯学派和"毕达哥拉斯学派的后学"（the children of the Pythagoreans）。在两个方面，他提出的方案并非柏拉图式的。他谈到"不定之二"本身是通过将"一"加诸自身而从"一"派生出来的，[①] 而亚里士多德的解释非常清楚地表明"不定之二"是一个独立的本原。他提到"一"是从"第一单位"（first unit）派生的，[②] 而亚里士多德的论述则明确了对柏拉图而言，并不存在这样的区分——"一"是一个首要的原则，并没有"派生的"一的概念。但是，有两个证据表明塞克斯图提出的方案大体上是"柏拉图式的"。他的叙述以缩略的形式出现在一段文本中，[③] 在其中辛布里秋（Simplicius）引用了第一代柏拉图主义者赫尔谟德鲁斯（Hermodorus）对柏拉图学说的叙述；它的一部分出现在亚历山大关于"一"和"大"与"小"的记述中，[④] 他声称这些记述源自亚里士多德对柏拉图关于善的演讲的记述。[⑤] 这个理论不是毕达哥拉斯的事实得到了证实，因为亚里士多德明确地说，[⑥] 用"大与小"代替"不定"是柏拉图的观点与毕达哥拉斯的区别之一。[⑦] 很明显，总的说来，塞克斯图描述了柏拉图的思路；他对毕达哥拉斯人的提及，只是晚期希腊作家普遍倾向于无处不在地寻找毕达哥拉斯主义的一个例子。[⑧]

（C）我们现在必须考察生成数字的方法。柏拉图的一段话提供了数字

---

① 《驳数学家》x. 261。

② 《驳数学家》x. 276。

③ 《物理学》247.30-248.18。

④ 《形而上学》56.13-18。

⑤ 《形而上学》，第33—35页。

⑥ 987b25-7.

⑦ 塞克斯图的论述和讨论相关问题的《范畴篇》之间有些有趣的联系点：哪些范畴有程度的差别（3b33-4a9, 6a19-25, b20-6, 10b26-11a14）；两个相关项之一的存在是否涉及另一个的存在（7b15, 8a12）。关系项（relatives）和对立者（contraries）的区分，以及对立者是否接受"中道"（a mean）的问题，在《范畴篇》的后半部分（"后谓述"）中再次出现（11b32-12a25）。这证实了以下观点：塞克斯图复述的思路是"学园的"，而不是"毕达哥拉斯的"。伏格尔（C. J. de Vogel）在《谟涅摩叙涅》（Mnemosyne），ii（1949），第205—215页中很好地论证了这一点。

⑧ 可参考菲尔德（G. C. Field），《柏拉图和他的同代人》（Plato and his Contemporaries），第175—176页。

的"生成"。在《巴门尼德》的"第二个假设"中，他推理出可以从存在一个"一"的假设中推导出的肯定结论，他的论证如下：[1] 如果存在一个"一"，那么它的存在不同于其"统一"（unity），所以我们已经有了两件事物。而它的存在与它的"统一"的区别既不同于它的统一也不同于它的存在，因此我们已经有了三件事物。三是奇数，二是偶数。如果有二和三，则必须有两倍和三倍。如果有二和两倍，三和三倍，则必有二的两倍和三的三倍。如果三出现两次，二出现三次，则必须有二次三和三次二。因此将有偶数集的偶数倍数、奇数集的奇数倍数、偶数集的奇数倍数和奇数集的偶数倍数。既然如此，就不应该有任何必须不存在的数字。因此，如果"一"存在，则必须有数字。

这个证明相当草率，因为除了 2 和 3 之外，它并未考虑质数的存在。如果我们对《巴门尼德》的"第二部分"的看法是正确的，那么，这个论证是辩证法的练习，而不是对教义的阐述；无论如何，这里提供的数字的"生成"与亚里士多德告诉我们的数字没有任何相似之处。它不使用"一"和"大小"相应的本原，而是通过加法和乘法的普通过程产生数字。

亚里士多德试图表明[2] 归于理念数的生成是时间上的生成，但这种解释可能会被坚决搁置，并且可能只是他的辩证法。柏拉图提供的是数字的逻辑演绎，用时间术语表述是为了"帮助思考它们的本质"。[3] 换言之，他区分了每个理念数字中的两个元素——例如，一个由两个事物构成的群体——涉及"它是（a）'多个'和（b）一个'确定的多个'"。他用比喻的方式将这两个元素在其存在中的含义，描述为从大和小中生成，这使它成为"多"，而"一"则使其成为特定的"多"。

亚里士多德说[4] 柏拉图认为"二元"（dyad）是生成本原中的第二个，是因为 ἔξω τῶν πρώτων 的数字（"从最初来的数字"）可以从二元中恰当地生成，就像从可塑形材料中生成一样。这种说法很难解释；困难是理解 οἱ πρῶτοι ἀριθμοί（最初数字）的含义。亚里士多德经常用这个短语来指代柏拉图的

188

---

① 143a4-144a5.

② 1091a23-9.

③ 1091a28-9.

④ 987b33-988a1.

理念数字，而不是数学数字，但显然这不是这里的意思，这里所讨论的恰恰是理念数字的产生。泰勒（Taylor）认为[1]"除了最初的数字（except the first numbers）"的意思是"除了 1 和 2"，而贝克（Becker）认为，[2] 无论在 ἔξω 之前插入或不插入 καί，这些词的意思都是"在最初的数字之外"（1 和 2）；但这些解释遭到了反对，即对于希腊人来说，1 不是一个数字，而是"数字的第一本原"，[3] 而泰勒的解释遭到了进一步的反对，即数字并非无法从第一本原中适当地产生，数字 2 提供了这种推导的第一个、也是最明显的例子。[4]

托普利茨（Toeplitz）[5] 认为"一"与"大与小"的产物不是数字而是比率，他认为其含义是：除了那些互为质数的数之间的比率之外，可以从质数之间的比率恰当地产生的比率，例如比率 2：4，3：6，4：8 从比率 1：2 而来。但是柏拉图和亚里士多德都有一个非常好的词，即 λόγος 来表示比率，没有理由假设他们可以在比率的含义上使用 ἀριθμός（数）。[6]

排除了"理想的"（ideal）意思，这里对 πρῶτοι 的唯一其他自然解释是"质数"（prime）；它是希腊算术中"质数"（prime）的标准称谓。但是，在亚里士多德看来，质数并不是唯一无法从一和"大与小"得到的数字；因为对他来说，"大与小"本质上是一个"复制器"（duplicator），只有 2 及其幂可以合适地从中派生出来。[7] 那些不能合适地这样派生的数字分为三组：(a) 质数奇数，(b) 非质数奇数，(c) 奇数和偶数的倍数。已经有人提议通过将 περιττῶν 理解为"奇数"来修改段落，或者将 πρώτων 解释为"奇数"，以便涵盖情况（a）和（b）。没有提及（c）本身对这些建议并不致命；亚里士多德的意思可能是，如果奇数可以产生，那么偶数的产生就没有新的困难了。

---

① 《心灵》（*Mind*）xxxvi (1927), 22-3（收录于他的著作《哲学研究》135-6）。

② 贝克尔（O. Becker），《数学史资料及研究：天文学或物理学》（*Quellen u. Studien zur Geschichte der Mathematik, Astronomie u. Physik*）第二部（Abt. B），i. 4 (1931), 483n.

③ 参考 1088a6-8.

④ 1081a23-5, 1083b23-5, 1091a9-12.

⑤ 托普利茨（O. Toeplitz）《数学史资料及研究》（*Quellen und Studien zur Geschichte der Mathematik*）第二部（Abt. B），i. 1 (1929), 22。

⑥ 柏拉图有如下短语来表达这一点：πρὸς ἀριθμὸν ἀριθμὸς ἢ μέτρον ἢ πρὸς μέτρον（数字对数字，尺度对尺度）（《斐莱布》25a8），这一短语与单独的 ἀριθμός 的用法不一致。

⑦ 1091a9-12.

但是，没有外部证据支持这种修订，也没有相应的希腊文献可供解释。于是，我们不得不假设亚里士多德的意思是"除了质数"。

如果是这种情况，亚里士多德便忽略了情况（b）和（c）。即使这个遗漏也不是很严重；他的意思可能是，如果柏拉图能够从他的本原中推导出质数以及2和它的幂，那么复合数(the composite numbers)就不会有任何困难；6可以从3生成，10可以从5生成，因为2已经从1生成了，9可以从3生成，因为3已经从1生成了。

190

对πρώτων的这种解释可能会遭到反对：亚里士多德反复将其描述为柏拉图生成的第一个数字2本身就是一个质数。但范德维伦（Van der Wielen）① 可能是正确的，他认为柏拉图遵循毕达哥拉斯的分类法，其中质数是奇数的子类（subdivision），并且2不是质数。②

亚里士多德是这样描述数字2的产生的：

> 1081a23，理念的2中的单位是同时产生的，无论是（如理论的最初持有者所认为的那样）来自"不等"（当这些被"相等化"时产生）还是以其他方式。

> 1083b23，当它们相等时，每个单位是来自"大与小"，还是一个来自"小"，另一个来自"大"？

> 同上30，如果两个单位中的每一个（在理念2中）"从大和小两方面出发，均等化……"

> 同上35，不定之二的功能是加倍。

> 1091a10，除了通过加倍从1那里得到的数字之外，"大与小"都不能以任何方式产生数字。

> 同上24，一些思想家提出，偶数是首先从不相等的数——大与小——产生的，当这些数被相等化时。

描述了从2到4的过程如下：

---

① 《柏拉图的理念数》（*De Ideegetallen van Plato*），第131页。

② 尼科马霍斯（Nicomachus），《算数导论》（*Introductio Arithmetica*），I. ii. 2。

> 1081b21，他们说 4 来自理念的 2 和不定的 2，这是"两个 2"，而不是理念 2。

> 1082a13，不定的 2，正如他们所说，接收[1]了确定的（即理念的）2 并产生了两个 2；因为它的本质是将它收到的东西加倍。

> 同上 33，理念 2 中的单元生成 4 中的四。

描述了从 4 到 8 的段落如下：

> 1082a28，假设 4 中的"2"没有先后顺序；然而这些 2 优先于 8 中的那些，因为 2 产生了它们，而它们又在理念 8 中产生了 4。

191　除了 2 及其幂之外，亚里士多德对数字的产生没有太多言论。他说：

> 1083b28，3 本身中的单位是怎么样？其中之一是奇数单位。但也许正是出于这个原因，他们将 1 本身置于奇数的中间位置。

> 1084a36，这就是为什么他们将奇数与 1 等同；因为如果奇数取决于数字 3，那么 5 怎么会是奇数？[2]

> 1091a23，这些思想家说没有奇数的产生。

罗宾（Robin）提出了两种备选方案。在他的第一个临时方案中，[3] 他假设有两个过程在起作用——"复制"和"对 1 的添加"。但是，在他对这个问题的进一步考虑中，[4] 他用"分裂差分"（splitting a difference）代替了第二个过程；他假设在某些情况下，较小数字的向上运动会遇到较大数字的向下运动，并且两种运动都在中途停止并产生中间数字。尽管泰勒（Taylor）认

---

① "收到"（Received），而不是"带走"（took）；因为"大小"的角色是"被动的"，类似于交配中的雌性，或可塑形材料的角色（988a2-7）。

② 这句话的含义是非常含混的。

③ 《亚里士多德笔下的柏拉图理念和数字理论：历史和批判性研究》（*La théorie platonicienne des idées et des nombres d'après Aristote; étude historique et critique*），第 280—282 页。

④ 《亚里士多德笔下的柏拉图理念和数字理论：历史和批判性研究》（*La théorie platonicienne des idées et des nombres d'après Aristote; étude historique et critique*），第 442—450 页。

为"大与小"一词的使用在某种程度上与通过从下方和从上方的替代途径评估根有关，但他认识到这与整数的产生没有密切联系。并且，在他的关于后者的解释中，他遵循罗宾的思路，但增加了一个新观点。在我们引用的一些段落中，[1] 亚里士多德将数字描述为通过大和小的均等化产生的；泰勒通过引用《尼各马可伦理学》中[2] 的一段话来解释这一点，在其中亚里士多德在考虑一方冤枉另一方的案件时，一方得到的比他应得的多，另一方得到的比他应得的少，他将法官描述为"均等化"，将双方各方处于赢家和输家之间的中间位置。那么，在这里，"均等化"意味着"分裂差分"，泰勒认为，类似地，3、5、7 和 9 分别从 2 和 4、4 和 6、6 和 8、8 和 10 中产生。然而，亚里士多德仅在与 2 及其幂相关时，才使用"均等"一词，因为它不是通过"分裂差分"而是通过加倍产生的，这一事实使这一建议变得不合时宜。

　　泰勒提出了对罗宾第二个建议作一些细微修改，但最终还是表达了对那个建议本身的偏爱。[3]

　　这些解释存在一些异议。(i) 坚持理念数字有固定顺序的柏拉图[4] 不太可能以"自然顺序之外"的任何其他方式产生它们，特别是他不可能在除了最后一位的任何其他位置引入神圣数字 10。亚里士多德对柏拉图的理论进行了许多批评，但他从未抱怨过其产生了不自然的顺序的数字，而且在两处地方，他似乎暗示了相反的情况。在 1081a17-29 中，他的论证如下："如果'单位'（units）彼此不可比较，那么如此产生的数字系列（i）不可能是数学数字，因为它由可比较的'单位'组成，并且（ii）也不可能是理念数字，因为数字 2 不会是'一'和'不定的二'的第一个产物，后面跟着连续的数字——2、3、4——因为在数字 2 中的两个单位中的第一个将优先于 2。"如果（正如该论证所暗示的那样）"正如据说的"的意思是"正如柏拉图主义者所说"，则该段落表明这些数字是按其自然顺序生成的（尽管并非每个数字都必然是从紧邻的前一个数字生成的）。1080a33-5 也暗示了相同的结论，"因此理念数字是如此计算的：首先是 1，然后是一个独立的 2，它不包括第

192

---

① 1081a25、1083b24、31、1091a25；在 1081a24 中的短语被明确地分给了柏拉图。

② 1132a6-10, 24-30.

③ 《心灵》（*Mind*）xxxvi (1927)，第 19—20 页（收录于其著作《哲学研究》第 131—132 页）。

④ 1080b12.

一个 1，然后是一个独立的 3，它不包括 2，以此类推"。

柏拉图不可能按照非自然的顺序生成数字，因此人们很想对罗宾的第一种解释提出一种变体，在这种解释中，通过交替使用乘法和加法，可以按照自然顺序生成数字。罗宾的两个建议以及第三个建议可以被表述如下：

$$
\begin{array}{lll}
\textbf{A} & \textbf{B} & \textbf{C} \\[4pt]
\left.\begin{aligned}
1 \times \text{ind. } 2 &= 2 \\
2 \times \text{ind. } 2 &= 4 \\
4 \times \text{ind. } 2 &= 8
\end{aligned}\right\} a
&
\left.\begin{aligned}
1 \times \text{ind. } 2 &= 2 \\
2 \times \text{ind. } 2 &= 4 \\
4 \times \text{ind. } 2 &= 8
\end{aligned}\right\} a
&
\begin{aligned}
1 \times \text{ind. } 2 &= 2 \quad a \\
2 + 1 &= 3 \quad b \\
2 \times \text{ind. } 2 &= 4 \quad a
\end{aligned}
\\[20pt]
\left.\begin{aligned}
2 + 1 &= 3 \\
4 + 1 &= 5 \\
8 + 1 &= 9
\end{aligned}\right\} b
&
\dfrac{2+4}{2} = 3 \quad c
&
\begin{aligned}
4 + 1 &= 5 \quad b \\
3 \times \text{ind. } 2 &= 6 \quad a \\
6 + 1 &= 7 \quad b
\end{aligned}
\\[16pt]
\left.\begin{aligned}
3 \times 2 &= 6 \\
5 \times 2 &= 10 \\
6 + 1 &= 7
\end{aligned}\right\}\begin{aligned}&a\\&\\&b\end{aligned}
&
3 \times \text{ind. } 2 = 6 \quad a
&
\begin{aligned}
4 \times \text{ind. } 2 &= 8 \quad a \\
8 + 1 &= 9 \quad b \\
5 \times \text{ind. } 2 &= 10 \quad a
\end{aligned}
\\[16pt]
&
\left.\begin{aligned}
\dfrac{4+6}{2} &= 5 \\[4pt]
\dfrac{6+8}{2} &= 7
\end{aligned}\right\} c
&
\\[16pt]
&
5 \times \text{ind. } 2 = 10 \quad a
&
\\[8pt]
&
\dfrac{8+10}{2} = 9 \quad c
&
\end{array}
$$

193　　　　（"ind.2"＝不定的二，a 代表乘法，b 代表加法，c 代表"分裂差分"。在这些方案中，没有任何数字用于生成另一个数字，除非它本身首先被生成。）

如果使用加法，它很可能是在 C 中使用，而不是在 A 中使用。但是 (2) 这三个方案中的每一个都遭到了反对，因为它使用两种不同的方法来生成不同的数字；我们本应期望柏拉图使用单一的方法。此时，我们可以考虑 (i) A 和 C，以及 (ii) B。

（i）柏拉图在他生成数字时是否使用了加法呢？亚里士多德关于这一点的证词很难解释。在 1081b12-20 中，他说，"无论单位是无差别的还是互不相同，数字必须通过加法计算。例如，将 1 加到另一个 1 上得到 2，将另一个 1 加到 2 上得到 3，4 也是以类似的方式生成。既然如此，数字不能像柏拉图学派那样从 2 和 1 产生；因为 2 成为 3 的一部分，而 3 成为 4 的一部分，后续数字也是如此"。这表明在柏拉图方案中，3 不是通过将 1 加到 2 产生的，事实上根本没有使用加法。另一方面，亚里士多德在 1083b28-30 中说，理

194　　念 3 中的单位情况如何？其中之一是奇数单位。但也许正是出于这个原因，他们将 1 本身置于奇数的中间位置。这表明奇数可能是通过将 1 添加到前一个偶数中产生的。

然而，我们可以确定，柏拉图并没有通过将 1 加到偶数上来产生奇数；因为这样做就是将"一"视为奇数"质料"的一部分，而很明显，他将其视为只是一种形式本原。我们必须同样拒绝方案 A 和 C，并假设在最后引用的那段话中，亚里士多德不是在谈论柏拉图，而是在谈论他学派中的某个持不同观点的成员。

（ii）在亚里士多德或古代评论家的说明中，没有明确支持方案 B 的内容。最接近这种支持的方法是在《物理学》的文本中[1] 找到的，它说"柏拉图认为'不定数'是两个，因为它们被认为会超过所有限制，并在增加和减少的方向上无限前进"；但这并不能说对方案 B 给予了非常明确的支持。更有可能的是，这只是一种说法，柏拉图所说的"大与小"意味着"无限的多"（indefinite plurality），从 2 到无穷大。B 方案不能一概否定，但也不能说绝对成立。

斯滕泽尔（Stenzel）在他的书《数量和形状》（*Zahl und Gestalt*）中开辟了一条新的解释路线。他从[2]《智者》和《政治家》中宣扬和实践的划分方法的一个典型例子开始：

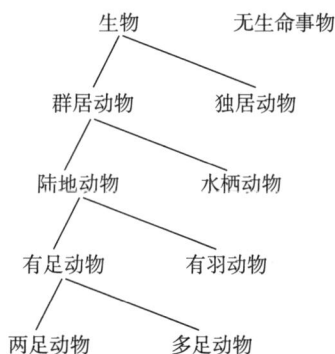

在这里，无生命的事物类别当然可以被二分，就像柏拉图对生物的类别进行二分法一样。然后，[3] 他根据这个图示提供了以下图示，以代表柏拉图生成数字的方式。

195

---

① 206b27.

② 《数量和形状》，第 11 页。

③ 《数量和形状》，第 31 页。

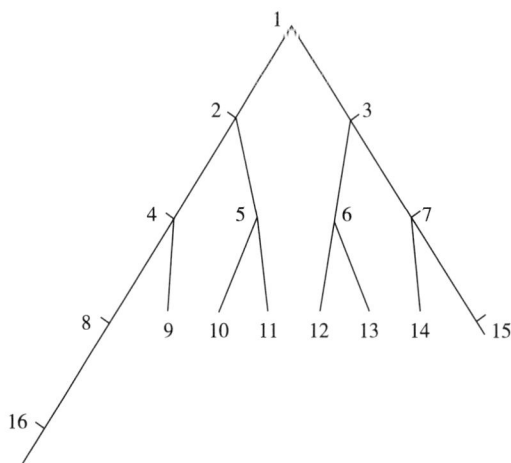

斯滕泽尔（Stenzel）的描述非常模糊，以至于我们无法确切地理解他的理论。他对这个问题的整个处理都存在致命的反对意见。（a）他的理论建立在这样一个假设之上，即柏拉图对数字的推导是通过参考《智者》中的 διαίρεσις（划分）的方法来解释，该方法在《智者》和《政治家》中进行了阐述和说明。但是，他用来说明他的理论的两个图示之间并没有真正的类比。数字 2 和 3 不是 1 这个属的种，就像有生命的事物和无生命的事物是"生成的事物"这一属的种。（b）在亚里士多德关于此事的所有论述中——必须记住，亚里士多德是我们柏拉图推导数字的唯一原始权威——没有任何迹象表明 διαίρεσις 与它有任何关系。亚里士多德所说的是，在数的产生中，"一"是形式元素，"大"和"小"是"准质料元素"（the quasi-material element）。这表明，作为柏拉图推导数字的起点，根本不是 διαίρεσις，而是《斐莱布》中的 πέρας（限定）和 ἄπειρον（无限）；斯滕泽尔（Stenzel）完全忽略了这条线索。（c）他忽略了亚里士多德给出的关于特定数字推导的详细提示。[①]

斯滕泽尔（Stenzel）的观点得到了贝克尔（Becker）[②] 的大幅改进，但是，贝克尔跟随他认为，数字的推导是通过二分法进行的。他认为，柏拉图所说的数字 2 的"生成"意味着将"一个通用理念'二分为'两个具体的理念"。

---

① 对斯滕泽尔（Stenzel）观点的详细论述，参考范德维伦（Van der Wielen），《柏拉图的理念数》（*De Ideegetallen van Plato*），第 220—224 页。

② 《数学史资料及研究：天文学或物理学》（*Quellen u. Studien zur Geschichte der Mathematik, Astronomie u. Physik*）第二部（Abt. B），i. 4 (1931)，第 464—501 页。

对于产生 2 的幂的过程，他依赖于进一步的二分法。他通过以下图示[①] 说明了 2、4、8 的产生过程，其中实心圆圈代表二分法产生的单位，而空心的圆圈代表通过二分法产生但又被进一步的二分法取消的单位：

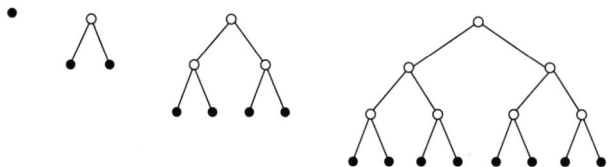

他发现数字 3 不能像斯滕泽尔的假设那样通过产生数字 2 的相同二分法得到，而是对前一次二分法产生的单位之一进行进一步的二分法来产生数字 3 和其他奇数：[②]

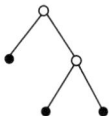

他通过对动物属的以下划分来说明这一点：

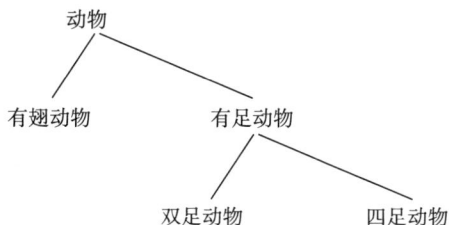

贝克尔（Becker）观点的主要思路可以总结如下："因此，摆在我们面前的是一种二分法，在这种二分法中，不是数字本身，而是数字中的单位是成员（members）。"[③]"正是这些单位与理念相对应。"[④]"根据柏拉图的学说，将单子（a monad）一分为二，只不过是将属分为两个属差（differenti-ae）。"[⑤]"在理念数和理念链（the chain of Ideas）中进行比较的是数中的单个单位和链中的单个理念。整个理念数对应于整个定义，因此被定义物（the   197

---

① 《数学史资料及研究：天文学或物理学》，第 462 页。

② 《数学史资料及研究：天文学或物理学》，第 468 页。

③ 《数学史资料及研究：天文学或物理学》，第 467 页。

④ 《数学史资料及研究：天文学或物理学》，第 467 页。

⑤ 《数学史资料及研究：天文学或物理学》，第 468 页。

definiendum）作为一个整体也随其对应。"① 因此，他的理论似乎是，柏拉图通过认识到作为除最高属（a *summum genus*）外的任何理念的存在都涉及一个属的元素（a generic element）和一个或多个属差，因此柏拉图将理念与数字等同起来，于是任何数字的存在都涉及两个或多个单位。无法被分析为"属的元素"和"属差元素"的总属将由 1 来表示；一个类的理念，包括一个属的元素和一个属差元素（例如"有脚的动物"）将由数字 2 表示，具有一个属的元素和两个属差元素的由数字 3 表示，依此类推。这似乎是贝克尔曾经说过的话。但是，在上述的图示中，数字 2 并不对应具有一个属的元素和一个属差元素的理念，而是针对分为两个种的类，数字 4 是分为四个亚种的类，数字 8 是分为八个亚亚种（sub-sub-species）；数字 3 也不是指具有一个属的元素和两个属差元素的理念，而是指分为一个种和两个另一种的亚种的属。因此，贝克尔似乎并没有弄明白，一个数字是对应于单个理念中元素的总体，还是对应于一个属被划分成的类的总体。

然而，他的理论的基本部分是"对于二分法方案（理念之链）中的理念，对应于理念数的单位，而不是这些数字本身"。② 换句话说，理念数不是单个理念，而是一组理念，每个理念都对应理念数中涉及的一个单位（或者更确切地说，是由它预设；因为在柏拉图看来，理念数显然不包含单位）；一个理念数是"理念（复数）的数"（an ideal number is a "number of Ideas"）——意思是一组理念。为了支持这个论点，贝克尔引用了一些段落，③ 其中单数形式的 ἀριθμός 与 εἶδος 或 ἰδέα 的复数形式结合出现。但是，对这些段落的考察表明，其中的 ἀριθμός 不是指特定的理念数，而是用于理念数的整个范围，就像 ὁ μαθηματικὸς ἀριθμός（这里是用了"单数的"数学数——译者注）是数学数字的总称一样。范德维伦（Van der Wielen）指出了这一点，④ 他还展示了⑤ 贝克尔（Becker）所依赖的一些其他文本⑥ 并不能证明他的观点。

---

① 《数学史资料及研究：天文学或物理学》，第 473 页。
② 《数学史资料及研究：天文学或物理学》，第 467 页。
③ 1080b12, 1081a21, 1083b3, 6-7, 1090b33, 37,《论哲学》残篇 9。
④ 《柏拉图的理念数》，第 235 页。
⑤ 《柏拉图的理念数》，第 235—236 页。
⑥ 《斐莱布》18c3-6；《形而上学》987b20-2、1080a30-5、1081a32-5、1082a33-6、b23-6。

　　然而，对贝克尔观点的主要反对意见与那些适用于斯滕泽尔（Stenzel）观点的反对意见相同——即它没有试图解释"大与小"这个短语和大与小的作用，亚里士多德将其描述为（与"一"一起）整个理念数理论的基础；它忽略了亚里士多德就特定数生成方法所给出的许多暗示，以及它将该理论与《智者》和《政治家》的二分法联系起来，并忽略了该理论与《斐莱布》的"限定"和"无限"的更有可能的联系。尽管他的理论很有独创性，但似乎我们无法接受他的理论。

　　另一个解释柏拉图理论的尝试是托普利茨（O. Toeplitz）提出的，[①] 他认为[②]"柏拉图神秘的理念数，'不定的二'（the ἀόριστος δυάς），或者如他自己所说，'大与小'（the μέγα καὶ μικρόν）是数学'比率'（λόγος）的认识体现——即 α:β 是'不定的二'，它可以以最不同的现象形式出现，也许是最不同的整数对的比率，或者是两个平面的比率等等。关于形容词 'ἀόριστος' 的确切含义——无论是指同一个 λόγος 所代表的这一对可以以非常不同的方式处理，还是指这一对的两个成员'大'与'小'本身源自无限的世界——这个问题目前必须暂时搁置"。

　　正如我们所见，托普利茨（Toeplitz）对于难解文本 987b33-988a1 的解释是，"以 1：2 的比例表示的不同数量对，例如 2：4、3：6、4：8 等，是一个单一模型的不同副本，将它们全部融合成一个概念，一个'一'，即 λόγος 或'数字'（在新意义上）1：2。"[③]

　　因此，显然"不定的二"是一般的比率，"一"是所有可能的比例在其最简形式下陈述的泛称，例如 1：2，1：3，而理念数是由"一"作用于"不定二元"产生的比率，即 2：4、3：6 等，由 1：2 的比率产生；2：6、3：9 等，由比例 1：3 产生，依此类推。这其中有很多还不清楚。将"神秘的理念数"初步认定为"不定的二"已经显示出混乱的迹象，因为亚里士多德的证词将这两者区分得最为清晰。另一个混乱的迹象是将以最简形式陈述的比

199

①　《数学史资料及研究》（*Quellen und Studien zur Geschichte der Mathematik*）第二部（Abt. B），
　　i. 1 (1929)，第 3—33 页。
②　《数学史资料及研究》，第 10 页。
③　《数学史资料及研究》，第 22 页。

例描述为理念数的复制品的模型（mould）。① 这意味着托普利茨将亚里士多德的 ἐκμαγεῖον（在上下文② 明确表示"可塑形材料"）视为印在这种材料上的模型（mould）。总的来说，很难确切地了解托普利茨将"一"和"大与小"视为什么。此外，没有证据表明在柏拉图时代 ἀριθμός 可能被用来表示"比率"，柏拉图对此（即比率）有自己的表达方式，λόγος 和 πρὸς ἀριθμὸν ἀριθμός。③

然而，在托普利茨的描述中仍然有一点有价值：他提醒人们，柏拉图自己在《斐莱布》中④ 描述 πέρας 的性质时提到的比例概念，可能在他的理念数论中发挥了重要作用。我们很快就会回到这种可能性。⑤

范德维伦（Van der Wielen）对理念数的产生的描述⑥ 是基于辛布里秋（Simplicius）对《物理学》的评论中的一段话，⑦ 在其中提到柏拉图在他关于"善"的讲座中将"一"和"大小"作为可感事物和可理解事物（理念数）的构成元素。范德维伦继续说，波菲利在他对《斐莱布》的评论中解释了这个理论：

> 柏拉图自己将"更多或更少""极度"和"稍微"（τὸ σφόδρα καὶ τὸ ἠρέμα）归为"无限"一类。因为无论这些因素何时存在，无论在强化（intensification）和松弛（relaxation）方面的前进，分享它们的东西不会停滞不前，不会达到极限，而是继续走向无限的不确定性。同样，对于大和小，以及柏拉图将它们用作等效物的更大和更小，也是如此。让我们拿一个有限的量（magnitude），例如一尺，然后把它二等分；如果我们将一半尺保持不变，但将另一半逐渐分割并逐渐添加到未分割的部分，那么这尺将有两部分，一部分在减小，另一部分在增加，没有限制。因为在分割尺的过程中，我们永远不会到达不可分割的部分，

200

---

① 《数学史资料及研究》，第 22 页。

② 988a1.

③ 前一种用法，散见于多处；后一种用法，在《斐莱布》25a8 中。

④ 25a6-b3, d11-e2.

⑤ 本书第 200—202 页。

⑥ 《柏拉图的理念数》（De Ideegetallen van Plato），第 118—137 页。

⑦ 453.25-454.7.

因为尺是连续体，连续体被划分为永远可分割的部分。这样一个不断切割的过程揭示了封闭在尺内的某种无限，或者更确切地说，不仅向大前进，而且向小前进。

有一段话，① 在其中亚里士多德设想了一条线的类似划分。这条线产生了一个"无限加法"和一个"无限划分"，并总结说，"正是由于这个原因，柏拉图也认为'无限'有两种，因为它被认为是可能超过所有限制，并且在增加和减少的方向上无限地进行"。

根据波菲利的一段文字，范德维伦（Van der Wielen）认为柏拉图使用了"线喻"——就像他很久以前所做的那样——来说明一个哲学教义。这条线可以这样表示：

$$\Gamma \qquad\qquad\qquad\quad \Pi_1 \quad\quad \Pi_2 \quad\quad \Pi_3 \qquad\quad \Delta$$

亚里士多德将理念数的起源描述为形式元素"一"，质料元素"大与小"的作用。范德维伦将这一点解释为：如果线段 $\Gamma\Delta$（能够被在任意点 Π_n 划分）在中点 Π_1 被一分为二，"一"的理念，即 $1:1$ 的比率——是 $\Gamma\Pi_1$ 与 $\Pi_1\Delta$ 的比率——使得不确定的 $\Gamma\Delta$ 与 $\Pi_n\Delta$ 的比率成为了确定的 $\Gamma\Delta$ 与 $\Pi_1\Delta$ 的比率（$2:1$），从而产生了数字 2。如果 $\Pi_1\Delta$ 在其中点处 Π_2 被一分为二，那么，$\Pi_1\Pi2$ 与 $\Pi_2\Delta$ 的比率 $1:1$ 就使得不确定的 $\Gamma\Delta$ 与 $\Pi_n\Delta$ 比率成为了确定的 $\Gamma\Delta$ 与 $\Pi_2\Delta$ 的比率（$4:1$），从而产生数字 4。类似的过程可以产生 $8:1$ 的比率，从而产生数字 8。

范德维伦关于理念数生成的理论在某些方面是所有提出的理论中最好的。它基于对亚里士多德和其他地方的所有证据的非常仔细的研究。它充分利用了柏拉图在《斐莱布》中所提供的重要线索，即当他将《斐莱布》中的"限定"和"无限"明确归并为"确定比率"和"缺乏确定比率"时，这两者显然是"一"和"大与小"的前身。② 但是，这个解释中仍然存在巨大的空白；它只使得柏拉图生成了 2 及其幂。

201

────────────

① 《物理学》206b3-29.

② 24e7-25b3.

然而，事实上，柏拉图可能已经通过完全相似的方法从"每一数字的前一个数字"（its predecessor）生成了所有的数字：

$$\Gamma \qquad\qquad\qquad \Pi_1 \qquad \Pi_2 \qquad\qquad\qquad \Delta$$

如果 $\Gamma\Delta$ 在其中点 Π_1 处被一分为二，则 $\Gamma\Pi_1$ 与 $\Pi_1\Delta$ 的比率 $1:1$ 使 $\Gamma\Delta$ 与 $\Pi_1\Delta$ 的比率成为 $2:1$，因此生成数字 2。如果 $\Gamma\Delta$ 则在 Π_2 处被分开，$\Gamma\Pi_2$ 与 $\Pi_2\Delta$ 的比率为 $2:1$，这使得 $\Gamma\Delta$ 与 $\Pi_2\Delta$ 的比率为 $3:1$，从而产生数字 3，依此类推。

范德维伦认识到[①] 这种方法可能会生成除 2 及其幂以外的数字，但他认为这种方法与《形而上学》A6 中的说法相矛盾：《形而上学》A6 中"一"是所有数字生成的形式本原。但是，其实这里并没有矛盾；"一"确实是所有数字生成的主动本原，但这并不意味着它在每个阶段都重新介入；它的功能是启动这个过程，正如比率 $1:1$ 事实上所做的那样。这种情况正是亚里士多德在 A6[②] 中的批评所暗示的：

> 该理论不是一个合理的理论。因为他们从质料中创造了多种事物，而形式只产生一次，但我们观察到只有一张桌子是由一定的质料制成的，而应用形式的人，尽管他是一个人，却做了很多张桌子。男性与女性的关系是相似的；后者通过一次交配而受孕，但雄性可使许多雌性受孕。这些是那些第一本原的类似物。

202 　　亚里士多德的批评是：单一"形式"作用于单一"质料"只能产生一个结果，而柏拉图主义者认为虽然"形式"只起一次作用，但从一个质料中却产生了许多结果；这正是在像我们可以想象的柏拉图所设想的链式反应中发生的情况。如果我们接受范德维伦关于"一"的解释，即 $1:1$ 的比例，我们就可以跟随他的说法："一"，即直线两部分之间的比例 $1:1$，必然意味着整体和它的一半之间的比例为 $2:1$；然后"一"就不需要再次介入，因

---

① 《柏拉图的理念数》（*De Ideegetallen van Plato*），第 132—133 页。

② 988a1-7.

为 2 将同样会导致 3，依此类推。

　　这种解释不应因亚里士多德的说法① 而被拒绝：即只有复合数（composite）能够恰当地从柏拉图的两个本原中生成，或他的说法②："大与小反对从中生成除了 2 及其幂以外的其他数字"，或他的说法③："他们说奇数没有生成"，因为他也明确表示柏拉图声称能够生成所有的理念数。前两个说法仅暗示亚里士多德认为柏拉图的尝试在应用于质数时失败了，或在应用于除 2 及其幂以外的任何数字时失败了，而第三个说法可能指的是一些柏拉图的追随者，而非柏拉图本人。

　　然而，支持范德维伦巧妙解释的正面证据却很少。波菲利（Porphyry）并没有说柏拉图使用了与理念数字相关的"划分线段"（a divided line）；波菲利本人也没有用它来说明它们的生成方式，而只是用它来说明"大与小"的含义。将一条线一分为二，然后使用各部分之间的比率生成数字 2 的过程也有些天真。人们不太愿意将此程序归于柏拉图。我们很可能会寻找另一种解释。我们必须再次检验亚里士多德的证据。

　　对亚里士多德来说，"一"的功能是"相等化"（to equalize），④ 而"大"和"小"的功能是加倍。至于前一个功能，这个词（或者至少它背后的思想）必须是柏拉图自己的。因为在亚里士多德用来表示数的质料本原的各种短语中，"不相等"是最清楚地可以追溯到柏拉图本人⑤ 的短语之一，如果是这样，他赋予"一"的功能必须是"消除不相等"。但是，这是什么意思呢？"大与小"在什么意义上是不相等的？亚里士多德认为这是因为"大与小"是两个东西，一定是不相等的，因为一者大，一者小。他的观点在《物理学》203a15 和 206b27 中表现得最为清楚，他说，"柏拉图使不定的数量变成了两个"。但更有可能的是，特别是考虑到"大与小"毫无疑问地起源于《斐莱布》的"更多与更少"，柏拉图并没有用它来指代两个事物，而是一种事物，即"无限的多"，它之所以被称为"不等"，仅仅是因为它能够特定化为从 2 到无穷大

203

---

① 987b33-988a1.

② 1091a9-12.

③ 1091a23.

④ 1081a25, 1083b24, 31, 1091a25.

⑤ 1081a24. ὁ πρῶτος εἰπών= 柏拉图。

的不等数；事实上，在　段话中，①亚里士多德抱怨柏拉图"将不等或大与小看作是一个东西"。如果柏拉图"不等"的意思是"无限多"，那么"一"的功能，被描述为"均衡"，必然是赋予"确定性"，将不明确的无限多样性赋予确定的形式。

我们无法保证关于大和小的功能的"加倍"这个表达可以追溯到柏拉图。难道不可能是亚里士多德对此的使用也是出于同样的误解，即认为柏拉图的大和小是两种东西，而不是一种不确定的东西吗？如果这个假设是正确的，那么"大与小"的功能就不是严格意义上的"加倍"（尽管它的首要任务是为数字 2 的形成提供质料），而只是提供"无限的多样性"，而在这种无限的多样性上，"一"，即确定性原则，施加了连续的规范，并因此产生了连续的数字。在一处文本中，②亚里士多德实际上将"大与小"描述为"提供多样性"。

如果柏拉图认为"大与小"的功能仅仅是"加倍"，那么"一"对"大与小"的影响所能产生的唯一数字就是数字 2。然后，数字 4 可能被描述为由数字 2 对"大与小"的影响，③数字 8 是数字 4 对"大与小"产生的影响。④在此基础上，唯一可以产生的数字是 2 及其幂。⑤对于其他数字，柏拉图将不得不依靠一些完全不同的生成方法；但他使用根本不同的方法来产生不同的数字是非常不可能的。更可能的是，他使用了单一的方法——"一"，即限定或确定性本原，将连续的确定程度施加于"不定的多"和"不定的少"上。数字 2 具有最大的少数性，最小的多数性，数字 3 具有下一个可能的少数性和多数性程度；依此类推。

因此，很可能亚里士多德的论述因误解柏拉图对"大"和"小"的含义，而严重扭曲。同时，亚里士多德未能认识到柏拉图理念数的观念——它不是单位的总和，而是一个统一的理念（a unitary Idea）⑥——也使其论述受到扭曲。对于这种误解，亚里士多德并非完全应负责任，因为古代权威一致认为

----

① 1087b11.

② 1083a13 ποσοποιόν 而不是（通常的）δυοποιόν。

③ 1081b21, 1082a13, 33.

④ 1082a28-31.

⑤ 1084a5-6.

⑥ 本书第 180—181 页。

柏拉图关于"善"的讲座让听众猜测其含义。作为亚里士多德关于柏拉图"数字的生成"论述中存在一定误解的证据，可以指出《物理学》中已被评论过的两个段落。[①] 也可能有一些亚里士多德的批评并不是针对柏拉图的真实说法，而是针对斯彪希波（Speusippus）或色诺克拉底（Xenocrates）所猜测的他可能的意思，或者反对学园内设计的一些新的"数字的生成"方式；因为在《形而上学》M 和 N 两卷中，亚里士多德只有一次提到过柏拉图的名字，[②]并且在描述特定数字的生成的段落中，只有一处[③]明确提到了他。

因此，我所提出的是，在柏拉图生成理念数的过程中，"一"恰好对应于《斐莱布》中的"限定"，而"大与小"则对应于《斐莱布》中的"无限"。连续的数字是将"限定"或"确定性"连续应用于"无限多"的结果。亚里士多德所说的很多话都源于他将"大与小"解释为两个事物，即大和小。由此得出他对它的描述不是"提供多样性"（supplying plurality）而是"加倍"。由此也可以得出他的说法，即这两个本原的结合不能恰当地产生奇数，以及他更极端的说法，即它只能产生数字 2 及其幂。他所说的大部分内容可能不是针对柏拉图，而是针对色诺克拉底（Xenorates）；正如亚里士多德所说，色诺克拉底将理念与数学数字混淆，因此可能给出了比柏拉图更数学化的数字生成类型。他可能将 2 及其幂描述为通过连续加倍产生，可能是他使得"一"成为奇数的中间单位（the middle unit），[④] 即把它们视为通过将 1 加到前一个偶数而生成的。

（D）当我们首先考察了柏拉图关于"数字之后的事物"以及理念与灵魂之间关系的观点，才能更好地思考理念数与一般理念的关系问题。

205

---

① 本书第 147 页。

② 1083a32.

③ 1081a23-5.

④ 1083b29.

第十三章
数字之后的事物

亚里士多德在三段文本中，指向了一种被柏拉图的学园中的一些人持有的信念，这种信念认为空间实体（spatial entities）是"数字之后的事物"或"在理念之后的事物"的一种。

992b13-18：对随着"数字"而来的线、面、体也说不出个道理来，说不出它们现在怎样存在，将来怎样存在，对什么起作用。这些东西，并不是理念（因为它们不是数字），也不是居间者（因为那是数学对象），也不是些可消灭的东西，显然它们又是第四个种类。

1080b23-8：关于直线、平面和立体也是这样。有一些人把数学对象和相随的理念的东西区别开来。在那些以另外的方式谈论问题的人之中，有的以数学的方式来谈论数学对象，他们并不把理念当作数字，甚至说理念并不存在，另一些人则不以数学的方式来谈论数学对象。

1085a7-9：后于数字的那些种类，即直线、平面、立体，也遇到同样的困难。①

亚里士多德在《形而上学》M 卷和 N 卷中对柏拉图学派的整个论述是

---

① 采用苗力田译本，略有改动。——译者注

基于一个区分：承认理念的存在，与数学对象有所不同的那些人，否认理念存在的那些人，以及将其与数学对象等同起来的那些人。我们已经表明①（我相信这是所有研究这一主题的人的共同认识）柏拉图承认三种实体的存在，斯彪希波否认理念的存在，色诺克拉底将它们等同于数学对象。因此，无论是斯彪希波还是色诺克拉底都没有另外三个类别——可以从这些类中区分出"理念之后"或"数之后的事物"来作为第四类。既然如此，上面引用的前两段中的每一段都清楚地表明，柏拉图相信"在数字之后"或"在理念之后"的事物。

亚里士多德对柏拉图学说的通常解释是：他区分了三种类型的实体，即理念、数学对象和可感事物。在等级顺序中紧随理念之后承认第四类的存在，显然是柏拉图思想的一个后来的发展。《形而上学》有两段文本阐明了它的起源。②在 1036a26-b17 中，亚里士多德指出，当一种形式与多种材料结合时，就像圆形可以出现在青铜、石头或木材中一样，很容易看出材料不是其本质的一部分；但是，当一种形式总是与同样的材料或一组材料结合在一起时，就像人与肉和骨头的结合一样，就会对定义是否应该包含对材料的提及产生疑虑。他补充说，一些人对圆圈（the circle）本身也感受到了这种困难。人们争论空间延伸（spatial extension）是否属于线条的本质，就像青铜或石头属于雕像的本质一样；一些柏拉图主义者称"二元性"（duality）是线本身，而其他人称其为线的形式（即仅是其形式要素），因为线不能仅被认同为其形式要素。在 1043a29-36 中，亚里士多德提到了线的本质是体现在长度中的二元性还是仅仅是二元性的问题。

因此，直到某个时期，柏拉图仍满足于简单地区分理念、数学对象和可感事物；③但是，当他将理念，或者更确切地说，将最高、最抽象的理念与数字等同起来时，他不得不承认一个较低级别的理念，其中每个理念在其本质中都包含对空间延伸和数字的引用，因此，例如，线的理念是"长度的二元性"。这些理念之于几何学的对象和可感知的空间对象，正如理念数之

①　本书第 151—152 页。

②　对这些文本的精彩论述，参看范德维伦（Van der Wielen），《柏拉图的理念数》（De Idee-getallen van Plato），第 144—147 页。

③　987b14-18, 1028b18-21.

于算术的对象和可感知的数字群；它们与数学对象的不同之处在于其"独特性"（being unique），而与可感对象的不同之处在于其"独特性"以及"永恒不变性"。

我们现在必须考虑柏拉图是否将生成本原（generative principles）分配给这些"理念的量"（ideal magnitudes）；我们将首先考虑"质料本原"的问题。在提到这些"量"的第三段文本中，① 以及另外两段文本中，② 亚里士多德谈到柏拉图主义者，认为他们将"长和短"视为"理念线"的质料本原，"宽和窄"作为"理念平面"的质料本原，"深和浅"作为"理念立体"的质料本原。在这些段落中，没有任何一段明确地将这一学说归于柏拉图，但是，正如我们所见，相信这一"第四类"的是柏拉图；此外，在每一段中都指出，这些质料本原是"大与小"的形式；并且由于将"大与小"作为理念数的质料本原的处置方式被明确归于柏拉图，因此至少可以自然地假设是他对线、面和立体持有相应的观点，并且作为"大与小"是指"无限的多"，"长和短"是指在一维上的无限延伸，"宽和窄"指的是在二维上的无限延伸，"深和浅"指的是在三维上的无限延伸。

柏拉图是持这种观点的人之一，这一结论得到了另外两段文本的佐证。在 1085a31-4 中，它与另一个非常确定来自斯彪希波的观点有所不同，③ 而在 1090b37-1091a1 中——这段话明确提到了柏拉图④——我们得知他从"大和小"中生成了空间的量（除了从"大与小"中也生成了理念数之外）；这分明是指长与短、宽与窄、深与浅。

除了已经讨论过的两处文本，⑤ 其中数字 2 被称为直线的形式因，在《形而上学》中，对柏拉图学派指定给空间实体的形式原因的最明确的引用可以在 1090b20-4 中找到，其中亚里士多德说："信奉理念的人们从质料和数字中推导出空间的量，从数字 2 中推导出线，从 3 中推导出平面，从 4 中推导

---

① 1085a7-12.

② 992a10-13, 1089b11-14.

③ 因为在其中，数字的质料本原被称为 πλῆθος（大量、众多）——这可能是他给质料本原起的名称。

④ Οἱ πρῶτοι δύο τοὺς ἀριθμοὺς ποιήσαντες（这些人最初创造了两种数字），1090b32.

⑤ 1036b12-17, 1043a29-36.

出立体——或者他们使用其他数字，这没有区别。"这段文字① 有时被认为②
只是指向色诺克拉底，但更仔细的考察表明情况并非如此。它以"至于相信
理念的人，这个难题对他们来说并不重要"这句话开始。然后，在提到空间
实在的形式本原之后，亚里士多德继续说道：

> 但是，这些空间量会是理念吗？或者它们以什么方式存在，它们
> 对事物有何贡献？毫无益处。正如数学对象对此无益一样。而且，也
> 没有定理③ 可适用于它们【除非有人选择篡改数学对象并发明自己的学
> 说。但是，假设任何随机假设并推导出一长串结论并不困难；这些思想
> 家，因此，坚持将数学对象与理念联系起来，是错误的】。这些人最初
> 造出了两种数字：理念数字和另一种数学数字，然而他们从不曾说出也
> 不可能说出数学数字怎样存在和出于什么而存在。④

这里的短语"理念的信徒"包括柏拉图和色诺克拉底，并将他们与斯彪
希波区别开来，后者已在 b13-20 中讨论过了，将数字 2、3、4 分配给直线、
平面和立体被归功于两者。但是，"这些不起作用，就像数学对象没有贡献
一样"，显示出亚里士多德首先想到的是一位将理念与数学对象区分开来的
思想家，即不是色诺克拉底而是柏拉图。只有在我用括号括起来的段落中，
才只是提到了色诺克拉底；紧接着，亚里士多德又回到了柏拉图的学说。

我们必须将这段话与来自《论灵魂》中的一段话放在一起，加以思考：⑤

> 同样柏拉图在《蒂迈欧》中也提出灵魂是由元素构成，因为他认为，
> 相似的通过相似来认识，事物是由这些本原或元素构成的。(18) 他还
> 在 ἐν τοῖς περὶ φιλοσοφίας λεγομένοις（具体含义见后文——译者注）中
> 进行了类似的说明，认为生物本身是从"一"的理念和最初的长宽高

---

① 1090b20-32.

② 例如我在之前就这么认为。

③ 即数学定理。

④ 采用苗力田译本，有改动。——译者注

⑤ 404b16-27.

行化而来，其他事物也同样如此。(21) 还有另一种说明，即理智是一，知识是二（因为两点之间只有一条直线），而平面的数字是意见，立体的数字是感觉；因为他认为那些数字、形式和本原是同一的，它们都是由元素构成的。(25) 事物是通过理智来认识的，或者是通过知识，或者是通过意见，或者是通过感觉；而这些数字就是事物的形式。

我没有翻译 ἐν τοῖς περὶ φιλοσοφίας λεγομένοις 这个短语，因为它们的含义存在争议。有些人认为它们指的是柏拉图的哲学讲座，有时这些讲座被认为是关于"善"的讲座。其他人则认为他们指的是亚里士多德《论哲学》的对话录，他在其中陈述和评论了早期哲学家（包括柏拉图及其学派）最重要的学说。范德维伦（Van der Wielen）① 采纳了前者的含义，并认为整篇文章指的是柏拉图；切尔尼斯（Cherniss）② 教授从后一种意义上理解它们，并同样坚信除第一句之外的整个段落都指的是色诺克拉底。ἐν τοῖς περὶ φιλοσοφίας λεγομένοις 是指"在柏拉图的哲学讲座中"还是"在我的《论哲学》中"并不重要；即使后一种观点是正确的（我认为是正确的），这种参考很可能是指亚里士多德对柏拉图学说的报道。③ 如果整段 404b16-27 的内容如果一直解释为指的是柏拉图，读起来会更自然；并且我们可能会注意到，当在 b27-30 中，亚里士多德提到了一个肯定是色诺克拉底的观点，他通过说"一些思想家认为"来标记这一转变。

我们在《形而上学》1090b20-4 中找到了一段内容，它将关于线、平面和立体可辨识的相同观点归于柏拉图。并且还有一段由泰奥弗拉斯托斯（Theophrastus）④ 写的一段话支持了整个《论灵魂》的段落指的是柏拉图的观点。该段落如下：

---

① 《柏拉图的理念数》（*De Ideegetallen van Plato*），第 158—168 页。

② 《亚里士多德对柏拉图和学园的批评》（*Aristotle's Criticism of Plato and the Academy*），第 565—580 页。

③ 这就是菲洛波努斯（Philoponus）(75.34-76.1) 采取的方式；辛布里秋（Simplicius）更简单地表达了相同的观点 (28.7-9)。特米斯提乌斯（Themistius）认为这段话是指色诺克拉底 (11.37-12.7) 的观点，但也指柏拉图 (12.28) 的观点。

④ 《形而上学》6a23-b9。

大多数人的思考在某个点上就停下来了，就像那些设定"一"和"不定的二"的人；因为在生成数字、平面和立体之后，他们几乎没有再提及其他任何事物，只是稍微涉及一下，并明确指出一些事物来源于"不定的二"，例如位置、虚空和无限，而其他事物则来自于数和"一"，例如灵魂和某些其他东西……但是，关于天上的事物和宇宙中剩余的事物，他们没有进一步提及；同样，斯彪希波学派也没有这样做，除了色诺克拉底之外，其他任何哲学家也没有这样做；因为他总能以某种方式为一切事物确定宇宙中的位置，无论是感官对象、理性对象还是数学对象，甚至包括神圣的事物。

211

这段文本较早部分明确提到了柏拉图，与斯彪希波和色诺克拉底进行了区分，而且一种关于空间的量和灵魂的观点（与《论灵魂》中提到的观点一致）被认为是柏拉图的。

最后，柏拉图确实将数字 2、3、4 分配给了直线、平面和立体这一事实得到了证实，因为这些分配出现在我们有充分理由认为是柏拉图学说[①] 摘要的塞克斯图·恩披里柯（Sextus Empiricus）[②] 的文章中。

那么，就线、面和立体而言，这种观点是什么呢？就是线的理念源自数字 2 和无限长度，平面的理念源自数字 3 和无限宽度，立体的理念源自数字 4 和无限深度。我们可以为这种观点赋予一个可理解的含义。对柏拉图来说，数学对象，无论是算术还是几何，都形成了一个整体，介于理念和可感事物之间。因此，他自然会尝试对几何实体的理念进行"生成"，这与他对数字的理念进行的生成相对应。

这个系统至少是一个对称的系统。理念数是从"一"和"大与小"，即不定的多中派生出来的。线的概念来源于数字 2 和长短不定的长度。平面的概念来源于数字 3 和宽窄不定的宽度。立体的概念来源于数字 4 和深浅不定的深度。线的理念是"长度中的二元性"，[③] 因为两个点确定了最简单的线，即直线。平面的理念是"广度中的三元性"，因为三个点决定了最简单的平

---

① 参看本书第 185—187 页。

② 《驳数学家》10.278-80。

③ 1043a34.

212　面图形，即二角形。立体的概念是"深度中四元性"，因为四个点决定了最简单的立体，即四面体。

　　我们现在可能会问，《论灵魂》中的这段话："生物本身是从'一'的理念和与最初的长度、宽度和深度复合而成，其他一切都类似地构成"的意思是什么？亚里士多德所报告的学说显然与《蒂迈欧》中的学说是一致的。在《蒂迈欧》中，① 可感世界被称为"具有灵魂和理性的生物"；因此，"生物本身"几乎只能是"理念"，根据《蒂迈欧》的说法，"工匠神"（Demiourgos）参照理念，造出了可感世界。鉴于亚里士多德经常使用 πρῶτος 一词来区分理念与数学数字，"最初的长度、宽度和深度"将是长度、宽度和深度的理念。因此，可感世界的理念是一个复合理念，其元素是"一"的理念和线、面和立体中的形式或理念元素，即 2、3 和 4 的理念。这是以一种生动的方式，表达数字和三维延伸是可感世界的基本结构特征的观点，这个观点在《蒂迈欧》中详细阐述。"其他一切都类似地构成"我认为是指存在于"可感世界理念"中的相同元素，也存在于它的每个部分的理念中——每个生物的理念，无论它是星星，动物，还是植物。

　　《论灵魂》文本的其余部分，我们将在下一章中讨论。

---

① 　30b8.

第十四章

理念与灵魂

伟大的柏拉图主义者莱昂·罗宾（Leon Robin）认为，[1] 柏拉图赋予了灵魂与"居间者"（数学对象）特殊的"密切关系"（affinity）。柏拉图可能不会持有如此奇怪的观点，并且没有证据表明他持有这种观点。然而，有证据表明，柏拉图认为灵魂在某种意义上介于理念和可感事物之间，正如他也认为数学的对象一样（尽管出于完全不同的原因）。[2]《斐多》[3] 中有一段描述灵魂与理念类似，并且比肉体更真实：灵魂最像神灵，永恒、可理解、一致、不可分解、不可变化；而肉体则最像人类，有限、多变、不可理解、可分解、永远变化。《智者》[4] 断言灵魂拥有真正的存在，不亚于理念。《法律》[5] 中提到："灵魂位于最初的事物之中，比有形之物古老，是变化和转化的源头"。最重要的是《蒂迈欧》中的一段，[6] 他将灵魂赋予了存在、相同和差异的理念——介于适合于理念的理念和适合于物体的理念之间。通过这段话，我们可以将亚里士多德的陈述[7] 联系起来，即"柏拉图在《蒂迈欧》中用元

---

[1] 《亚里士多德笔下的柏拉图理念和数字理论：历史和批判性研究》（*La théorie platonicienne des idées et des nombres d'après Aristote : étude historique et critique*），第 479—498 页。

[2] 《形而上学》987b14-18。

[3] 80a10-b5.

[4] 248e6-249b4.

[5] 892a2-7.

[6] 34c4-35b1.

[7] 《论灵魂》404b16-18。

素构造灵魂；因为他认为，同类为同类所知，事物是由终极元素组成的"。罗宾假设①所讨论的元素是"一"和"不定的二"，这立即将灵魂与理念数联系起来。但是，《蒂迈欧》只字不提"一"和"不定的二"；它分配给灵魂的元素是"存在""相同"和"差异"。亚里士多德考虑的是这些元素，这也可以从他说的理由看出来，即柏拉图将"相同"的元素分配给灵魂和可感知的事物的原因是，"相似"只能通过"相似"来认识——这正是柏拉图在《蒂迈欧》段落中②将"存在""相同"和"差异"等归于理念、灵魂和身体的理由。普罗克洛斯（Proclus）正确地总结了这一论点：③"由于灵魂由三部分组成，存在、相同和差异，以一种介于不可分割事物和可分割事物之间的形式，通过这些她知道事物的两个秩序……因为所有的认识都是通过认识者与被认知之物之间的相似性完成的"。

然而，后来柏拉图似乎对灵魂与其意识对象之间的类比提供了另一种解释。泰奥弗拉斯托斯（Theophrastus）告诉我们，④柏拉图从数和"一"中推导出灵魂。亚里士多德在《论灵魂》中⑤指出，柏拉图在《蒂迈欧》中使用了"同类相知"的原则后，立即接着说：

> 同样，ἐν τοῖς περὶ φιλοσοφίας λεγομένοις（具体含义见前文——译者注）阐述了动物本身由"一"的理念本身和主要的长度、宽度和深度组成，其他一切同样构成。还有另一种说法是：理智是一，知识是二（因为两点之间只有一条直线），意见是平面的数字，感觉是立体的数字；这些数字明确地与理念本身或本原相对应，并由这些元素构成。事物被理性、科学、观念或感觉所理解，而这些数字正是事物的理念。

柏拉图将数字 2、3、4 视为直线、平面和立体的形式本原，我已尝试在

---

① 《亚里士多德笔下的柏拉图理念和数字理论：历史和批判性研究》（*La théorie platonicienne des idées et des nombres d'après Aristote : étude historique et critique*）310。

② 37a2-b3.

③ 《蒂迈欧》2.298（迪尔/Diehl）。

④ 《形而上学》6b2.

⑤ 404b18-27.

其他地方说明了这一点。① 在这段话中，将 1、2、3、4 分配给心智能力与将 2、3、4 分配给直线、平面和立体紧密相关，因此我们不得不认为亚里士多德在这里也指的是柏拉图。理性与"一"相关，因为它是对单一理念的直接理解。科学与数字 2 相关，因为它是从单一数据（a single datum）到单一结论（亚里士多德如是说），因此《论灵魂》古代评注者们可能是正确的，认为观念与数字 3 相关联，因为它从单一的数据不加区分地导向一个真实的或虚假的结论；② 另一种解释可能是，它可能与平面的数字相关联，③ 因为在平面上的某一点上可以沿任何方向画线，所以意见可以从单个数据得出许多结论中的任何一个。

古代评注者给出的关于感觉与数字 4 关联的原因——感觉世界中的物体是立体的，而 4 是分配给立体的数字——与他们对其他相关性的解释不一致，但它得到了《法律》中一段话中的支持：④"生成普遍发生的条件是什么？显然，每当其起点增加并达到其第二阶段时，就会产生效果，然后是下一个阶段，这样经过三个步骤，才能被感知者感知"。这是柏拉图的说法：既不是点（ἀρχή），也不是线（ἀρχὴ λαβοῦσα αὐξήν），也不是平面（ὁπόταν εἰς τὴν δευτέραν ἔλθῃ μετάβασιν），而是立体（ὁπόταν εἰς τὴν πλησίον μετάβασιν ἔλθῃ），是一个可能的感知对象。

在他最新的阶段中，柏拉图建立了灵魂的四种能力与四种几何对象类型之间的相关性。在感觉和立体之间，他认识到一种直接的关联，将其中之一视为另一个的适当对象。在理性和点之间，在科学和线之间，在意见和平面之间，他认为没有直接的关联，但他将理性和点与 1 关联起来，科学和其线与其数字 2 关联起来，意见和其平面与其数字 3 关联起来。

① 本书第 208—212 页。
② 菲洛波努斯（Philoponus）79.28; 辛布里秋（Simplicius）29.6; 特米斯提乌斯（Themistius）12.9。
③ 即 3。
④ 894a1-5.

第十五章

理念与理念数

我们现在比以往任何时候都更能考虑在柏拉图体系中理念数与一般理念之间的关系。一方面，有一系列重要的段落，① 在其中亚里士多德说（或明确地暗示），对柏拉图来说，所有理念都是数字。另一方面，泰奥弗拉斯托斯（Theophrastus）在一段重要的文本中说：② 数字（即理念数字）比理念（即其他理念）更根本。"柏拉图将事物还原为支配的本原似乎是在将其他事物（即可感事物）与理念联系起来，将这些与数字联系起来，并且是从数字到支配的本原的顺序。"这里有一个明显的矛盾。亚里士多德将理念数与一般理念等同；泰奥弗拉斯托斯却将"理念数"置于其他理念之上，介于其他理念和第一本原（"一"和"大与小"）之间。乍看起来，亚里士多德的证据比泰奥弗拉斯托斯的更有分量，因为后者可能从前者那里学到了柏拉图的"未成文学说"。但是，泰奥弗拉斯托斯的陈述是非常明确的，并得到了塞克斯图·恩披里柯（Sextus Empiricus）所写的一段话的支持：③ "理念是没有形体的，根据柏拉图的说法，理念先于有形之物，每一个生成的事物都是以它们为模型；但它们不是存在事物的第一本原，因为虽然每个单独的理念被称为一个统一体，但由于它包含另一个或其他

---

① 《论灵魂》404b24-5；《形而上学》987b18-25, 991b9-10, 992b13-18, 1073a17-19, 1080b11-12, 1081a5-17, 1082b23-4, 1083a17-20, 1086S11-13, 1090a16-17, 1091b26，《论哲学》残篇 9。
② 《形而上学》6b11-14.
③ 《驳数学家》10.258. 威尔珀特（P.Wilpert）在《关于理念学说的两篇亚里士多德早期著作》（*Zwei aristotelische Frühschriften über die Ideenlehre*）中已经关注了这一文本及其结论。

理念，它被称为两个或三个或四个，因此存在某种东西高于它们的本性，即数字，通过参与到其中，‘一’或‘二’或‘三’或更高的数字来谓述它们”。　　217

此外，亚里士多德本人提到一段话对他将“理念等同于数字”提出了一些疑问：“如果理念不是数字，它们也不能存在，因为若不然，这些理念是从什么本原中推导出来的呢？它是来自‘一’和‘不定的二’，本原或元素被称为数的本原和元素，理念不能被列为先于或后于数”。① 这段话最后一句暗示了，亚里士多德关于柏拉图将“理念等同于数字”的说法是基于他从柏拉图所说的话中得出的推论，而不是基于柏拉图的明确陈述。

我们必须考虑一般的可能性。亚里士多德说，根据毕达哥拉斯学派，所有事物都是数字。② 但严格来说，这一说法赋予了毕达哥拉斯学派一种不可能的看法。要形成数字的概念，需要高度的抽象；但能做到这一点的人，不可能也把日常生活中的具体事物，男人和女人，树木和石头，完全等同于二、三之类的事物。只有原始的野蛮人才能做到如此彻底的混淆，但原始的野蛮人连抽象的数概念都不会形成。公元前 5 世纪的毕达哥拉斯学派并不是原始的野蛮人；在文明的鼎盛时期，他们可能是世界上已知的最聪明的种族的成员。我们只能得出结论，如果他们说“万物皆数”，那么他们的意思是万物的基础是某种算术结构。我们知道他们想到的一些例子。他们知道比例 1：2、2：3、3：4 是旋律音程的基础；他们知道许多几何图形之间存在的比例。从这些事实出发，他们大胆地概括出数是万物的基础，他们很可能会说，为了表达这一点，“万物皆数”其实无非是“事物通过模仿数字而存在”，如同亚里士多德在一段文本中所表达的他们的观点。③

可以合理地假设，亚里士多德所说的柏拉图认为所有理念都是数字的　　218
说法也可以得到类似的解释。④ 我们已经发现，柏拉图承认线、面和立体中

---

① 1081a12-17.

② 987b27-8, 1083b17, 1090a20-3.

③ 987b11.

④ 在我对亚里士多德《形而上学》的评注中，我过于从字面去理解他的话；我认为罗宾（Robin）的观点是正确的，他接受了泰奥弗拉斯托斯（Theophrastus）比亚里士多德更准确的说法；参看《亚里士多德笔下的柏拉图理念和数字理论：历史和批判性研究》（*La théorie platonicienne des idées et des nombres d'après Aristote; étude historique et critique*），第 450—468 页。参考沃格尔（C. J. de Vogel），《沃尔格拉夫研究》（*Studia Vollgraff*），第 165—178 页。

存在的算术元素。但他并没有将这些与数字 2、3、4 等同起来；他把这些数作为线、面、体存在的形式要素，把空间或广延作为物质要素；线是长度中的"二元"（他的说法是"一维"），平面是宽度中的"三元"（即二维），立体是深度中的"四元"（即三维）。那么，他是否也可能将除了线、平面和立体之外的其他理念视为具有一个形式元素，这个形式元素是一个数字，并且具有一个"物质"元素，在这个元素中该数字被体现？在这里，毕达哥拉斯学派再次为我们指明了方向。他们曾经说过正义是一个平方数，[①] 这意味着正义是"四元性"（fourness）在两个人和两份要分配或交换的财产中体现或展示。[②]

那么，柏拉图很可能没有将理念与数字等同起来，而只是将数字分配给理念；也就是说，他认为一些理念是一元的，另一些是二元的，等等。如果我们寻找他将数字分配给理念的例子（speciments），我们会发现两段看起来很有希望的段落。在《形而下学》1081a11 中，亚里士多德说，"这个 3 并不比任何其他 3 更像人本身"，并且在 1084a14 中说，"如果数字 3 是人本身"。但在 1084a25 中，他说，"如果人是数字 2"；所以他显然是为了论证而做出假设；当他说[③]"如果 4 自身是任何事物的理念，比如马或白色一样"。

还有其他两个文本可供一起参考。其中一处在《形而上学》1084a32-7，告诉我们学园的成员"用 10 之内的数生成了他物——例如虚空、比例、奇数和其他类似的东西。对于某些事情，例如运动和静止，善与恶——他们归于第一本原，而将其他事物归于数字。这就是为什么他们将奇数和'一'"等同起来。第二段可供参考是泰奥弗拉斯托斯的《形而上学》6a23-b3，已经在上面的 210—211 页引用过。[④]

这两段话很可能都指的是柏拉图及其正统追随者；第一段之所以如此，是因为它提到了数字系列被限制在 2 到 10 之间的问题，这是在《物理学》206b32 明确归于柏拉图的观点；第二段之所以如此，是因为提到的人与斯彪希波和色诺克拉底有明确的区别。亚里士多德的这段文字有些混乱；虚空、

219

---

① 亚里士多德《大伦理学》1182a14。

② 《尼各马可伦理学》1131a18-20。

③ 1084a23.

④ 参看原页码。——译者注

比例和奇数似乎与数字有关，而运动和静止、善恶与第一本原（一和不定的二）有关，但奇数与一相同，这不是一个数字，而是第一个本原。泰奥弗拉斯托斯的文本再次将灵魂描述为从"数"和"一"派生而来，这种说法太模糊了（单独来看）没有多大用处；无论是从他的陈述，还是从亚里士多德的陈述中，我们都无法确定柏拉图将哪个数字与任何一个理念联系起来。

然而，我们已经找到了两段文字，可以让我们做到这一点。[①]其中一段是在《形而上学》1090b20-4 中，亚里士多德说那些相信理念的人"从数字2 推导出长度，大概从数字3 推导出平面，从数字4 推导出立体"。另一段是在《论灵魂》404b18-25 中，他再次记录了相同的观点，并补充说：理性与一相同、科学与数字2 相同、意见与数字3 相同、感觉与数字4 相同。这两段文字共同之处在于，它们表明当柏拉图认为理念在其存在中包含一定数量的元素时，他将特定理念与特定数字联系起来。线性涉及两个点，平面性涉及三个点，立体性涉及四个点。理性涉及一个理解的对象，科学涉及一个前提和一个结论，意见涉及一个前提和两个可能相反的结论，感觉涉及一个立体的对象，而这个对象又涉及四个点（不在一个平面上）。

顺便提一下，我们可能会注意到，柏拉图将数字2 分配给了"线"和"科学"，将数字3 分配给了"平面"和"意见"，将数字4 分配给了"立体"和"感觉"，这证实了我们根据其他理由得出的观点，即他严格来说并没有将理念与数字等同起来，而是将数字赋予了理念，也就是将理念分类为单一性（monadic）、二元性、三元性等。

至于除了这些实例之外，柏拉图将特定的理念与特定的数字联系起来的一般原则，我们没有确切的信息。但可以肯定的是，当且仅当他认为该理念以某种方式涉及数量的元素时，他才将给定的数字分配给给定的理念；我们可能可以更进一步地明确一点。斯滕泽尔（Stenzel）和认同他的解释的学派根据《智者》和《政治家》中宣扬和实践的"划分"来解释理念数论。根据这个基础，数字1 将被分配给任何"总种类"（*summum genus*），数字2 被分配给直接属于"总种类"下的种（因为它包含两个元素，一个通用和一个差异），以此类推。但这不是将数字2、3、4 分配给直线、平面和立体，

220

_____

[①]　在本书第208—212 页，我已经试着表明这些文本指向了柏拉图哲学。

将数字1、2、3、4分配给推理、科学、意见和感觉所依据的本原；因为线不是"一种点"，平面不是"一种线"，立体不是"一种平面"，科学也不是"一种理性"，意见不是"一种科学"，感觉不是"一种意见"。柏拉图将数字分配给这些实体，更像是毕达哥拉斯将数字4分配给正义。根据这个类比，我们可以合理地假设柏拉图会将1分配给"存在"的理念，将2分配给"相同"和"差异"的理念。可以很容易地推测出将其他数字分配给其他理念；但是在亚里士多德或其他地方的极少报道，表明柏拉图主要局限于陈述他的一般原则，很少举例说明。

如果柏拉图没有把理念等同于数字，而只是给理念分配了数字，即将理念分为"单一的""二元的"等，那么这个理论绝不是初看起来的荒唐幻想；实际上，与柏拉图从感性个体中抽象出理念相比，他只是将抽象的过程进一步加强了。

第十六章
理念与可感物

在亚里士多德对柏拉图形而上学最新阶段的总结中，他不仅说柏拉图将"一"和"大与小"分别视为"理念存在"的形式本原和质料本原，而且他还认为"可感事物存在"的本原是理念和"大与小"；① 现在我们需要考虑对这种说法的解释。亚里士多德的措辞表明，可感事物中的质料元素与理念中的质料元素相同，但很难相信柏拉图在他对可感事物的构造中，只是简单地再次添加了他已经使用过一次的用来构建理念的相同本原。因为关于有形之物最明显的事实是它们的空间延展性，而这不能假定它们来自理念数或柏拉图在构造理念数时使用的"大与小"——这只是"不确定的多"（indefinite plurality）。在《蒂迈欧》中，他清楚地认识到空间对于可感事物的存在是必不可少的，就像它们是理念的副本一样；我们几乎无法相信他曾经放弃过这个教义。②

亚里士多德在《物理学》中对"位置"的讨论中谈到了这个问题；"柏拉图在《蒂迈欧》中"，他评论说，③"说质料和空间是一样的；因为'参与者'（τὸ μεταληπτικόν）和空间是相同的。确实，他在那里对参与者的描述与他在所谓的未成文教学中所说的不同。然而，他确实将位置和空间等同起来。"

---

① 988a8-14.

② 参看《法律》894a1-5（在本书第 215 页引用过）。

③ 209b11-16.

后来他说，①"柏拉图应该告诉我们为什么形式和数字不占据位置，如果参与者是占据位置的话——无论参与者是'大小'还是'质料'，正如他在《蒂迈欧》中所说的那样。"这些都清楚地表明亚里士多德没有仔细阅读《蒂迈欧》；

222 它们包含两个明显的错误。"参与者"是对柏拉图的生成的"容器"（ὑποδοχή）或"位子"（ἕδρα）②的恰当释义。但首先，亚里士多德错误地将其与在他自己的哲学中扮演如此重要角色的"质料"等同起来。ὕλη 这个词的确出现在《蒂迈欧》中，③但却是在完全不同的上下文中，并且具有完全不同的含义；柏拉图明确表示，他认为空间不是可感事物的质料，而是它们生成的场所（field）。当他通过将空间称为一种可塑形材料（ἐκμαγεῖον）④ 来说明空间的功能时——并将其比作一块可以塑形和重塑的金块⑤——容易引起误解。但是，这仅仅只是一个比较；从整体上看，他的解释清楚地表明，他并不认为空间是一种可以被塑造成可感事物的材料，而是它们得以生成的场所。其次，这个场所接收的不是理念（如亚里士多德的反对所暗示的那样），而是理念的副本。⑥

由于亚里士多德显然犯了这些错误，因此很容易假设他又犯了另一个错误。柏拉图在他对理念数的起源的描述中，很可能使用了"参与者"或类似的短语，但亚里士多德肯定错误地认为柏拉图所指的是他在《蒂迈欧》中使用的同一个参与者；因为他在可感事物的推导中需要的是"无限的延伸"（extension），而在理念数的推导中则需要"无限的多"（plurality）。同样，柏拉图可能在两处都使用了"大与小"这个短语，但这个短语至少同样适用于"无限的延伸"，就像它适用于"无限的多"一样。

如果这一思路是正确的，那么亚里士多德关于"在可感世界中，形式谓述的主体，以及在理念世界中'一'谓述的，是一个'二元体'，即大和小"这一说法，⑦ 或许是由于对《蒂迈欧》的仓促阅读，或许是将柏拉图在《蒂

---

① 209b33-210a2.

② 49a6, 52b1.

③ 69a6.

④ 50c2.

⑤ 50a5-b6.

⑥ 50c5; cf. 51e6-53b2.

⑦ 988a11-14.

迈欧》中所写的关于可感事物的生成的内容，与他在"未成文学说"中所说的关于理念的生成的内容匆匆混为一谈。柏拉图并没有像亚里士多德所说的那样，在理念数的构造中和可感事物的构造中使用了同一个"参与者"，而是在一种情况下使用了"无限的多"（indefinite plurality），在另一种情况下使用了"无限的延伸"（indefinite extension）。除非存在"一"和"多"，否则不可能有"数"，因为每个"数"既是"单一形式"又是"种类的多样性"（the genus plurality）中的一个种。除非存在理念（可感物是对其不完美的例示），以及它们必然具有的广延——"否则它们就根本不存在"①——可感事物是无法存在的。

　　这时自然而然地产生了一个疑问。柏拉图似乎已经在产生线、面和体的理念中使用了无限延伸（长和短等）。他在可感事物的产生中是否使用了同样的无限延伸呢？我认为答案并不难找到。"体的理念"（ideal solid）不是"体"，它是"体性"（solidity）；而其存在所涉及的"空间"不是空间而是空间性（spatiality）；"体的理念"是"四"在空间性中的表现形式。因此，空间本身，即具有空间性的东西，仍然存在，用于产生可感事物，这些事物是"空间性中展示的四性"的例证。

　　我们的证据都没有显示数学实体在感性数字群和可感形状的生成中发挥了作用——柏拉图将数学实体视为理念数字和"量"，以及感性数字群和可感形状的中间物。"一"和"无限多"是理念数的必要前提；理念数和"不定的空间性"是理念图形的必要前提；理念图形和空间是感性事物的必要前提；数学实体从视野中消失了。那么，柏拉图在他晚期是怎么看待它们呢？我们不知道；但我们可以推测他开始将它们视为数学虚构（mathematical fictions）。他当然是这么看待"点"的；②他为什么这么想一直是个很大的谜。如果我们假设他不仅认为一个"点"有位置但没有大小是不可能的，而且认为一条线有长度但没有宽度或深度是不可能的，一个平面有长度和宽度但没有深度是不可能的，那么这就变得更容易理解了。位置、长度、宽度和深度的理念对他来说仍然是真实而清晰的；但可能暗示他已经开始认为，假设数

① 《蒂迈欧》52c5。

② "柏拉图甚至曾否定了'点'，认为是几何学的教条。他曾将'不可分的线'命名为'线的本原'——他经常这么设定。"（992a20-2）

学家定义的"点""线"和"面"的存在，只是使对"体"的研究成为可能的必要手段。

我们必须记住，在《蒂迈欧》中，为了解释可感世界的存在，柏拉图只提出了除了"工匠神"（Demiourgos）外的三件事物：理念、"进入和离开空间的事物"以及"空间本身"。① 此外，进入和离开空间的事物不是作为数学对象的"居间体"；因为它们是可感知的和生成的，② 而"居间体"是不可感知和永恒的。③ 同样，进入和离开空间的事物并不是理念的完美例示，而只是理念的"近似之物"；"关于它们的数量、它们的运动和它们的一般力量，我们必须假设当神把它们的每一个细节都达到由顺从愿意服从的必然性所允许的最精确的完美时，他按适当的比例调整了它们。"④ 因此，"居间者"不构成柏拉图宇宙学方案的一部分，而且他很可能已经开始将它们视为几何学所必需的虚构物，但在现实中没有立足之地。甚至在他写《理想国》时，他可能已经这样认为，这也是他谈论辩证法废除数学假设时的部分含义。⑤

---

① 51e6-52b5.

② 52a5.

③ 《形而上学》987b14-18。

④ 《蒂迈欧》56c3-7。

⑤ 533c8.

第十七章

回　顾

理念论的实质在于有意识地认识到存在一类实体这一事实，最好的名称可能是"普遍者"（universals），它们与可感事物完全不同。任何语言的使用都有意或无意地承认存在这样的实体；因为每个使用的词，除了专有名词——每个抽象名词、一般名词、形容词、动词，甚至每个代词和每个介词——都是存在的或可能存在多个例子的事物的名称。如果我们相信亚里士多德的话，苏格拉底在集中精力寻找定义时，迈出了有意识地认识这类实体的第一步；询问一个通用词的含义是从仅仅使用这样一个词到将共相识别为一类不同的实体的一步。但苏格拉底似乎一次只对一件事物的定义感兴趣，而没有看到他所做的事情的一般意义；柏拉图确实看到了，所有探寻定义的共同点是假设存在普遍者。他还看到，普遍性和特殊性之间的客观差异对应于科学与感官知觉之间的主观差异。感官向我们展示了一个由个别事件组成的世界，在这些事件中，各种性质几乎不可分割地相互交织和混淆；如果我们只靠感官，我们将永远无法厘清它们并清楚地了解世界的结构。但是，在理性中，我们有一种能力，可以通过这种能力以纯粹的形式把握共相，并在某种程度上看到它们之间必然存在的关系。我们在数学中找到了这种能力的最好例证，而柏拉图是第一个清楚认识到这一点的思想家。当我们说 2 加 2 等于 4 时，我们并不是在暗示，我们经常遇到这种情况从未发现相反的情况，而是我们认为从数字系统的本质出发这必然如此；而"2 加 2 等于 4"之真实性也适用于最复杂的数学命题。在数学中，柏拉图看到了心灵感知宇宙间关系的最明显的例子；这就是为什么在《理想国》中，他把数学作为哲学的必要导论。但对他来说，这只是哲学的导论（the introduction）。他设想了我们有可能以类似的方式感知其他共相之间的必然关系，而不是数学所处理的那些对象；在《斐多》和《智者》中，他部分地给我们展示了这种洞察力。①总的来说，这仍然是一个未实现的愿望；但我们之所以拥有这种愿望，要归功于柏拉图。他有时过于乐观地表达了这种愿望，比如在《理想国》中，他谈到从单一的非假设性第一原则，推导出整个理念系统。在这一点上他错了；亚里士多德更接近真理，他坚持认为——这是他的三段论理论的精髓——只有结合以某种方式相关的两个前提，我们才能得出新的结论。但是，正如我们所见，②亚里士多德本身的学说起源于柏拉图发现的形而上学原理，即存在如此相关的理念，以至于一个"拖着"（drags）另一个理念——换句话说，由于柏拉图这样的信念：理念世界形成了一个必然联系的系统。面对柏拉图和亚里士多德的这种思想共性，亚里士多德非常强调的问题——普遍性是否存在于个体之外——似乎几乎是一个词语问题（a question of words）。

任何撰写理念论的人都必须尽可能准确地陈述柏拉图关于理念与个体事物之间关系的看法。当科亨（Cohen）和纳托尔普（Natorp）的马堡学派盛行时，流行的是给出柏拉图观点的纯概念主义解释，并认为亚里士多德将理念与个体事物"分离"的概念强加给他。这种观点经不起推敲；它表达了它的持有者认为柏拉图应该说的话，而不是他事实上说过的话。从柏拉图写作生涯的各个时期提取一系列的段落是很容易的，在这些段落中，"客观存在"被归于理念。以下是三个时期的段落。在《斐多》中，③他说："我们之前说一件事物可以从它的对立面产生，但现在我们说对立面本身不能变成它自己的对立面——无论是我们内在的事物，还是自然界中的事物。"他在《巴门尼德》中说④"这些理念仿佛是固定在事物本性中的模版（patterns）；其他东西是以它们的形象制作的，并且是相似的"。

227

---

① 本书第 32—33、111—116 页。

② 本书第 34 页。

③ 103b2-5.

④ 132d1-3.

在《蒂迈欧》中，① 他说：

> 有没有所谓的火本身，或事物本身？或者，我们只认为我们的感官所感觉到的事物是唯一的真实存在，除此便无其他存在？我们所指的可知形式是否什么也不是，只是一个词而已？……如果理智和真实意念是两类不同的东西，那么，我认为就一定存在着感觉不到但能被理解的理念……我们必须断定它们是两种不同的事物，因为它们渊源不同，本性不同……我们就得承认，首先，存在着理念，不生不灭；既不容纳他物于自身，也不会进入其他事物中；不可见不可感觉，只能为思想所把握……至于那摹本，原是从模仿实在者而来的，因而没有实在性，其存在就像浮动的影子一样晃来晃去。然而，摹本从它那里多多少少获得了它的存在性。不然的话，摹本就什么都不是了。那真实而确切的理性是决定真实存在的本性的；在它看来，两件不同的东西就是不同的东西，不能是你中有我，我中有你的，也不能既是一也是二。②

可以引用许多类似的段落。

从这些段落中可以得出什么结论呢？首先，当然，柏拉图一直认为理念与可感事物是不同的。其次，同样可以肯定的是，他认为它们完全是客观的，并不是作为"思想的内容"（无论该短语可能意味着什么），而是作为我们所有知识的前提存在。第三，他认为理念是与可感事物分离而存在的；但是如果有人问，柏拉图是否一直持有这种观点，我们却没有简单的答案。可以通过研究他不时用来表达理念和个体事物之间关系的词语来寻找帮助解答此问题的答案。这些词语可以分为一组暗示或暗示理念"内在性"的词，和一组暗示或主张它们的"超越性"的词，即：

(I) (1) ἐν, εἶναι ἐν, ἐνεῖναι, ἐγγίγνεσθαι, κεῖσθαι ἐν.（在，存在于，在内部，形成/产生，被放置于）

228

---

① 51b7-52d1.
② 参考了谢文郁译本，略有改动。——译者注

（2）κεκτῆσθαι, ἔχειν, ἴσχειν, ἕξις, δέχεσθαι.（基本都是"拥有"的含义）

（3）μετέχειν, μετάσχεσις, μέθεξις, μεταλαμβάνειν.（基本都是"参与"的含义）

（4）παραγίγνεσθαι, παρεῖναι, παρουσία.（基本都是"出现"的含义）

（5）προσγίγνεσθαι.（发生／出现）

（6）κοινόν, κοινῇ.（共同的，普遍）

（7）ἐπεῖναι, ἐπιγίγνεσθαι.（出现，发生／出现）

（8）κατέχειν.（拥有／持有）

（9）ἰέναι εἰς.（进入）

（II）（a）παράδειγμα.（模本）

（b）αὐτὸ καθ᾽αὑτό.（本身／自身）

（c）βούλεσθαι, ὀρέγεσθαι, προθυμεῖσθαι.（愿望，渴望，热切）

（d）ἐοικέναι, προσεοικέναι, εἰκών, εἰκάζεσθαι, ἀπεικάζεσθαι.（像，类似，肖像，推测，描绘）

（e）τἀκεῖ.（那里）

（f）ὁμοίωμα, ἀφομοιοῦσθαι, ἀφομοίωμα.（相似物，使相似，相似之物）

（g）μιμεῖσθαι, μίμησις, μίμημα, ἀπομιμεῖσθαι.（模仿，模仿，模仿物，模仿／复制）

以下列出这些词在这个语境中的出现情况的清单无疑是不完整的，但已经足够接近完整，可以真实地反映出柏拉图的用词。省略了《巴门尼德》的"第一部分"，因为柏拉图在那里并非在表达他的观点，而是在讨论它。省略了《智者》中讨论"通种说"的部分，因为理念之间的关系不同于它们与个体事物之间的关系。

《拉凯斯》（1）191e10, 192a2, b6

（2）192a4

《欧绪弗洛》（2）5d3　　　　　　　（a）6e4

《高尔吉亚》（3）467e7

（4）506d1

《大希庇亚》（2）298b4, 300a9

（4）293e11, 294a1, c4, 6

（5）289d4, 8, e5, 292 d1

（6）300a10

（7）300a10, 303a5

《吕西斯》（4）217b6, d4, 5, 8

《欧绪德谟》（4）280b2, 301a4

《美诺》（1）72e1, 7

（2）72c7

（8）74d8

《克拉底鲁》（1）390a1, b2, 413c3

（2）389b10

《会饮》（2）204c6　　　　　　　　（b）211b1

（3）211b2

《斐多》（2）103e4, 104b9, d2, e8, 9,　　b）78d5, 100b6

105a2, 5, 7, b 1, d11-106d4　　　　（c）74d9, 75b1, 7

（3）100c5, 101c3, 4, 5, 102b2　　　（d）74e3

（4）100d5

（5）100d6

（6）100d6

（8）104d1

《理想国》（1）402c5, 434d6-435c1　　（a）500e3

（3）476d1, 2　　　　　　　　　　（d）510b4, 8, d7, e3, 511a6

（6）476a7

（9）434d3

《斐德罗》　　　　　　　　　　　　（d）250b4, 5

（1）237d6　　　　　　　　　　　（e）250a2, 6

（6）265e4　　　　　　　　　　　（f）250a6, b3

《巴门尼德》（1）150a1, 2, 3

（2）149e5, 159e5

（3）158b6-c4, 160a2

《泰阿泰德》（2）203e4　　　　　　（a）176e3

《智者》（2）247a5

（3）228c1

（4）247a5, 8

（6）252b9, 260e2

《蒂迈欧》

          （a）28a7, 29b4, 39e1, 48e5, 49a1

          （b）51c1

230   （d）29b2, 3, c1, 2, 52c2, 92c7

          （f）50d1, 51a2

          （g）39e2, 48e6, 50c5

《斐莱布》（1）16d2

（2）25b6

从这些段落的考虑中，可以清楚地看出一些事情。显然，有一种从内在性走向超越性的趋势。在早期作品中，几乎所有事物都表明内在性。对 παράδειγμα（模本）的早期使用也不例外，因为柏拉图在那里描述的不是个体事物与理念的关系，而是人类心灵与理念的关系，"通过观看它，并将其用作模本"。已经引用过的《斐多》中一段文本① 更有力地证明了这种"超越"观点，在那里柏拉图说："对立面本身不能变成它自己的对立面——无论是我们内在的事物，还是自然界中的事物"。

在《巴门尼德》中，柏拉图明确区分了这两种观点。在那里，他提出了②"第三人"的反对意见，反对理念内在于具体事物的观点，然后③ 反对了理念是它们模仿的模版的观点。但即使在那里，区别也不是很明确，因为他不是将"模仿"（imitation）描述为"参与"（participation）的替代物，而是作为解释"参与"的方式之一；④ 他在后来的对话中继续使用这两种短语。

尽管从《会饮》开始，柏拉图开始时不时地使用超越的语言——它在《蒂迈欧》中无所不在（omnipresent）——但他没有回答或试图回答他在《巴门尼德》中为反对超越主义者的观点（the transcendentalist view）而提出的"第

---

①   103b2-5.

②   132a1-b2.

③   132c12-133a7.

④   132d3-4.

三人"论证。有时，有人说他已经通过在《理想国》中使用另一个无限后退的论证来证明不可能有两个床的理念，来回答这个问题。但这是一个错误；证明床有两个理念，会涉及在它们之后的第三个理念的存在，但是，这并不能证明一个理念的存在和一个与它相似的特定理念，不会牵扯到两者背后的另一个理念。

　　柏拉图并不完全满足于"超越"的观点，这一点可以从以下事实看出来：《巴门尼德》的"第一部分"[1] 最后的论点恰恰是针对"超越的"观点，而不是针对"内在的"观点；这种反对意见也没有得以解决，他在后来的对话中继续在某种程度上使用"内在性"的语言。

　　唯一可能的结论似乎是，虽然他对这两种表达方式都不太满意，但他认为没有比同时使用这两种表达方式更接近真相了：一种强调普遍性与其特殊性之间联系的亲密性，另一个则强调每一个个体事物都无法成为任何普遍事物的完美例示。他甚至可能暗示了这种关系是完全独特，且不可定义的。"共享"和"模仿"都是对它的比喻，使用两个互补的比喻比单独使用任何一个都要更好。

　　柏拉图关于特殊与普遍关系的语言会受益于他似乎已经达到的对两类性质（和两类关系）之间的区别更清晰的认识。有些性质，如热度或黑暗，有程度的差别，而有些品质，如直线或方形，则不允许有程度的差别。在前一类的情况下，诸如"分享"之类的短语适用于具有某种程度性质的个体事物。在后一类的情况下，有些东西可以说是"拥有"它们，而一些不拥有它们的东西可以说接近于拥有它们，或者像柏拉图所说的那样："模仿"它们。他在任何地方都没有明确地将他的两类表达方式中的任何一种分配给这些性质中的任何一种，以表达特殊性与普遍性之间的关系，但这两种类型的存在可能在某种程度上导致了他使用多样性的表达方式。

　　至于《蒂迈欧》所代表的柏拉图的思想阶段，亚里士多德将理念与可感事物完全分离的观点归于柏拉图[2] 是合理的，这一点可以通过考虑柏拉图对时间和空间的看法得到证实。他关于理念与时间和空间的关系的思考在《蒂

---

[1]　133b4-134e8.

[2]　《后分析篇》77a;《形而上学》991a12-14, b1-3, 1033b26-9, 1079b12-18, 1086b2-13。

迈欧》中得到了清楚的阐述。正如变化涉及时间 样，他认为时间也包含变化。对他而言，理念的本质是（而且理应如此）不能承受变化，① 因此，虽然他将时间描述为由"工匠神"（Demiourgos）创造出来，并与有序的可感世界同时被创造，但理念却像"工匠神"一样是永恒的。

> 造物者造了一个这样的有运动、有活力的生命体，就等于给不朽的诸神立殿。于是，他高兴地决定仿照她而造一个摹本，使之与原本相像。因为原本是永恒的，所以他把宇宙也造成尽量是永恒的。不过，完善的原本本性上是永不消逝的，要把这一本性完全给予摹本是不可能的。因此，他决定设立永恒者的动态形象，即设立有规则的天体运动。这样做时，永恒者的形象就依据数字来运动。永恒者仍然保持其整体性，而它的形象便是我们所说的时间。②

虽然时间因此成为神圣智慧的产物，但柏拉图对空间的看法却截然不同。空间不是在《蒂迈欧》中描述"工匠神"活动的部分引入的，③ 而是在处理"必然发生的事情"④ 的部分引入的——即世界的这些特征并不是由于神圣的智慧，但却是必须考虑的事物。空间实际上是《蒂迈欧》中阐述的系统的第三个基本要素，与理念和"工匠神"同等永恒。理念并不进入空间中，但空间是构成可感世界的理念副本的容器。⑤

因此，理念超越（transcend）了时间，不在空间之内；由于可感事物既存在于时间中又存在于空间中，柏拉图认为理念不依赖时间和空间，最清楚的证明是——如亚里士多德所说——他确实将理念与可感事物"分开"了。233 在柏拉图完全受苏格拉底影响的早期对话中，没有超越主义的痕迹是自然的；正如亚里士多德所说，苏格拉底只对确定所有正义行为、所有美丽事物等所共有的性质感兴趣；但随着柏拉图思想的成熟，他逐渐转向一种超越的

① 《斐多》78c1-d9。
② 《蒂迈欧》37c6-d7，参见谢文郁译本。
③ 29d7-47e2.
④ 47e3-69a5.
⑤ 48e2-52d1.

观点，将理念视为独立存在的实体，只是不完美地反映在可感事物和人类行为中；自然而然地，作为柏拉图的高足，亚里士多德对柏拉图提出了真正的指责，即他将理念与可感事物分开了。①

然而，在亚里士多德对柏拉图学说的处理中，有很多纯粹是吹毛求疵的。试图全面考察在《形而上学》和别的著作中亚里士多德对柏拉图的批评将是乏味的；但有一项指责其不正确之处必须指出。亚里士多德认为柏拉图承认了他自己所承认的四种原因中的两种——质料因和形式因——但指责他忽视了动力因和目的因。②

顺便提一下，说柏拉图明确承认了质料因是错误的。毫无疑问，正如亚里士多德所说，柏拉图在他的晚期思想中将理念数描述为由形式元素（统一性）与"准质料元素"（大与小，或无限的多）结合而生成；但是，柏拉图在任何地方都没有在可感事物的存在中识别出字面意义上的质料元素。在《蒂迈欧》中——他唯一严肃地尝试说明可感世界的对话——空间不是可感事物存在中隐含着的质料，而只是它们产生的媒介。诚然，亚里士多德将柏拉图的"空间"等同于他自己的"质料"，③ 但这是他试图对早期思想家进行"六经注我"的一个例子。当柏拉图使用可塑形材料的比喻来说明他的空间概念时，他曾一度让自己容易受到误解。④ 但这不能被视为对其本性的精确描述，就像他将可塑形材料的功能与保育者或母亲进行比较一样。⑤

亚里士多德指出的⑥ 作为指控柏拉图忽视动力因的证据的段落是《斐多》中的一段话，⑦ 在其中苏格拉底说：

> 我不再研究了；我无法理解那些除了已经提到的事物的原因，如果

234

---

① 认为亚里士多德将理念分离性归于柏拉图是正确性，可参看马博特（J. D. Mabbott），《古典学季刊》（*Class. Quart.*）xx（1926），第 72—79 页。

② 988a7-11.

③ 《物理学》209b11。

④ 《蒂迈欧》50a5-b6。

⑤ 49a6, 50d2-3.

⑥ 《生成与毁灭》335b7-16;《形而上学》991b3-9.

⑦ 100c9-e3.

有人对我说色彩、形式或任何类似事物的绽放是美的源泉，我将放弃所有这些，这只会让我感到困惑，并且简单地，也许是愚蠢地，在我自己的脑海中坚持并确信，除了以任何方式或途径获得美的存在或参与美之外，没有什么能使事物变得美丽；因为我不至于坚持这种方式；但我认为，就美而言，所有美丽的事物都是美丽的。在我看来，这是我能给出的最安全的答案，无论是对我自己还是对任何其他人，我坚持这个，因为我坚信这个原则永远不会被推翻，但对我自己或任何提出这个问题的人，我可以放心地回答，美丽的事物是美丽的。

但是，柏拉图当然没有忘记，在人类生活中，美好的事物只有由工匠创造，善行只有由行动者完成。他也不是对世界范围内的有效因果关系问题视而不见。即使在《斐多》中，也没有忽略动力因和目的因。动力因在苏格拉底批评阿那克萨戈拉的段落中得到了承认，因为他没有坚持自己的格言，即理性是万物的原因——而是退回到了物理因果关系，因此未能将原因与单纯的条件区分开来。① 这种将心灵视为世界存在的动力因的概念与善的概念相关联，即善是心灵行动的目的因。"如果阿那克萨戈拉说地球在中心，我想他会进一步解释这个位置是最好的，我应该对给出的解释感到满意，而不想要任何其他原因。"② 确实是因为柏拉图未能发现"最好"（the best）的本质——因为他暂时并不认为他的解释方式是目的论的——他才回到了通过理念的存在来解释事物如其所是的事实③——他退而用理念的存在来解释事物为何如此的事实——这种解释显然不排除目的论的解释，但可以通过目的论来补充。

虽然理念仍然是他的核心主题，但变化的神圣源泉和他所指引的善的双重思想始终出现在柏拉图思想的背景中，并在他的对话中得到越来越多的表达。在《克拉底鲁》中，④ 他谈到思想或灵魂赋予身体以生命和运动，并

---

① 97b8-99c6.

② 97e3-6.

③ 99c6-d3.

④ 400a5-b7.

且是万物的秩序本原。在《理想国》中，他谈到"感官的创造者"，① 并说"天空及其所包含的一切，都被它的创造者以这些事物所能达到的最高完美来构造"；② 并且人们认为在他关于"善的理念"的论述中，所有人都清楚地看到了最终的目的因。③ 人们常常认为，《理想国》中对神圣存在的提及是敷衍了事，并且对这种存在的想法被善的理念所取代或融合。但是，我们已经看到，在《斐多》中，神圣的理性与它所关注的善有着明显的区别；即使在那之外，应该清楚地知道，柏拉图不可能混淆至高智慧存在的概念与理念的概念。理念是一种本性，而不是具有本性的存在。柏拉图将理念描述为思考、策划或创造任何事物的想法是难以想象的。

在《理想国》的一段文本中，④ 柏拉图对自己的观点有些不公。那是他描述神创造床的理念的段落。将任何理念描述为"被创造的"就是剥夺柏拉图在其他任何地方都赋予理念的完全独立性。在那段话中，他关心的不是形而上学，而是模仿相对于实用技艺的低劣性，而他对此争论的紧迫性导致他使用了一个他无法认真捍卫的表达。他的主题是模仿技艺——绘画、雕塑和诗歌——产生的对象与完全实在之间存在两个层次的差距。绘制的床只是对可供睡眠的床的模仿，而这反过来又只是对理念床的模仿。由于绘制的床是画家的作品，而日常的床是木匠的作品，柏拉图根据这一思路说床的理念是神的作品。在他的著作中的其他任何地方都没有可以证明我们有理由将此视为他真实观点的严肃表达。正如我们马上就会看到的那样，他的方案既需要神圣的智慧，也需要一套理念体系，其中第一个（如果有的话）被认为是从属于第二个；神圣智慧的活动受理念之间必要关系的约束。

在《理想国》中，理念是核心主题，并没有强调神作为运动的动力因的作用。但是在后来的对话中，越来越多地认识到灵魂和理性对运动的必要性。在《斐德罗》中，对运动起源的反思引导柏拉图在灵魂中找到了它，他将灵魂描述为自我运动的：⑤

236

---

① 507c6-8.

② 530a3-7.

③ 504c4-509b10.

④ 597b5-d8.

⑤ 245e7.

每个灵魂都是不朽的，因为自我运动的事物①是不朽的。但是，那些推动另一事物并被另一事物推动的东西，在停止运动的同时也停止了生命。只有自我运动，永不离开自己，永不停止运动，也是运动的源泉和运动的第一本原，以推动其他一切运动。现在，第一本原是自生的；因为所生之物必然有第一本原，但第一本原是无中生有的；因为如果它是由某物产生的，那么它将不再是第一本原。②

即使在写《卡尔米德》③的时候，柏拉图也说过自我运动是一种不容轻视的可能性；但他没有强调这一点；自我运动经常被提及为事物可能与自身具有的几种关系之一。然而，当他开始写《斐德罗》时，他的思维一直在研究运动的起源问题。一件事的运动通常是由另一件事的运动引起的，但这并不能提供运动的绝对起源；只有当某种东西可以在其自身中产生运动时才会这样；在《斐德罗》中，可以移动的东西被等同于灵魂。他没有强调这一点的宇宙论意义；他关心的是证明人类灵魂的不朽。但他谈到了"人类和神圣灵魂的情感（affections）和行为"，④并且他后来将揭示灵魂自我运动这一描述的宇宙论意义。

在《智者》中，他从另一个方面处理了这个问题。他开始认为，他之前将理念视为唯一完全真实的实体，或者至少他只关注理念是错误的，他现在表示坚信"运动、生命、灵魂、理解"是完全实在的。⑤说这话的时候，他并不承认，正如他有时被认为承认的那样，运动进入了理念世界；要做到这一点，就意味着他会承认，例如，2+2可能变成5而不是4，而善可能变成恶，或者美变成丑。在他断言运动真实性的同一段落中，他重申了理念的不变性。⑥

从《智者》开始，柏拉图越来越多地关注可感世界中事件的因果关系问

---

① 根据"俄克喜林库斯"纸草文献1016（the Oxyrhynchus papyrus 1016），将 αὐτοκίνητον（自运动）读进245c5中。

② 245c5-d3.

③ 168e9.

④ 245c2-4.

⑤ 248e6-249b4.

⑥ 249b8-c5.

题。在《政治家》一段著名的段落中，① 他通过以下事实解释了世界上善与恶的存在："有时神会亲自引导并帮助世界按其轨迹运转；有一段时间，在某个周期完成时，当他放手时，世界作为一个生物——最初从它的设计者那里得到了智慧——就会转向，并且由于内在的必然性而向相反方向旋转"。这个提议没有在别处重复，如果它单独存在，我们可能会认为它只是一时的幻想。但是，如果我们还记得《蒂迈欧》，就会在《政治家》中看到第一次尝试解释世界上邪恶存在的尝试；在《蒂迈欧》中，② 柏拉图通过"错误的原因"（errant cause）、必然性的影响来解释，并且在《法律》中他将其归因于一个或多个邪恶灵魂的行为。③

　　所有或几乎所有这些思想都在《蒂迈欧》中得到体现并变得系统化。最终的实体有三个：理念、"工匠神"和空间。理念被空间中可感知的事物反映出来，而最初的反映并不归因于"工匠神"的作为；相反，它被描述为"必然发生"；"希望所有事物都应该是好的，并且尽可能地没有不完美的东西，神接管了所有可见的东西——不是静止的，而是不和谐和无序的运动——把它从无序变成有序，因为他认为秩序在各方面都更好"。④"工匠神"不是可感世界的创造者；因为可感世界只是由在空间中的理念的"影像"组成，而"工匠神"只是"接管"了这些影像。在与可感世界打交道时，他也不是无所不能的；他的作品不可避免地会在任何时候受到阻力。他也受理念系统的制约；他不能把黑变成白，也不能把恶习变成美德，正如柏拉图在《智者》中指出的那样，⑤ 他无法克服某些理念与其他理念之间存在的不相容性。但是，他是自然界和人类世界所有秩序和一切美好事物的原因。

　　在《斐莱布》中，我们再次发现了统治世界的至高智慧的思想，⑥ 其中心灵是"混合的原因"（the cause of the mixture），是可感世界中一切事物的具有的明确强度和性质结合的原因。苏格拉底说："让我们从问一个问题开

238

---

① 269c4-d3.

② 48a6-7.

③ 896d10-e7.

④ 30a2-6.

⑤ 252d2-253c5.

⑥ 28d3-e6.

始——他们称之为宇宙的这一切是否都听任非理性和偶然混合的引导，或者相反，正如我们的父辈所宣称的那样，由一种非凡的智慧和智慧引导"；普罗塔库斯（Protarchus）回答说，"你刚才所说的话在我看来是亵渎神明；但另一种说法，即心灵支配万物，与世界是相得益彰的：与太阳、月亮、星星和整个天空的面貌都相得益彰；我永远不会说别样的话或不这么想问题"。

最后，在《法律》中，① 柏拉图论证说，虽然一个物体只能通过自身运动来推动另一个物体，但必须有某种东西可以在自身中产生运动，从而在其他事物中引发运动。他在灵魂中找到了这个运动的发起者，就像他很久以前在《斐德罗》中所做的那样。此外，虽然为了解释世界上的邪恶，他确实没有假设（正如他经常被认为的那样）一个大的邪恶灵魂——一种琐罗亚斯德教式的邪神（Zoroastrian Ahriman）——而是一个或多个坏灵魂，② 他将恒星和行星运动的规律性，以及世界的一般节奏，归于一个"最好的灵魂"。③

很明显，至少在他的后期思想中，柏拉图远未使理念成为他哲学的全部和终结，他也认识到有动力因的必要性，并且认为灵魂是所有运动的最终发起者。他也不是对目的因和动力因的必要性视而不见；因为在归因于灵魂的"运动"中，有愿望、考虑、关心、深思熟虑④——所有这些在性质上都是有目的的——而宇宙的最高控制权被赋予了"一心追求善的意愿"。⑤

因此，亚里士多德对柏拉图的描述是不公平的，因为他认为柏拉图只承认质料因和形式因，而忽略了动力因和目的因。事实是亚里士多德认为的他与柏拉图在理念与具体事物的分离方面的尖锐差异，导致了他对柏拉图体系的这些其他方面做出不公正的对待——他完全承认心灵是所有运动的最终动力因，以及善是心灵寻找的目的因。

我们经常读到"理念的等级"，重要的是要考虑这个短语是否合理。我们可能首先要问，在这方面，在《智者》和《政治家》中宣扬和实践的"划分"方法有什么意义（如果有的话）。一些学者夸大了这一点的重要性，而

---

① 894c10-897c10.

② 896d10-e7.

③ 897c4-9.

④ 896e8-897a3.

⑤ 967a4.

另一些学者则低估了这一点的重要性。例如，斯滕泽尔（Stenzel）试图[1] 在此基础上建立对理念数论的解释；切尔尼斯（Cherniss）[2] 教授将其重要性降至最低，并将其仅视为一种启发的方法。

诚然，在这两个对话中使用划分方法并不是为了洞察整个理念世界的 [240] 结构，而是作为达到对"智者"和"政治家"定义的一种手段。另一方面，在《斐德罗》中，[3] 这种方法被宣告为哲学的方法（the method of philosophy），其语气让我们无法低估它对柏拉图的重要性。事实上，柏拉图在《智者》中指出，他首次应用该方法导致了对"智者"的各种不同定义，但没有一个能揭示其真实本性。[4] 但这并不是因为该方法是错误的或不重要的，而是因为他在应用它时还不够小心，于是他开始重新应用它，从"智者"本质上归属的"属"开始，即"争论者"（controversialist）这个"属"。[5] 在《政治家》中，他再次指出对方法的过度信任可能会导致我们从"属"中"砍掉太小的一块"，即省略中间阶段并将仅是"亚种"的"种"视为一个"种"。[6] 但即使说并非"属"的每个"部分"是一个"种"，[7] 他暗示仍存在真正的"种"，并且更细致地使用该方法将引导我们找到这些"种"。

我们还必须考虑他在《斐莱布》中所说的方法：[8]

> 现在和将来都没有比我喜欢的方式更好的了，但它经常"逃避"我，让我在需要的时候束手无策……（它是）一种容易指出来，但绝不容易应用的；它是发现所有技艺的源头……（它是）一份来自上天的礼物，在我看来，是众神通过一个新的普罗米修斯之手抛给人类的礼物，

---

[1] 散见于《数量和形状》（*Zahl und Gestalt*）以及《柏拉图辩证法发展研究》（*Studien zur Entwicklung der Platonischen Dialektik*）。

[2] 《亚里士多德对柏拉图和学园的批评》（*Aristotle's Criticism of Plato and the Academy*），第46—47 页。

[3] 265c8-266c1.

[4] 231b9-232a7.

[5] 232b1-7.

[6] 262a5-c1.

[7] 263b2-11.

[8] 16b5-e2.

并因此发出了耀眼的光芒；古人……传下来的传统是，无论说什么事物都是由"一"和"多"组成的，并且在其中植入了"有限"和"无限"：既然这就是世界的秩序，我们也应该在每一次探究开始时，对我们研究的对象设定一个"理念"；我们将在每个事物中找到这种"统一性"。找到它之后，我们接下来可能会继续寻找"二"——如果有"二"的话——或者，如果不是，则分解每一个"单元"，寻找"三"或其他数字，直到最后得到我们开始时所用的"统一性"，不仅可以看到事物的"一""多"和"无限"，而且还可以看到一个确定的数；我们不能将无限归因于多，直到"种"的全部数量——介于"单元"和"无限"之间——已经被发现。然后，直到那时，我们才能停止划分，不必为它们中每一个"落入无限"而烦恼。

正如他在《斐德罗》中所做的那样，他得出结论：这是真正的辩证法。

在他首次公布划分方法多年后，柏拉图在这里承认其应用的困难，并重申了他对其可能性及其重要性的信心，因为它揭示了理念世界——从最高的属到最低的种，在这些之外，就只剩具体实例的无限性。可以这么说，虽然在早期的对话中他的主要目的是肯定理念的存在，但在从《斐德罗》到《斐莱布》，他的主要目标是确定了发现它们之间关系的重要性。

无疑，柏拉图认为理念世界中确实存在"次要的"或"局部的"等级；问题是他是否认为对于所有的理念来说，有一个"宏大"的等级制。在《理想国》中，"善"的理念似乎是"至高的理念"（the supreme Idea），这一理念赋予整个理念世界以"存在"和"可理解性"。在《斐莱布》中，善的理念至少在所讨论的内容中是最高理念。另一方面，在《智者》中，"最重要的种类"或"至高的理念"是：存在，相同和差异。而在理念数理论中，"统一"的理念成为所有理念的形式本原。柏拉图认为这些不同的"最高理念"是如何关联在一起的呢？他从未告诉我们，我们对此只能猜测。

这些不同的呈现方式可以解释为，柏拉图在不同时期从不同角度接近主题所致。在《理想国》和《斐莱布》中，他从伦理学的角度出发；在伦理学中，柏拉图将"善的理念"赋予了基础性地位，而不是将这个地位赋予另一个可能争夺这一地位的理念——正义的理念；他谈到"善的本质，所有'好的'和'正当'（δίκαια）的事物都从中获得它们对我们而言的价值"。①"善"首先作为人类努力的最高目标而出现，②通过一个相当宽松的过渡（loose transition），柏拉图从赋予"它在伦理学上以最高地位"过渡到赋予"它在本体上以最高地位"。在《斐莱布》中也有类似的宽松过渡，以及伦理和本体意涵的结合，他在那里谈到渴望"看到最美的混合物（mixture），那种最不受派系影响的，从中找到对人类和宇宙都有益的东西"。③

后来在《斐莱布》中，④有一处看起来像是对等级制的暗示，在其中柏拉图说，"如果我们不能只用一个理念来猎取'善'，那么我们可以用三个理念来捕捉我们的'猎物'，即'美''对称'和'真'。"但这不是"善"的三个种类——如后文所示——而是"善"必须满足的三个条件。

相比之下，《智者》中处理主题的方法是清楚的。柏拉图称"存在""相同"和"差异"为"最重要的种类"，意思是这些理念中的每一个都可以谓述其他两个理念中的每一个，也可以谓述所有其他理念；在将"运动"和"静止"与它们归为一类时，他的意思是其中一个（或另一个）可以谓述所有存在的事物——"静止"谓述理念，"运动"谓述其他一切。但是，《智者》中的理念并没有形成"以单一最高权威为中心的系统"（a monarchical system）；"存在"并没有优先于"相同"和"差异"。

在柏拉图的晚期思想中，另一种理念"浮出水面"；"一"的理念成为所有理念的形式本原。这里也没有根本观点的改变，而是转变了视角。不是从整体性质上考察理念，而是从它们的数量方面进行考察——它们被认为暗示，它们中的每一个都是由"两个"或更多元素组成的系统，"统一"被认为是形式本原。之所以持这样的观点，是因为他希望主张每个理念——无论它可能涉及什么内部关系——本身都是一个"统一体"。

我们可能会问，在柏拉图学说的后期阶段，"一"与"善"的关系是怎样的呢？亚里士多德在《形而上学》A6⑤对柏拉图学说的总结中，他满足于

243

---

① 505a2-4.

② 505d11.

③ 63e9-64a2.

④ 65a1-2.

⑤ 988a14-15.

提到："柏拉图将'善'和'恶'分别分配给了他的两个元素"，即"善"归于"一"，"恶"归于"大与小"。《形而上学》中的另外两段话[1]讨论了柏拉图的"善"，但却对我们深入理解用处不大。然而，在1091a29-b3、b13-15中，亚里士多德又回到了这一主题。他做了如下区分：一些思想家（即斯彪希波学派）[2]拒绝将"善"和"恶"分别归于第一本原，而其他人（即柏拉图学派）则将它们归于第一本原；对于后者，他评论说"他们说'一'本身就是'善'本身，但将'统一性'视为其基本特征"。

因此，亚里士多德在两段话中明确指出，对于柏拉图而言，"统一性"而非"善"是第一本原的基本特征，该本原实际上既是"一"又是"善"。换言之，"一"的理念取代了"善"的理念，成为柏拉图思想体系的中心。在做出这一改变时，柏拉图赞扬了这样一个事实，即"统一性"可能是主要属性，"善"必然是次要的、作为结果的属性——没有什么东西可以是"好"的，除非拥有一些其他特性。"善"被"一"所取代，这同时也是柏拉图思想体系日益"数学化"的一个征兆，这导致亚里士多德在别处评论道：[3]"对于当今的思想家来说，数学已经成为了哲学"。

亚里士多德还有一段话谈到"统一"与"善"的关系。在《欧德谟斯伦理学》中，[4]他批评柏拉图主义者从不是明显"善"的事物中推论出了明显"善"的事物。

> 他们认为正义和健康是"善"，因为它们是排列（arrangement）和数字，依据的理由是："善"是数字和单位（units）的属性，因为"统一"就是"善本身"。但是，他们应该从公认的"善的事物"，如健康、力量和节制，来证明卓越（excellence）更多地存在于不变的事物中；因为可感世界中的所有这些事物都有秩序和静止的形态；如果这些东西是卓越的，那不变的东西就会更卓越，因为它们更具有这些属性。

244

---

① 988b6-16, 1075a36-b1.

② Cf. 1072b30-4.

③ 992a32-3.

④ 1218a15-24.

亚里士多德此处的评论非常公正。他反对将"单一性（oneness）或数值确定性是善的"变成公理一样的东西，但愿意承认任何可以被发现是"公认善的东西"的先决条件都可以推断为"善本身"。

最后，我们必须考虑亚里斯托赛诺斯（Aristoxenus）[①] 在描述柏拉图关于"善"的讲座时使用的短语——καὶ τὸ πέρας ὅτι ἀγαθόν ἐστιν（或者是 ἀγαθόν ἐστιν）。这个短语经常被翻译为"那个'限定'是唯一的'善'"，鉴于柏拉图在《斐莱布》中对"限定"的强调，这一翻译具有一些吸引力；但在语法上，这几乎是不被允许的。τὸ πέρας 必须作副词；这句话真正可以承载的唯一含义是"演讲以'有一个善'的陈述而结束"。这可能是柏拉图所说的；亚里士多德在《尼各马可伦理学》[②] 中的攻击正是针对只有一种善的学说，即"善"是一个"明确的术语"（unambiguous term）。但同样可能的是，亚里斯托赛诺斯的转述是不准确的，而柏拉图坚持的是"'一'是善的"——这是亚里士多德在两段话中[③] 归于他的学说。我们不知道事情究竟如何，猜测也无济于事。

从所有这些证据可以看出，"'统一'意味着'善'"已经成为柏拉图体系的一个基本特征。在没有进一步证据的情况下，我们无法确定他赋予这一点的确切含义。但是，我们已经看到，在他的哲学的最后阶段，正如"大和小"对应《斐莱布》中的"更多和更少"或"无限"一样，"一"对应着《斐莱布》中的"限定"，并带有我们所不会想到的含义。在柏拉图的思想中，将"限定"与"善"联系起来并不是什么新鲜事。人们会想到他在《理想国》中[④] 对"无限的 πλεονεξία"的批评（无限的贪婪）。正义的人、优秀的音乐家、能干的医生、聪明人，都对他们的活动设了"限制"（他在那里曾说过）；他们既避免太多也避免太少。人们再次想到《政治家》中[⑤] 的一段话，在那段话中他坚持认为，道德的和技艺的卓越都恰恰取决于避免过多和遵守分寸；还会想到《斐莱布》中的一段话，[⑥] 他在其中论证了"在尺度、中道（the

245

---

① 《和声元素》(*Elementa Harmonica*) ii. 30。

② 《尼各马可伦理学》第一卷第六章。

③ 988b11-16, 1091b13-15.

④ 349b1-350c11.

⑤ 283c3-285c3.

⑥ 64c1-66a8.

mean）、适当等中，永恒的本性被发现"。正是在这种暗示的背景下，我们必须解释他的学说，即"统一"是一切"卓越"的基础。

正如我们所见，柏拉图似乎从未将他的"最高理念"描述为一个单一的体系，而是在《理想国》和《斐莱布》中讨论了"善"、在《智者》中讨论了"存在"、在《斐莱布》中讨论了"真",[①] 以及在理念数理论中讨论了"一"，我们找到了"超越者"原始列表的来源——"善"（Bonum）和"存在"（Ens）、"真"（Verum）和"一"（Unum），经院学者认为它们高于范畴，并且适用于万物（true of all that is）。

---

① 65a2.

索　引

译名对照表

（一）古代人名、神名

Alcibiades（阿尔基比亚德）

Alexander of Aphrodisias（阿弗罗狄西亚的
　　亚历山大）

Anaxagoras（阿那克萨戈拉）

Antisthenes（安提斯泰尼）

Archytas（阿基塔斯）

Aristophanes（阿里斯托芬）

Aristotle（亚里士多德）

Aristoxenus（亚里斯托克赛诺斯）

Asclepius（阿斯克勒庇乌斯）

Cebes（塞贝斯）

Cratylus（克拉底鲁）

Critias（克里底亚）

Cyrene（昔兰尼）

Demiourgos（工匠神）

Democritus（德谟克利特）

Diogenes the Cynic（犬儒者第欧根尼）

Diogenes Laertius（第欧根尼·拉尔修）

Dion of Halicarnassus（哈利卡纳苏斯的
　　狄翁）

Diotima（狄奥蒂玛）

Eleatic Stranger（埃利亚陌生人）

Empedoclcs（恩培多克勒）

Eucleides of Megara（麦加拉的欧克力得斯）

Euclid（欧几里得）

God（神）

Heracleides（赫拉克利德）

Heraclitus（赫拉克利特）

Hermodorus（赫尔谟德鲁斯）

Hermogenes（赫摩其尼）

Hestiaeus（赫斯提俄斯）

Hippias（希庇亚）

Laches（拉凯斯）

Leucippus（留基波）

234

Lysis（吕西斯）

Melissus（麦里梭）

Meno（美诺）

Nicomachus of Gerasa（格拉萨的尼各马科斯）

Parmenides（巴门尼德）

Phaedo（斐多）

Phaedrus（斐德罗）

Phanias（法尼亚斯）

Pherecydes（费雷西德斯）

Philebus（斐莱布）

Philolaus（菲洛劳斯）

Philoponus（菲洛波努斯）

Plotinus（普罗提诺）

Polyxenus（波利克西努斯）

Porphyry（波菲利）

Proclus（普洛克罗斯）

Protagoras（普罗泰戈拉）

Pythagoras（毕达哥拉斯）

Sextus Empiricus（塞克斯都·恩披里柯）

Simmias（西米亚斯）

Simplicius（辛布里秋）

Socrates（苏格拉底）

Sophron（索夫隆）

Speusippus（斯彪希波）

Stallbaum（斯塔尔鲍姆）

Syrianus（西里阿努）

Thales（泰勒斯）

Theaetetus（泰阿泰德）

Themistius（特米斯提乌斯）

Theo Smyrnaeus（斯米尔奈的西奥）

Theophrastus（泰奥弗拉斯托斯）

Thrasyllus（忒拉叙洛斯）

Timaeus（蒂迈欧）

Xenarchus（泽纳尔库斯）

Xenocrates（色诺克拉底）

Xenophanes（色诺芬尼）

Xenophon（色诺芬）

Zeno（芝诺）

（二）现代人名

Apelt, O.（阿佩尔特）

Arnim, H. von（阿尔宁）

Ast, F.（阿斯特）

Badham, C.（巴达姆）

Baeumker, C.（博伊姆克）

Baldry, H. C.（鲍德里）

Becker, O.（贝克尔）

Beckmann, J.（贝克曼）

Blass, F.（布拉斯）

Bonitz, H.（伯尼兹）

Burnet, J.（柏奈特）

Bury, R. G.（伯里）

Bywater, I.（拜沃特）

Campbell, L.（坎贝尔）

Cherniss, H.（切尔尼斯）

Christ, W.（克莱斯特）

Cohen, H.（科亨）

Cornford, F. M.（康福德）

责任编辑：毕于慧
封面设计：石笑梦
版式设计：东昌文化

图书在版编目（CIP）数据

柏拉图的理念论 / （英）大卫·罗斯著 ；苏峻译 .
北京 ： 人民出版社，2025. 6. --（古希腊哲学基本学术经
典译丛）. -- ISBN 978 - 7 - 01 - 027083 - 8

I . B502.232

中国国家版本馆 CIP 数据核字第 2025SE6748 号

柏拉图的理念论
BOLATU DE LINIAN LUN

[英]大卫·罗斯　著

苏　峻　译

人民出版社 出版发行
（100706　北京市东城区隆福寺街 99 号）

北京汇林印务有限公司印刷　新华书店经销

2025 年 6 月第 1 版　2025 年 6 月北京第 1 次印刷
开本：710 毫米 ×1000 毫米 1/16　印张：15.5
字数：246 千字

ISBN 978 - 7 - 01 - 027083 - 8　定价：65.00 元

邮购地址 100706　北京市东城区隆福寺街 99 号
人民东方图书销售中心　电话（010）65250042　65289539

本书根据*Plato's Theory of Ideas*, Oxford: At the Clarendon Press, 1966.翻译。